中国轻工业"十三五"规划教材

 高等学校动物医学类专业教材

动物机能学实验指导

张福梅　赵　玉　王　瑞　编著

中国轻工业出版社

图书在版编目（CIP）数据

动物机能学实验指导/张福梅，赵玉，王瑞编著. —北京：中国轻工业出版社，2023.5

ISBN 978-7-5184-4255-3

Ⅰ.①动… Ⅱ.①张… ②赵… ③王… Ⅲ.①动物—机能—实验—高等学校—教材 Ⅳ.①Q95-33

中国国家版本馆CIP数据核字（2023）第024118号

责任编辑：马　妍　　责任终审：许春英
文字编辑：巩孟悦　　责任校对：朱燕春　　封面设计：锋尚设计
策划编辑：马　妍　　版式设计：砚祥志远　　责任监印：张　可

出版发行：中国轻工业出版社（北京东长安街6号，邮编：100740）
印　　刷：三河市万龙印装有限公司
经　　销：各地新华书店
版　　次：2023年5月第1版第1次印刷
开　　本：787×1092　1/16　印张：11.5
字　　数：265千字
书　　号：ISBN 978-7-5184-4255-3　定价：49.00元
邮购电话：010-65241695
发行电话：010-85119835　传真：85113293
网　　址：http://www.chlip.com.cn
Email：club@chlip.com.cn
如发现图书残缺请与我社邮购联系调换
170290J1X101ZBW

前　言

为适应实验教学改革发展的需要，培养实用型动物医学人才，使学生尽快适应实际需要并具有较强的动手能力和科研能力，本书在继承、弘扬传统经典动物生理学、兽医病理生理学、兽医药理学等实验内容的基础上，对三门课程的实验内容进行优化和更新，注重三个学科的相互渗透和相关教学内容的整合，建立了动物机能实验教学课程体系。

全书共十二章，包括机能实验常用实验仪器的使用、实验动物的基本知识与基本操作技术、动物机能学实验项目和附录等内容，不仅强调基础理论，同时注重实践。保持了动物机能学的知识性，系统性，科学性，可读性和实用性等特点。帮助学生掌握系统、全面的动物机能学实验专业知识，注重培养学生的科学思维能力、创新能力及综合素质，为国家培养大批德才兼备的高素质人才，深入实施人才强国战略添砖加瓦。

本书全彩色印刷，配有彩图，这使在传统教学方式中，因实验过于抽象而很难解决的预习问题，迎刃而解；同时，详实的图片使实验更加形象的展现出来，激发学生对实验的兴趣，同时也培养了学生动手、动脑能力和创新性思维能力；学生结合预计实验结果图，快速将理论知识和实践相结合，从正常生理指标、病理状态以及药物如何作用于机体的系统分析中得到综合能力的提高，并为动物医学专业同学今后的科研发展和临床技能提供较好的帮助。

本书可作为全国高等农林院校的动物医学、动物科学、生物技术、生物工程等专业教材使用，也可供相关专业的教师和研究生参考。

编者
2023 年 2 月

目 录

第一章 绪论 ··· 1
 第一节 动物机能学实验的性质、内容、任务及常用实验方法 ········· 1
 第二节 实验课的基本要求 ·· 2
 第三节 实验报告的撰写 ··· 2
 第四节 实验现象的观察、记录与实验结果处理 ··························· 4

第二章 机能学实验常用实验仪器 ·· 7
 第一节 BL-420N 生物信号采集与分析系统 ································ 7
 第二节 换能系统 ··· 17
 第三节 电极 ··· 18
 第四节 动物机能学实验常用手术器械 ······································ 20

第三章 实验动物的基本知识与基本操作技术 ··························· 27
 第一节 实验动物的分类 ··· 27
 第二节 机能学实验常用的动物及特点 ····································· 28
 第三节 实验动物的编号与标记 ·· 29
 第四节 实验动物的捉拿固定、给药、麻醉与实验后处理 ············ 30

第四章 神经-骨骼肌实验 ·· 39
 实验一 坐骨神经-腓肠肌的标本制备 ······································ 39
 实验二 刺激强度与骨骼肌收缩反应的关系 ······························ 42
 实验三 刺激频率与骨骼肌收缩反应的关系 ······························ 45
 实验四 神经干复合动作电位的记录与观察 ······························ 47
 实验五 神经冲动传导速度的测定 ··· 51
 实验六 神经干不应期的测定 ·· 53

第五章 血液生理 ·· 57
 实验一 血液的组成及红细胞比容的测定 ·································· 58

实验二　红细胞渗透脆性实验 61
　　实验三　血液凝固及其影响因素 62
　　实验四　血型鉴定与交叉配血 65

第六章　血液循环生理 69
　　实验一　蛙心起搏点观察 69
　　实验二　蛙类心室肌的期前收缩与代偿间歇 72
　　实验三　蛙类离体心脏灌流 75
　　实验四　蛙类毛细血管血液循环的观察 79
　　实验五　家兔血压的调节 81
　　实验六　急性高钾血症及其药物治疗 89
　　实验七　心律失常及药物治疗 92
　　实验八　急性失血性休克及其治疗措施 93
　　实验九　急性右心衰竭及其药物治疗 97

第七章　呼吸系统 103
　　实验一　家兔呼吸运动的调节 103
　　实验二　缺氧及药物的预防作用 106
　　实验三　肺活量的测定 112

第八章　消化系统实验 115
　　实验一　胃肠运动观察 115
　　实验二　消化道平滑肌生理特性及药物的作用 116
　　实验三　氨在肝性脑病发病机制中的作用实验 120
　　实验四　肠袢实验 123

第九章　中枢神经 125
　　实验一　兔大脑皮质诱发电位 125
　　实验二　反射时的测定与反射弧的分析 128
　　实验三　降压神经放电 132
　　实验四　去大脑僵直 134
　　实验五　去小脑动物的观察 136

第十章　泌尿系统 139
实验　影响尿生成的因素 139

第十一章　内分泌与生殖系统实验 145
实验　缩宫素对离体子宫平滑肌收缩的影响 145

第十二章　药物作用实验 149
实验一　磺胺类药物对肾脏的毒性 149
实验二　不同给药剂量对药物作用的影响 150
实验三　不同给药途径对药物作用的影响 152
实验四　药物的剂型对药物作用的影响 154
实验五　麻醉药物的作用 155
实验六　疼痛反应与药物的镇痛作用 160
实验七　肝脏功能状态对药物作用的影响 162
实验八　有机磷中毒及解救 164

附录 168
附录一　实验动物常用生物学指标数据 168
附录二　动物机能学实验常用生理溶液的用途及配制 170
附录三　实验动物用药量的确定与计算方法 171

参考文献 174

第一章 绪论

第一节 动物机能学实验的性质、内容、任务及常用实验方法

动物机能学实验是一门研究机体功能变化规律的实验科学，主要包括生理学、药理学和病理生理学等学科的实验，从整体的角度研究生命活动，分析现象，预测结果。

一、动物机能学实验的性质、内容与任务

动物机能学实验的内容不仅包括基本理论和基本实验方法与技术，还包括跨学科、实践性强的综合创新性实验。基本实验即基本知识与基本技能实验，包括实验室的基本要求和实验动物的基本操作技能，以及常用仪器的使用、实验动物的基本知识等。而综合创新性实验是指实验内容基于本课程及其相关课程综合知识，针对某个或某些选定研究目标所进行的探索性实验。此外还涉及统计学、动物学、计算机等学科的相关实验方法、实验技术和实验研究，是一门跨学科，强调学生动手实践的综合课程。

动物机能学实验的任务主要是在系统器官水平上观察机体功能和代谢的变化规律，系统地学习和掌握各种动物实验的基础知识和操作技能。

二、动物机能学常用的实验方法

动物机能学实验可分为在体实验和离体实验。

1. 在体实验

动物在体实验是较为常用的研究方法。动物处于整体条件下，研究动物或器官生理机能。

2. 离体实验

动物离体实验是根据实验目的的要求和对象的需要，将所需的动物组织或器官从动物机体上分离下来，置于人工环境中，在短时间内保持其生理机能并进行研究的一种实验方法。离体实验能够确切证实某种因素与特定生理反应的关系。但由于其去除了组织或器官在体内受到的多种生理因素的综合作用，所以得到的结论不能直接推广至整体。

动物机能学实验根据时间的长短可分为急性实验和慢性实验。

1. 急性实验

急性实验是在较短时间内通过手术复制动物模型，观察其功能和代谢变化。

实验不需要严格的无菌操作，方法简单，易于实施，常用于教学中的实验课。

2. 慢性实验

慢性实验需要在无菌的条件下进行手术，给动物施加致病因素，待动物比较接近自然活动时再进行实验观察。这种实验持续时间较长，达到数日、数周、数月，甚至更长时间。由于时间长，要求无菌操作，常用于科研，教学中较少使用。

第二节　实验课的基本要求

一、实验前

1. 预习实验教材的相关内容，了解实验目的与要求、实验步骤、观察指标及注意事项。
2. 复习实验相关理论知识，掌握实验原理。
3. 预测实验可能的结果，并尽可能作出合理的推测与解释。
4. 思考实验中可能出现的意外及其解决方案。

二、实验时

1. 操作前注意倾听教师对实验的讲解，尤其是实验操作要领及其仪器设备的正确使用方法，认真完成实验，不得进行与实验无关的活动。
2. 保护实验动物和标本，爱护实验器材，节约药品。
3. 认真观察和记录实验结果，随时标记并记录。
4. 实验中要善于思考，理论联系实际，将理论课所学的内容联系到实验中。例如，①观察到什么现象？②为什么出现这种现象？③这种现象有何意义？
5. 实验中遇到紧急情况或疑难之处，力争及时排除。必要时，可请教老师，由老师协助解决。

三、实验后

1. 清洗、整理实验器材，如有损坏或丢失，应立即报告指导老师。
2. 实验结束后，安排值日生打扫实验室卫生，妥善处理动物尸体，关好水电、门窗。
3. 认真整理、分析实验结果，结合有关理论讨论实验现象，得出实验结论，按要求书写实验报告，并在规定时间内提交实验报告。

第三节　实验报告的撰写

实验报告是实验的总结，也是动物机能学实验课的一项基本训练。通过书写实验报告，可以熟悉撰写科研论文的基本格式，掌握绘制图表、查阅文献、整理资料的方法。通过分析结果和总结结论，使学生学会应用知识独立思考，提高分析和解决问题的能力，并为撰写科研论文奠定基础。

书写实验报告要注意文字简练，条理清楚，书写工整，正确使用标点符号。实验报告的内容如下：

班级	组员
组别	实验日期
实验题目	
实验目的	
实验原理	
实验对象	
实验方法	
实验结果	
实验讨论	
实验结论	

填写要求：

1. 实验目的

简明扼要。

2. 实验方法

可以以流程图的形式简写。例如，"乙醚的全身麻醉和麻醉前给药"实验：

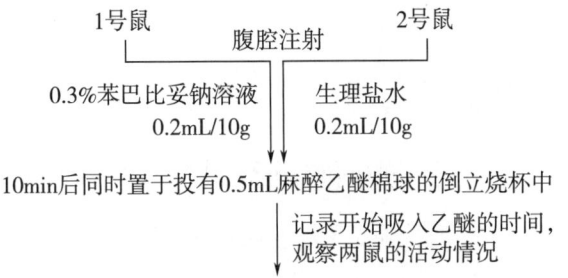

翻正反射消失后，立即将小鼠从烧杯中取出（防止麻醉意外），记录诱导期、麻醉期。

3. 实验结果

这是实验中最重要的部分，应将实验过程中所观察到的现象，如实、正确地记录，根据实验记录写出实验报告，不可单凭记忆，否则容易发生错误或遗漏。此外，学生要以科学的态度，严肃认真地独立完成实验报告书写，不应盲目地抄袭书本。整理实验结果，应注意以下几点：

（1）凡属于测量性质的结果，例如，高低、长短、快慢、轻重、多少等，均应以正确的单位及数值定量地写出，不能简单笼统地加以描述，如心率的变化不能只写心率加快或减慢，而要写出加快或减慢的具体数值。

（2）有曲线记录的实验，应尽量用原始曲线记录实验结果。在曲线上应有刺激、时间标记并加以必要的标注或文字说明。

（3）有些实验结果，可用三线表或统计图来表示。

4. 实验讨论

根据理论知识结合实验结果进行客观、深入地解释和分析，可以提出自己的观点并进行论证。实验时要判断实验结果是否符合预期，如果出现非预期的结果，应考虑和分析其可能的原因。

5. 实验结论

从实验结果中归纳出的一般性的、概念性的判断，即这一实验所能验证的概念、原理或理论的简明概括。结论中不应罗列具体的结果，在实验中没有得到充分证明的理论分析不应写入结论当中。实验讨论和结论的书写是富有创造性的工作，应开动脑筋，积极思考，严肃认真地对待，不能盲目抄袭书本。可适当开展同学间的讨论，加深对实验的理解。

第四节　实验现象的观察、记录与实验结果处理

一、如何观察实验

在实验过程中，要仔细、耐心地观察实验现象并记录每项实验的结果，特别是异常的、不符合规律的现象。

二、如何记录过程

实验记录要做到客观、具体、清楚、完整。过程中若出现非预期结果或其他异常现象，也应如实记录。为了保证实验结果真实可靠，且便于分析，实验条件应始终保持一致，若有变动应及时注明。如果出现可能影响实验结果的非实验因素也应及时作出文字说明。

三、如何整理结果

实验中得到的结果数据，一般称为原始资料。原始资料可分为两大类：计量资料和计数资料。

1. 计量资料

计量资料是以数值大小来表示某事物变化的程度，例如，心率、血压、血流量、呼吸频率、尿量、细胞数、酶活力等。这类资料可用测量仪器获得，也可通过测量实验描记的曲线得到。

2. 计数资料

计数资料是清点数目所得结果，例如，动物的存活或死亡数目，疗效的阳性或阴性数目等。

四、如何处理数据

数据处理（包括数值数据和非数值数据）是对各种原始数据的分析、整理、计算、编辑等加工和处理过程。主要分以下两方面。

1. 统计分析

原始资料必须进行统计分析处理，得出均数及标准差或标准误。经统计处理的结果数据，便于比较和分析。

2. 图表表示

数据可采用表格或绘图表示。表格常用三线表的形式，制表时，一般将实验处理项目列在表内左侧，由上而下逐项排列。表内右侧可按时间或数量变化的顺序或不同的观察指标，由左至右逐格写入相应的结果数据。

绘图也可表达实验结果，但需要周密设计和精心制图，来准确表示实验中变量的增减或变化过程，以及各变量之间的相互关系，使之一目了然。常用的图形有直方图和坐标图。

五、如何打印结果

见动物机能学实验常用实验仪器——BL-420N 生物信号采集与分析系统的使用。

第二章　机能学实验常用实验仪器

生物体健康状态的生命活动、病理状态的功能性变化与化学物质浓度的改变、药物的作用机制以及药物在体内分布与代谢都需要用相应的仪器进行检测。掌握机能学实验常用仪器的工作原理和操作方法是获得准确可靠信息的基础，是实验成败的关键因素之一。

第一节　BL-420N 生物信号采集与分析系统

一、BL-420N 生物信号采集与分析系统硬件

（一）前面板

BL-420N 系统硬件前面板（图 2-1）上主要包含系统的工作接口。这些接口包括：通道信号输入接口、全导联心电输入接口、监听输入接口、记滴输入接口以及刺激输出接口等。

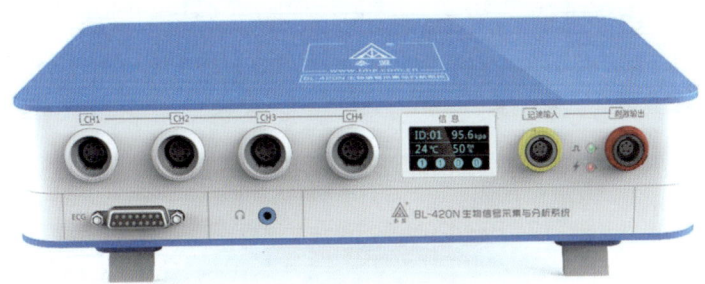

图 2-1　BL-420N 系统硬件前面板

1. 前面板说明（从左到右，从上到下）

CH1、CH2、CH3、CH4：8 芯生物信号输入接口（可连接信号引导线、各种传感器等，4 个通道的性能指标完全相同）。

信息显示屏：显示系统基本信息，包括温、湿度及通道连接状况指示等。

记滴输入：2 芯记滴输入接口。

刺激输出指示灯：显示系统发出刺激指示。

高电压输出指示灯：当系统发出的刺激超过 30V 时，高电压输出，该指示灯点亮。

刺激输出：2 芯刺激输出接口。

全导联心电输入口：用于输入全导联心电信号。

监听输出（耳机图案）：用于输出监听声音信号，某些电生理实验需要监听声音。

2. 前面板接口连接

前面板因实验需求不同，而连接不同的信号输入或输出线。

信号输入线的连接：将信号输入线圆形接头连接到 BL-420N 硬件信号输入口，另一端连接到信号源，信号源可以是心电、脑电或胃肠电等生物电信号。

传感器的连接：将传感器圆形接头连接到 BL-420N 硬件信号输入口，另一端连接到信号源，信号源可以是血压、张力、呼吸等。

全导联心电的连接：将全导联心电线的方形接头连接到 BL-420N 硬件的全导联输入口，另一端按心电图连接方式，连接到动物的不同肢体处（红—右前肢、黄—左前肢、绿—左后肢、黑—右后肢、白—胸前）。

刺激输出线的连接：将刺激输出线的圆形接头连接到 BL-420N 硬件的刺激输出口，另一端连接到生物体需要刺激的部位。

监听输出：将电喇叭的输入线连接到 BL-420N 系统硬件的监听输出口。

（二）后面板

后面板（图 2-2）上通常为固定连接口，包括 12V 电源接口、A 型 USB 接口（方形，与计算机连接）、B 型 USB 接口（扁型，升级固件程序）、接地柱、多台设备级联的同步输入输出接口。

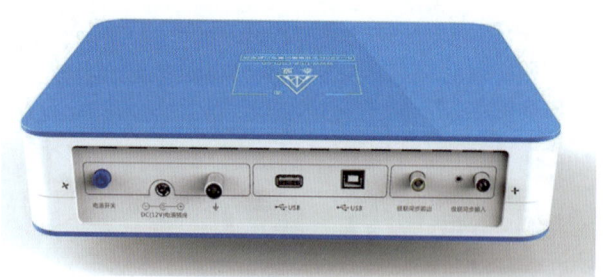

图 2-2　BL-420N 系统硬件后面板

1. 后面板说明（从左到右）

电源开关：BL-420N 硬件设备电源开关。

电源接口：BL-420N 硬件电源输入接口（12V 直流）。

接地柱：BL-420N 硬件接地柱。

B 型 USB 接口（扁形）：BL-420N 硬件固件程序升级接口。

A 型 USB 接口（方形）：BL-420N 硬件与计算机连接的通信接口。

级联同步输入接口：多台 BL-420N 硬件设备级联同步输入接口。

级联同步输出接口：多台 BL-420N 硬件设备级联同步输出接口。

2. 后面板基本接口连接

（1）将 USB 连接线的一端连接到 BL-420N 系统的 A 型 USB 接口位置，另一端连接到计算机的 USB 接口，完成系统通信线路的连接。

（2）将接地线的一端连接到 BL-420N 系统的接地柱，另一端连接到实验室地线接头处。

（3）连接 12V 直流电源。上述连接接口为固定连接，只需连接一次。

（三）启动硬件设备

在后面板连接完成之后，就可以启动 BL-420N 系统进行工作了。启动方法：按下后面板上的电源，前面板的显示屏被点亮，显示启动画面，等待大约 30s 后会听到 BL-420N 系统硬件会发出"嘀"的一声声响，表示设备启动完毕。

（四）硬件设备正确连接指示

在开始实验之前，我们首先要确认信号采集与处理系统硬件是否与计算机连接正确，是否可以正常通信，这是开始实验的前提条件。首先打开 BL-420N 系统硬件设备电源开关，然后启动 BL-420N 系统软件。如果 BL-420N 硬件和软件之间通信正确，则 BL-420N 系统顶部功能区上的启动按钮变得可用（图 2-3）。

（1）"开始"按钮灰色（未连接）　（2）"开始"按钮可用（连接成功）

图 2-3　功能区上开始按钮的状态变化

二、BL-420N 生物信号采集与分析系统软件

BL-420N 系统主界面中包含有 4 个主要的视图区，分别为功能区、实验数据列表视图区、波形显示视图区以及设备信息显示视图区（图 2-4）。

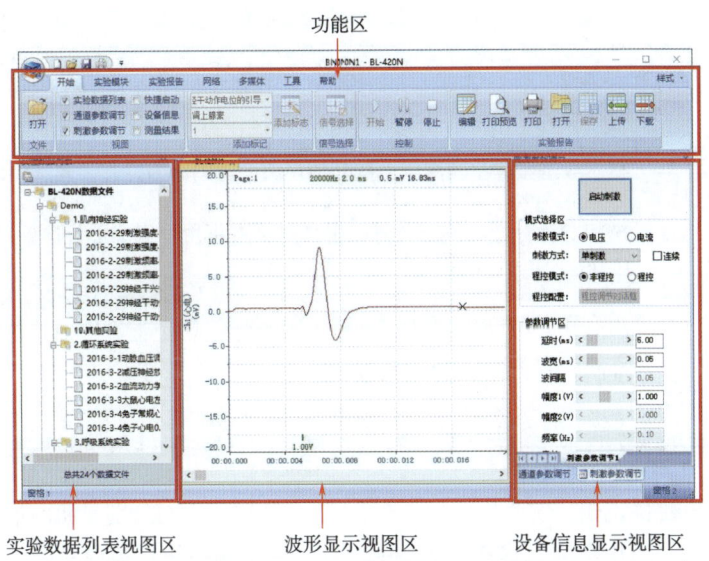

图 2-4　BL-420N 程序主界面

（一）功能区概述

功能区（图 2-5）是 BL-420N 系统主界面顶部的功能按钮选择区域，是操作系统的入口。

图 2-5　BL-420N 功能区

1. 功能区栏目的切换

在功能区中共有 7 个栏目，分别是开始栏、实验模块栏、实验报告栏、网络栏、多媒体栏、工具栏和帮助栏。当我们需要某个分类下的功能时就直接点击分类名称即可切换到某个分类下（图 2-6）。

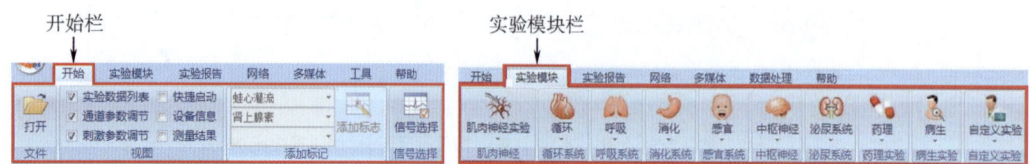

图 2-6　BL-420N 功能区开始栏和实验模块栏的相互切换

2. 主要功能介绍

（1）功能区开始栏说明　功能区开始栏中包括 6 个功能分类，分别是文件、视图、添加标记、信号选择、控制和实验报告，功能分类说明见表 2-1。

表 2-1　BL-420N 功能区开始栏的功能分类说明

分类名称	功能说明
文件	打开文件，用于打开指定数据文件进行反演
视图	显示或隐藏除主视图以外的其他视图，选中即为打开，非选中即为隐藏
添加标记	添加实验标记，该功能只在**采样过程中可用**。三个下拉框分别用于选择标记的分组、标记的名称和标记添加到的通道
信号选择	用户自主选择并设置通道参数，启动实验
控制	控制波形采集的开始、暂停和停止
实验报告	实验报告的编辑、打印、上传、下载等功能

（2）实验模块栏说明　实验模块栏包含有 11 个分类，它们分别是肌肉神经实验、循环系统、呼吸系统、消化系统、感官系统、中枢神经、泌尿系统、药理实验、病生实验、自定义实验和实验模块视图（图 2-7）。

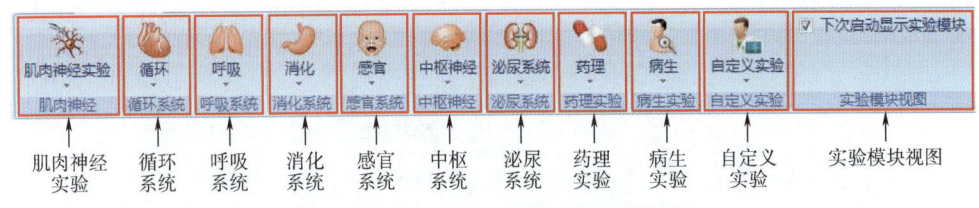

图 2-7　BL-420N 功能区实验模块栏

选择一个实验模块之后，系统将自动设置该实验所需的各项参数，包括采样通道、采样率、增益、时间常数、滤波以及刺激器参数等，方便快速进入实验状态，适用于学生常规动物机能学实验。

例如，选择"肌肉神经实验"分组中的"神经干动作电位的引导"实验模块后，系统将自动把生物信号输入通道设为 1 通道，采样率设为 20kHz，扫描速度设为 2.0ms，量程设为 20mV，高通滤波设为 200ms，低通滤波设为 20kHz；刺激器参数设为：单刺激，延时 5.00ms，波宽 0.05ms，幅度 1 为 1.0V 等（图 2-8）。

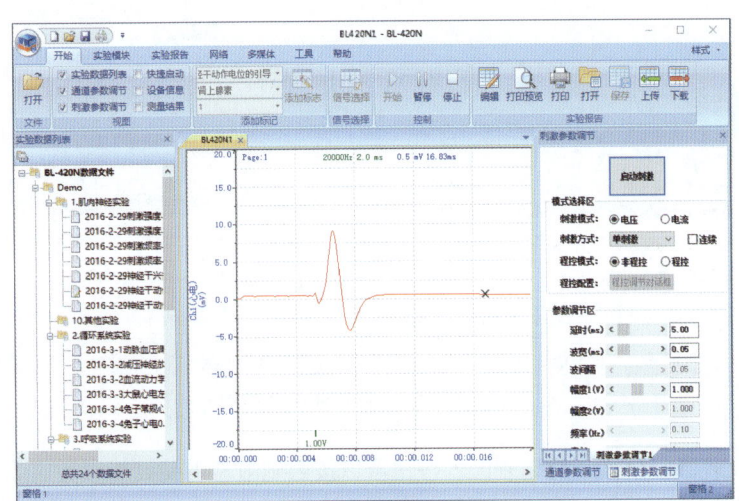

图 2-8　神经干动作电位的引导实验模块

（二）实验过程说明

1. 启动实验

（1）常规学生实验的开始详见主要功能介绍中"实验模块栏说明"。

（2）通过选择信号选择对话框启动实验（适用于科研实验或新的学生实验）。

选择工具区"开始"→"信号选择"按钮，系统会弹出一个信号通道选择对话框（图 2-9）。在"信号选择"对话框中，实验者可根据自己的实验内容，为每个通道配置相应的实验参数，这是最为灵活的一种启动实验方式。

2. 刺激参数调节视图

通过选择功能区开始栏中的"刺激器"选择框可以打开刺激器参数调节视图（图 2-10）。刺激器参数调节视图从上到下或从左到右分依次为 4 个部分："启动刺激"按钮，刺激模式选择区，刺激参数调节区，波形示意区。

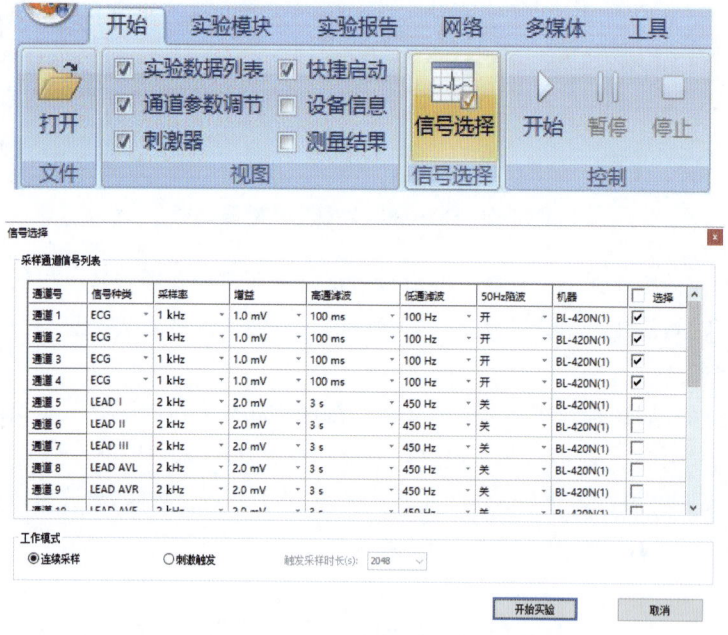

图 2-9 信号选择对话框

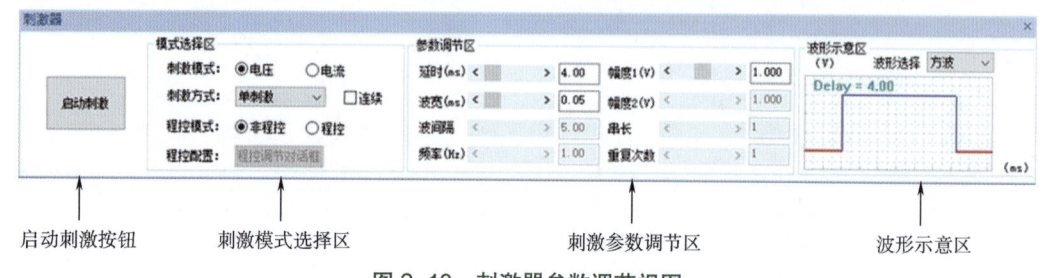

图 2-10 刺激器参数调节视图

（1）启动刺激　单击"启动刺激"按钮可以按照刺激器当前设置参数启动 BL-420N 系统硬件向外输出刺激信号。

（2）刺激模式　刺激模式是控制刺激器工作的基本参数，包括电压、电流刺激模式的选择，程控、非程控刺激方式的选择，连续刺激和单刺激的选择等。

（3）参数调节区　参数调节区调节单个刺激的基本参数，包括延时、波宽、幅度、频率等。

（4）波形示意区　波形示意区显示调节参数后的刺激波形形状和参数，提供直观的认识。

3. 波形显示视图说明

BL-420N 系统软件波形显示视图是采集到生物信号的主要显示区域，该区域主要由 7 个部分组成，分别包括：波形显示区、顶部信息区、标尺区、测量信息显示区、时间坐标显示区、滚动条以及双视分隔条。

（1）双视分隔条　双视分隔条用于显示同一生物信号不同时间记录的波形，便于前后对比（图 2-11）。

打开和关闭双视系统的方式是：在双视分隔条上按下鼠标左键，然后左右拖动双视分隔条即可。

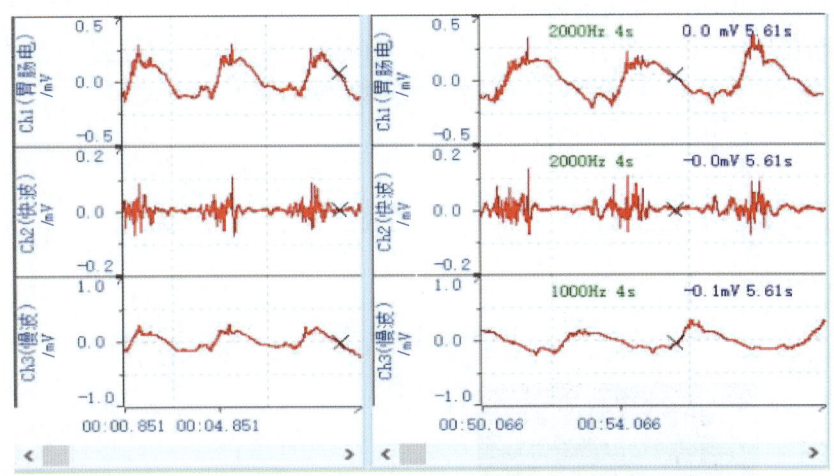

图 2-11 BL-420N 系统的双视显示方式

（2）单通道显示和多通道显示切换　通常情况下，波形显示视图根据选择的记录信号数自动设置相应的通道数，当多个通道同时显示时，每个通道平分整个显示区域。我们也可以通过在要观察的通道上双击鼠标左键的方式在单通道显示方式和多通道显示方式之间切换（图 2-12）。

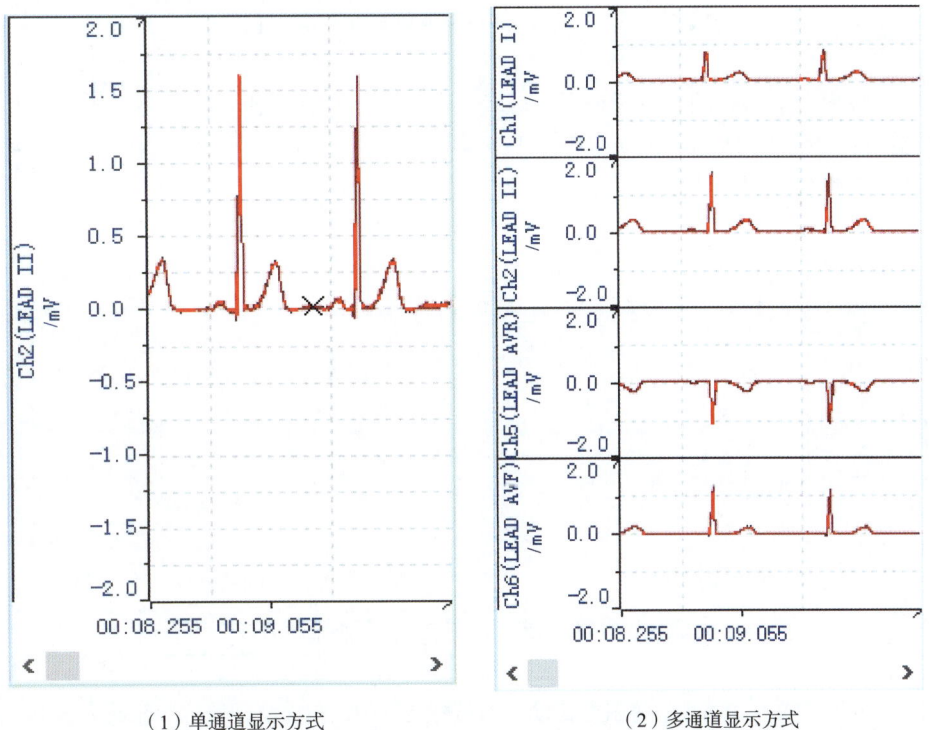

（1）单通道显示方式　　　　　　　　　　（2）多通道显示方式

图 2-12 BL-420N 系统的单通道显示方式和多通道显示方式切换

(3) 复制通道波形　实验结束后，我们可以复制有效信号波形，粘贴到自己的实验报告中（图2-13），步骤如下：

①在选择区域的左上角按下鼠标左键；
②在按住鼠标左键不放的情况下向右下方移动鼠标以确定选择区域的右下角；
③在选定右下角之后松开鼠标左键完成信号波形的选择；
④在Word文档中粘贴选择的波形。

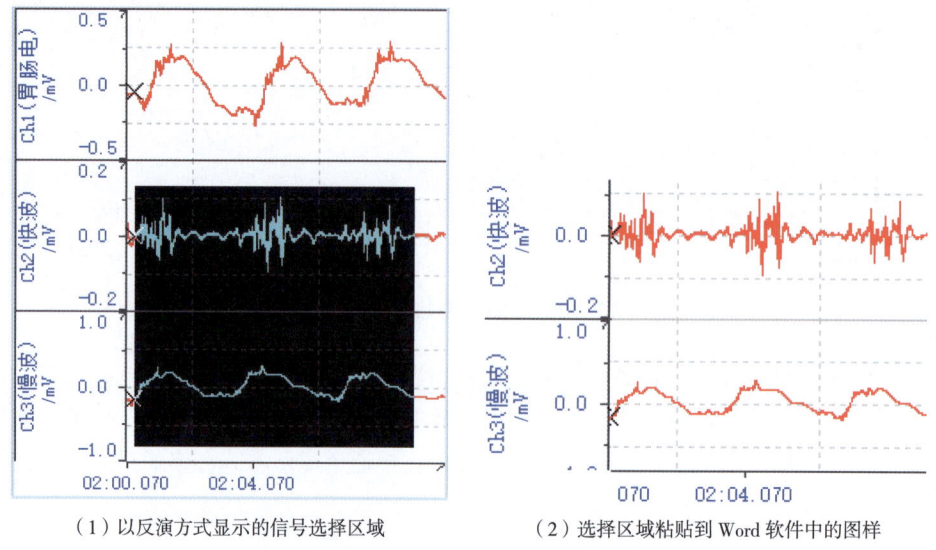

（1）以反演方式显示的信号选择区域　　（2）选择区域粘贴到Word软件中的图样

图2-13　BL-420N系统复制通道波形的方法

(4) 波形的上下移动　在通道标尺区按下鼠标左键；在按住鼠标左键不放的情况下上下移动鼠标，此时，波形会跟随鼠标的上下移动而移动；确认好波形移动的位置后松开鼠标左键完成波形移动（图2-14）。

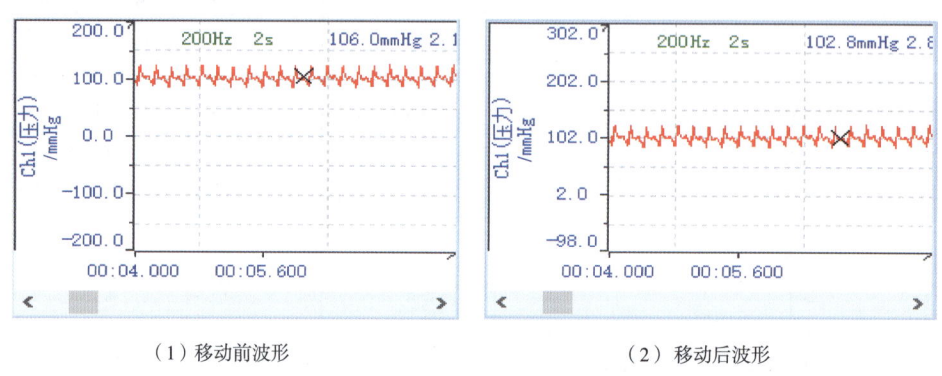

（1）移动前波形　　　　　　　　　（2）移动后波形

图2-14　BL-420N系统波形上下移动的方法

(5) 波形的放大和缩小　将鼠标移动到通道标尺区中；向上滑动鼠标滚轮放大波形，向下滑动鼠标滚轮缩小波形；在标尺窗口中双击鼠标左键，波形会恢复到默认标尺大小（图2-15）。

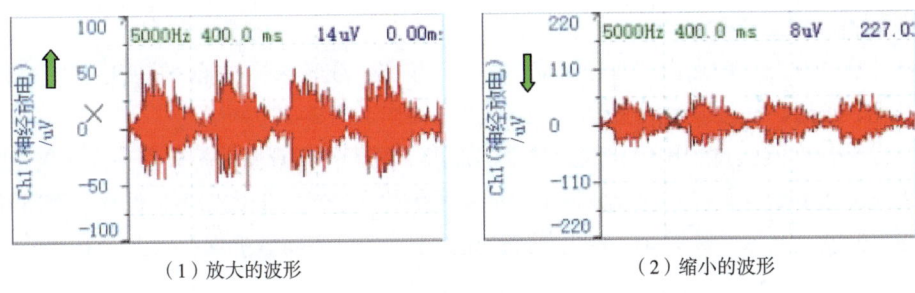

(1)放大的波形　　　　　　　　　(2)缩小的波形

图 2-15　BL-420N 系统单通道波形的放大和缩小

（6）波形的压缩和扩展　将鼠标移动到波形显示通道中；向上滑动鼠标滚轮扩展波形，向下滑动鼠标滚轮压缩波形（图 2-16）。

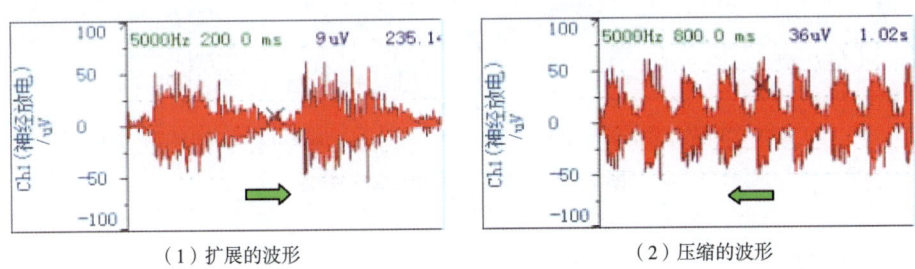

(1)扩展的波形　　　　　　　　　(2)压缩的波形

图 2-16　BL-420N 系统单通道波形的压缩和扩展

注意：

①如果在波形通道中向上或向下滑动鼠标滚轮，则只影响该通道的压缩或扩展。

②如果在所有通道底部的时间显示区中向上或向下滑动鼠标滚轮，则影响所有通道的压缩或扩展。

③在实验结果的截图过程中要保证**实验图像横坐标与纵坐标的放大缩小倍数一致**，使图形数据前后比较更为直观。

4. 实验标记

在实验过程中对干预（用药、刺激）要及时添加实验标记，该系统中有两种添加方式：

（1）实验过程中可在开始栏的添加标记对话框中，选择该实验的具体标签，点击"添加标志"，再用鼠标选中添加到恰当位置即可［图 2-17（1）］。

（2）实验结束反演文件中可以使用鼠标右键中选择实验标签的添加、编辑和删除等功能［图 2-17（2）］。

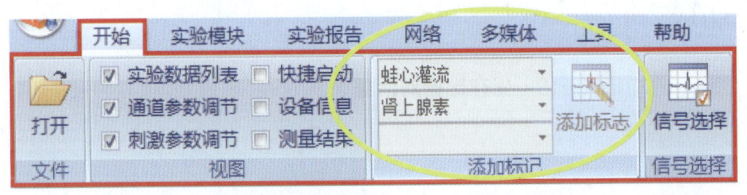 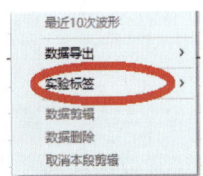

(1)实验过程中添加　　　　　　　　　(2)反演文件中添加

图 2-17　BL-420N 系统实验标记的添加方法

5. 暂停和停止实验

在"启动视图"中点击"暂停"或"停止"按钮，或者选择功能区开始栏中的"暂停"或"停止"按钮，就可以完成实验的暂停和停止操作（图2-18）。

暂停是指在实验过程中停止快速移动的波形，便于仔细观察分析停留在显示屏上的一幅静止图像的数据，暂停时硬件数据采集的过程仍然在进行，但数据不被保存；重新开始，采集的数据恢复显示并被保存。停止是指停止整个实验，并将数据保存到文件中。

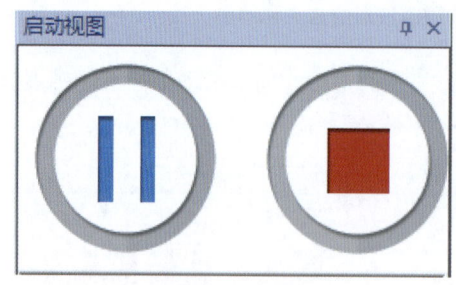
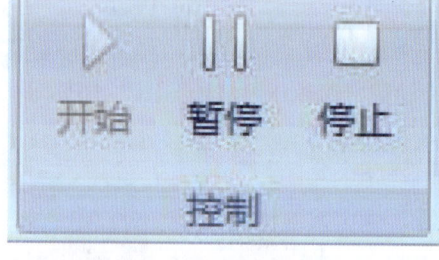

（1）启动视图中的暂停、停止按钮　　　　（2）功能区开始栏中的暂停、停止按钮

图 2-18　暂停、停止控制按钮区

6. 保存数据

当单击停止实验按钮的时候，系统会弹出一个对话框询问是否停止实验，如果确认停止实验则系统会弹出"另存为"对话框让用户确认保存数据的名字（图2-19）。文件的默认命名为"年_月_日_Non.tmen"。用户可以自己修改存贮的文件名，点击"保存"即可完成保存数据操作。

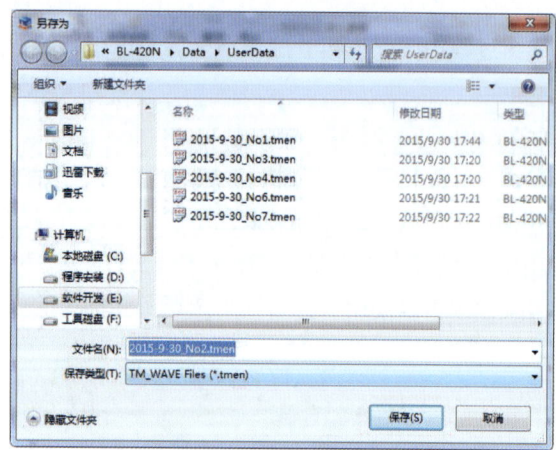

图 2-19　保存数据对话框

7. 数据反演

数据反演是指查看已保存的实验数据，有两种方法可以打开反演文件：一是在"实验数据列表"视图中双击要打开反演文件的名字。二是在功能区的开始栏中选择"文

件"→"打开"命令,将弹出与图 2-19 相似的打开文件对话框,在打开文件对话框中选择要打开的反演文件,然后单击"打开"按钮。

BL-420N 系统软件可以同时打开多个文件进行反演,最多可以同时打开 4 个反演文件(图 2-20)。

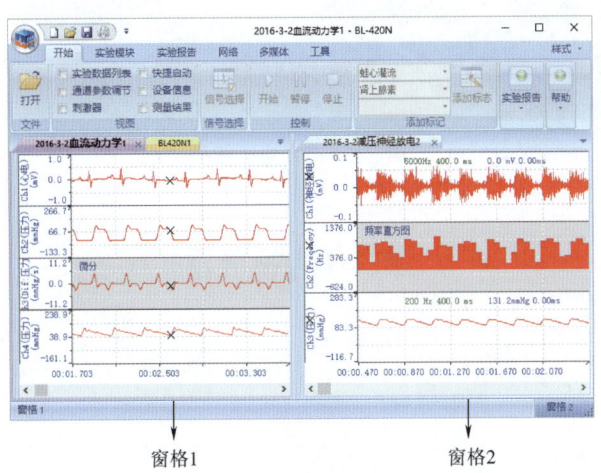

图 2-20 同时打开两个反演文件进行数据反演

8. 剪切图形

实验结束后,复制有效信号波形,粘贴到实验报告中,具体方法详见前文关于复制通道波形的介绍。

9. 实验数据的整理打印。

第二节 换能系统

换能器也称传感器,是一种能将一种能量形式转变为另一种能量形式的器件装置。动物机能学实验常用的换能器是将一些非电信号(如机械、光、温度、化学等的变化)转变为电信号,然后输入不同的仪器进行测量、显示、记录,以便对其所代表的机能变化作深入地分析。换能器的种类很多,例如,张力换能器、压力换能器、胃肠运动换能器、心音换能器、脉搏换能器、温度换能器、体温换能器等,这里仅介绍张力和压力两种换能器。

一、张力(机械-电)换能器

使用方法:张力换能器的外观如图 2-21 所示。使用时根据测量方向,将换能器固定在合适的支架上,既要保证受力方向和力敏感悬梁(弹簧片)的平面垂直,又要保证换能器的受力方向。

使用注意事项:①正式记录前,换能器应预热 10~30min,以确保精度。②换能器调零时,不得用力太大。③实验时不能用猛力牵拉或用力扳弄换能器的悬梁臂,以免损坏换能器。测力时负荷量不得超过满量程的20%。④防止生理盐水等溶液渗入换能器。

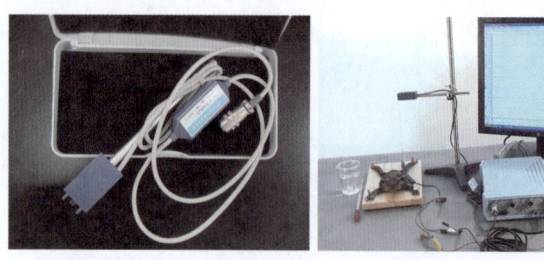

图 2-21 张力换能器

二、压力换能器

压力换能器（图 2-22）的头端是一个半球形的结构，内充抗凝剂稀释液。其内面后部为薄片状的应变元件，组成桥式电路。其前端有两个侧管，一个用于排出里面的气体，另一个与血管插管相连。

使用方法及注意事项：①注意压力换能器的压力测量范围，对超出检测范围的待测压力不能进行测量。②进行压力测量时，先将换能器透明球盖内充满用生理盐水稀释的抗凝剂稀释液，注意将透明球盖及导管内的气泡排净，以免引起压力波变形失真。注液时应首先检查导管是否通畅，避免阻塞形成无效腔，引起高压导致的损坏。③压力换能器在使用时应固定在支架上，尽可能保证插管处与换能器在同一水平面上，以免引起静水柱误差。④将换能器与主机连接好，启动并预热15~30min，将系统调到零位即可进行测量。⑤为了使测量结果准确，使用前需要标定。⑥严禁用注射器从侧管向闭合测压管道内推注液体；注射器用后应洗净并放在干燥、无菌、无毒、无腐蚀的容器内保存。

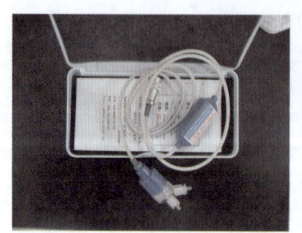 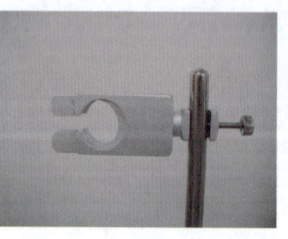 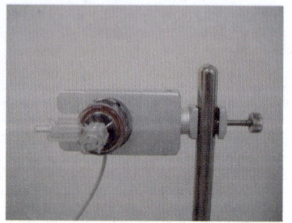

图 2-22 压力换能器

第三节 电极

电极依其使用目的不同，可分为普通电极、保护电极、微电极等。

一、普通电极

普通电极［图 2-23（1）］通常是在一绝缘管的前端安装两根电阻很小的金属丝（常用

银丝或不锈钢丝、钨丝），其露出绝缘管部分的长度仅 5mm 左右，金属丝各连有一条导线，可与刺激器的输出端（作刺激电极用时）或放大器的输入端（作引导、记录电极用时）相接。使用此种电极时，应注意电极不要碰到周围的组织。

二、保护电极

保护电极［图 2-23（2）］的结构与普通电极相似，特点是前端的银丝嵌在电木保护套中，使用此种电极刺激机体神经干时，可保护周围组织不受刺激。

三、锌铜弓

锌铜弓［图 2-23（3）］实际是一个带有简单锌-铜电化学电池的双极刺激电极，常用来检查坐骨神经-腓肠肌标本的机能状况，是平行排列的一根粗锌丝（片）和一根粗铜丝（片），二者的顶端焊接在一起，固定于电木管内，当锌铜弓与湿润的活体组织接触时，由于 Zn 较 Cu 活泼，易失去电子形成正极，使细胞膜超极化；Cu 得电子成为负极，使细胞膜去极化而兴奋。电流按 Zn→活体组织→Cu 的方向流动。注意：用锌铜弓检查活体标本时，组织表面必须湿润。

四、银-氯化银（Ag/AgCl）电极

当用金属丝直接接触生物组织，再用直流电刺激时会产生极化作用，即组织外液中的阴离子在正极下聚集，阳离子在负极下聚集。这种极化现象对直流电有抵消作用，使刺激强度减弱或停止刺激；而在停止刺激时阴、阳离子会形成反向电流。此外，电解所产生的物质附于电极上，可使电极电阻变大，电流变小，同时影响到组织的兴奋性。因此，在用直流电刺激组织时，常用银-氯化银电极［图 2-23（4）］来避免产生这种干扰。该种电极有时也用作记录电极。

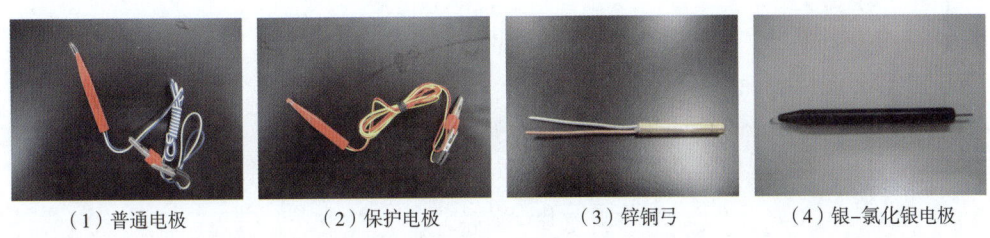

（1）普通电极　　　　（2）保护电极　　　　（3）锌铜弓　　　　（4）银-氯化银电极

图 2-23　电极

五、神经-肌肉标本盒

在进行蟾蜍坐骨神经干动作电位、兴奋不应期以及传导速度的测定实验中，为了保持神经干的良好机能状态，必须使用神经-肌肉标本盒（图 2-24）。标本盒通常用有机玻璃制成，盒内有两根导轨，导轨上有 5~7 个装有银丝电极的有机玻璃滑块，电极滑块可以在导轨上随意移动，用以调节电极间的距离。每个电极滑块通过导线与标本盒侧壁的一个按

线柱相连，其中 1 对作刺激电极，1~2 对作记录电极，记录电极与刺激电极间的电极接地。有的标本盒盒盖上装有小尺，用以测量电极间的距离。

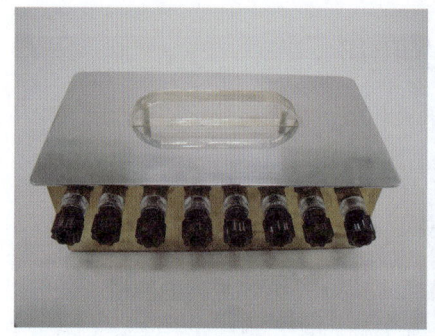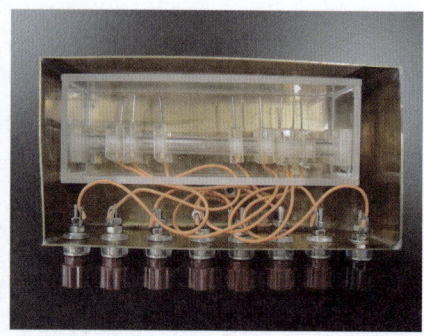

图 2-24　神经－肌肉标本盒

使用及注意事项：①滑块电极的银丝必须保持清洁，如有污垢可用浸有任氏液的棉球轻轻擦拭，仍不能清除时，可用细砂纸轻轻擦净。②移动滑块电极时动作要轻，以免将电极与接线柱间的导线弄断。③实验时标本应保持湿润，标本安好后应将上盖盖好。标本两端的结扎线要悬空。

第四节　动物机能学实验常用手术器械

机能学实验常对动物进行手术，因此识别和正确使用各种手术器械，既关系到操作能力的培养和实验的成败，也为今后完成动物外科手术打下基础。现将常用的手术器械种类及使用方法简述如下。

（一）粗剪刀

粗剪刀[图 2-25（1）]用于剪毛、剪断骨骼。

（二）金属探针

金属探针[图 2-25（2）]用于破坏蛙的中枢神经脑和脊髓。

（三）玻璃分针

玻璃分针[图 2-25（3）]分离血管和神经。

（四）蛙板

蛙板有有机玻璃蛙板[图 2-25（4）]和木质蛙板[图 2-25（5）]两种。木质蛙板借助于蛙腿钉可用于固定蛙腿，以利于操作。小动物解剖台[图 2-25（6）]也可以用于替代蛙板，在制备神经肌肉标本时，使用清洁的、用任氏液湿润了的有机玻璃蛙板可减少损伤，保持兴奋性。

（五）蛙腿钉

蛙腿钉用于固定蛙腿。

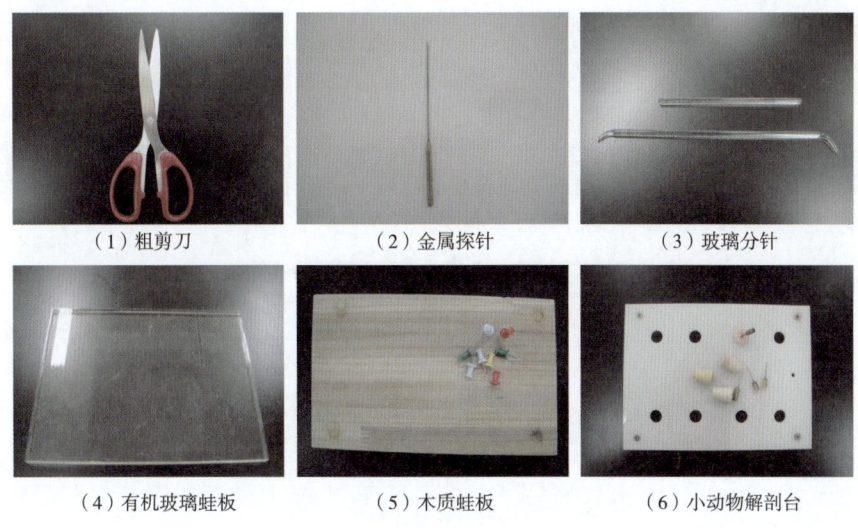

(1) 粗剪刀　　　　　(2) 金属探针　　　　　(3) 玻璃分针

(4) 有机玻璃蛙板　　(5) 木质蛙板　　　　　(6) 小动物解剖台

图 2-25　蛙类手术常用器械

（六）手术刀

手术刀用于切开皮肤脏器，由刀柄和刀片组成（图 2-26）。刀柄和刀片都有大、小及型号的不同，可根据手术种类选用。刀柄的一端可作为钝分离器用于分离组织。

手术刀片的安装［图 2-27（1）］：右手用持针钳夹住刀片的上部，左手握住刀柄，将刀片上的空隙对准刀柄上的槽隙用力推入即可。

手术刀片的拆卸［图 2-27（2）］：右手用持针钳夹住刀片的底部，向上翘起，顺着刀柄的凹槽滑出即可。注意拆卸刀片时防止误伤他人。

持刀法有 5 种。握拳式［图 2-28（1）］常用在力度较大的刮割处理时。持弓式［图 2-28（2）］有如持小提琴的弓，动作范围大而灵活，多用于切开胸部、腹部、肢体皮肤及切断钳夹的组织，它和指压式［图 2-28（3）］是最常用的持刀法。执笔式［图 2-28（4）］有如握钢笔，用以切割短小切口，用力轻柔而操作精细，如解剖神经、血管，切开腹膜等，动作力量主要在手指。如果刀刃向上又称反挑式［图 2-28（5）］，多使用刀口向弯曲面的手术刀片，常用于向上挑开组织，以免损伤深部组织。

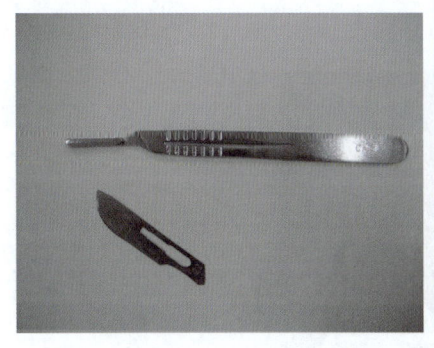

图 2-26　手术刀

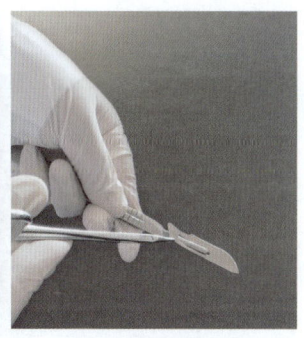

（1）安装　　　　　（2）拆卸

图 2-27　手术刀片的安装与拆卸

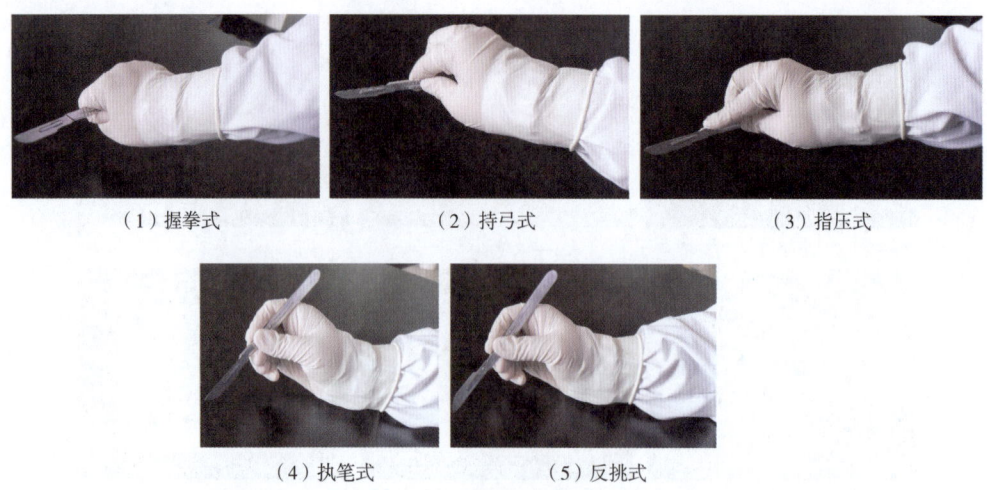

图 2-28 持刀法

(七) 手术剪

按手术剪前端的形状可分为圆头和尖头两型,即钝头剪和尖剪[图 2-29(1)],用于剪开皮肤、皮下组织和肌肉,还可利用剪刀的尖端插入组织间隙撑开、分离疏松组织。另一种小型手术剪,叫眼科剪[图 2-29(2)],眼科剪用于剪断神经,在作插管时用于剪开血管、输尿管。手术剪和眼科剪都有直、弯两种[图 2-29(3)]。

正确的持剪方法是以拇指和环指分别插入剪柄的两环,中指放在环指的前外方剪柄上,食指轻压在剪柄和刀口交界的轴节处(图 2-30)。

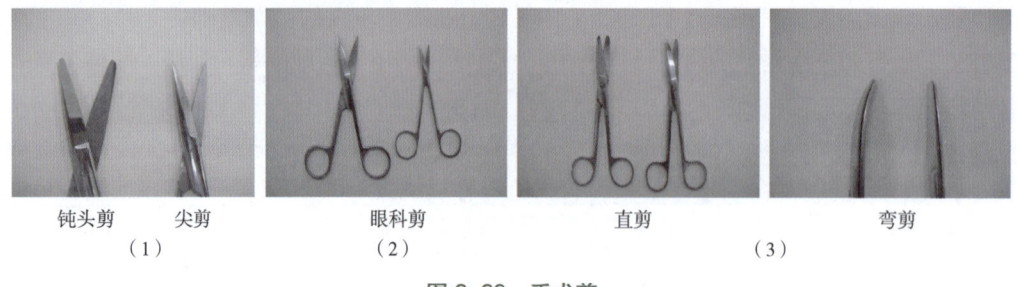

图 2-29 手术剪

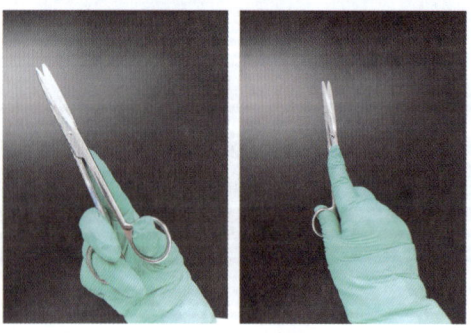

图 2-30 持剪法

（八）血管钳

血管钳有长、短、直、弯、全齿和半齿等多种规格（图2-31），主要有大止血钳、中止血钳和蚊式血管钳。主要用于止血和钝性分离组织，因使用部位不同而所需各异。

正确的持握方法：以拇指和环指分别插入柄的两环，中指放在环指的前外方柄上，食指轻压在柄和刀口交界的轴节处（图2-32）。

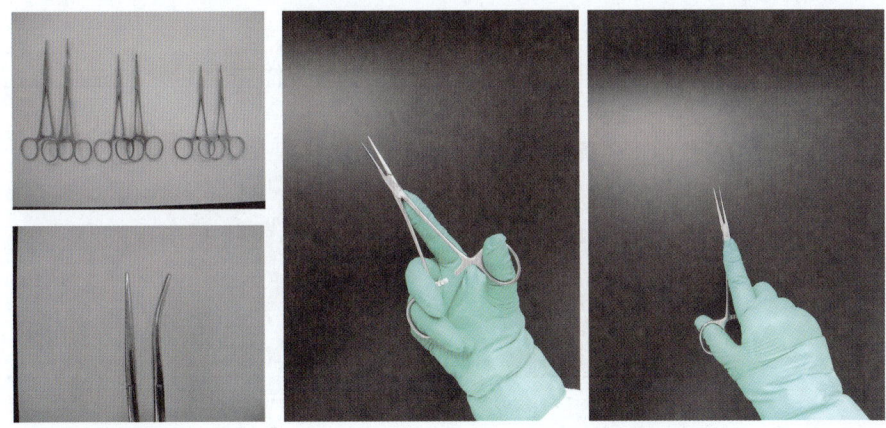

图2-31　不同规格的血管钳　　　图2-32　血管钳的持握

（九）镊子

镊子（图2-33）分有齿和无齿两种，也有长、短及直、弯之分。镊子除用于夹持组织外，眼科镊可在作动、静脉插管时扩张切口，便于导管插入。有齿镊夹持较坚硬的组织，如皮肤、筋膜、肌腱等。无齿镊夹持较脆弱的组织，如血管、神经、黏膜等。

正确的持镊方法如执笔姿势，重点是镊子要在眼的直视范围内。

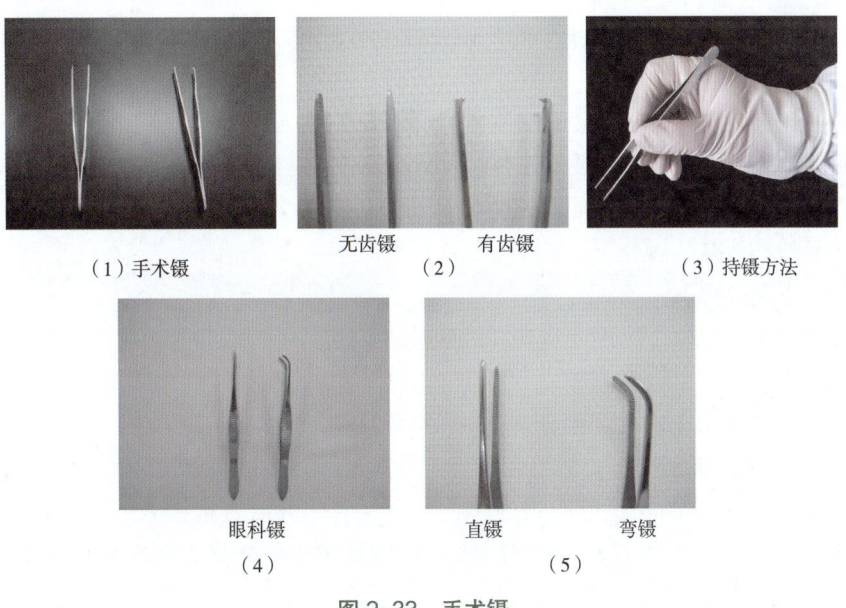

（1）手术镊　　　　无齿镊　　有齿镊　　　　（3）持镊方法
　　　　　　　　　　　　（2）

　　　　　　眼科镊　　　　　直镊　　　弯镊
　　　　　　　（4）　　　　　　　（5）

图2-33　手术镊

（十）持针钳及缝合针

持针钳主要用于夹持缝合针缝合组织。持针钳的头端较短，口内有槽。使用时，用持针钳的头端夹持缝合针近尾端 1/3 处（图 2-34）。

动物机能学实验中用的缝合针主要是弯针，有大小和形状的区别。圆针用于缝合软组织，三棱针多用于缝合皮肤（图 2-35）。

血管钳和持针钳的区别（图 2-36）：血管钳前端开口较持针钳大，且血管钳开口内部为横纹状，而持针钳开口内部为瓦棱状，摩擦力更大。

缝合针的后 1/3 夹持在持针钳的上 1/3 处，缝合线别在持针钳开口处。

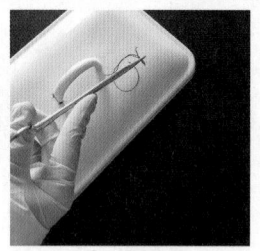

图 2-34 持针钳的持握

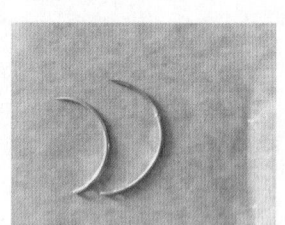

圆针　三棱针

图 2-35 缝合针

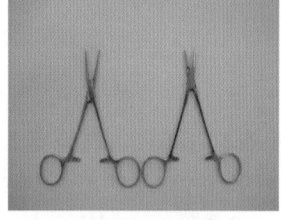

血管钳　　持针钳

（1）外形区别

横纹状　瓦棱状

（2）内部结构区别

图 2-36 血管钳与持针钳的区别

（十一）动脉夹

动脉夹［图 2-37（1）］主要用于暂时阻断血流和固定头皮输液针等。动脉夹有大、中、小之分，可用于不同的动物，如大的动脉夹用于犬，中号的用于兔、猫，大白鼠、小白鼠只能用小号的动脉夹。

（十二）颅骨钻

颅骨钻［图 2-37（2）（3）］主要在开颅时钻孔用。

（十三）骨钳

骨钳［图 2-37（4）］常与颅骨钻合用，打开颅腔，暴露脑组织。

（十四）气管插管

急性动物实验时为保证呼吸道通畅，可在气管切开后直接插入气管插管［图 2-37（5）］，也可在开胸实验时接呼吸机用。实验中因动物的种类及动物的大小不同而选用粗细、长短不同的气管插管。

（十五）蛙心插管

蛙心插管［图 2-37（6）、图 2-37（7）］主要用于蛙类离体心脏灌流实验。

（十六）血管插管

血管插管［图 2-37（8）］包括动、静脉插管，左心室插管等。根据动物种类、大小、用途的不同，选用粗细、长短不同的插管。

（十七）输尿管插管

输尿管插管［图 2-37（9）］专用于输尿管，以及时收集尿液。

（十八）注射器

注射器根据不同实验的不同要求选择不同规格。针头应尖锐、无钩、无弯曲、无阻塞，套在注射器的接头上旋转后应不松动。

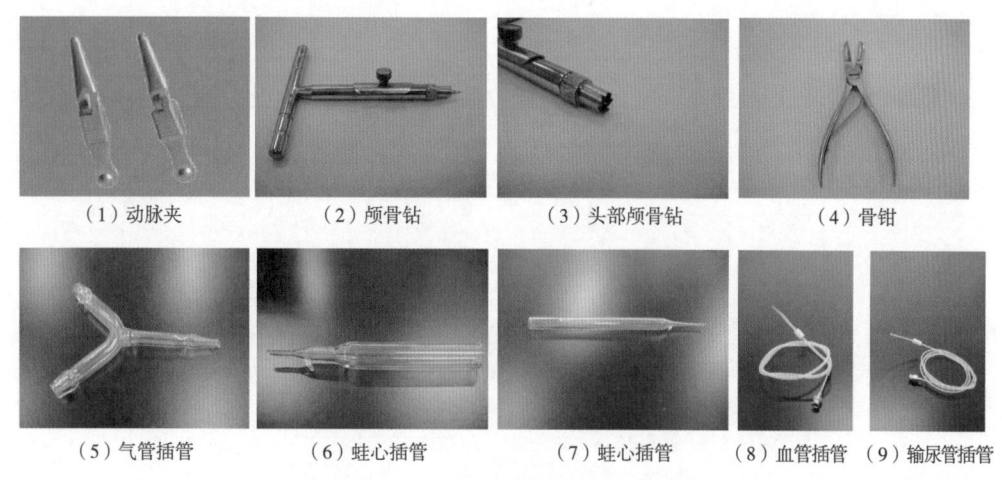

（1）动脉夹　（2）颅骨钻　（3）头部颅骨钻　（4）骨钳

（5）气管插管　（6）蛙心插管　（7）蛙心插管　（8）血管插管　（9）输尿管插管

图 2-37　实验动物常用手术器械

（十九）兔手术台

兔手术台（图 2-38）固定杆用于固定兔的头部，固定钩用于固定兔的四肢。为了防止动物的体温降低，有些手术台的底部安装了加热装置。

（二十）小白鼠、大白鼠固定器

小白鼠、大白鼠固定器（图 2-39）常用于小鼠、大鼠的尾静脉注射、无创血压监测。将固定器前端滑动塞和后盖均取下，把空管放平提起鼠尾让其从固定器后端钻入，装上前端滑动塞，将鼠尾从后堵管的下口穿出，旋上后盖，调整并固定前端滑动塞。

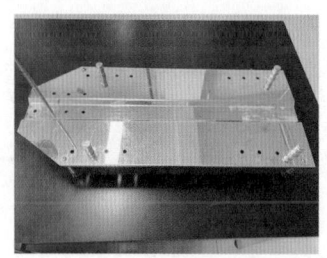

图 2-38　兔手术台

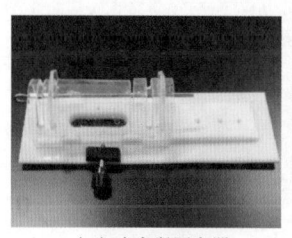 

（1）小白鼠固定器　（2）大白鼠固定器

图 2-39　小白鼠、大白鼠固定器

第三章 实验动物的基本知识与基本操作技术

第一节 实验动物的分类

随着科学研究的发展，对实验动物的要求越来越严格，实验动物的数量与种群越来越多。因此，实验动物学根据动物用途、遗传控制、病原控制等对实验动物进行科学分类。

一、根据实际用途分类

1. 实验动物（laboratory animals）

实验动物指人工饲育，对其携带的病原实行控制，遗传背景明确或来源清楚的，供科学研究、教学、生产、鉴定以及其他科学实验的动物。

2. 经济动物（economical animals）

经济动物指作为人类生活需要而繁殖、饲养的动物，如家畜、家禽。

3. 野生动物（wild animals）

野生动物指从自然界获得的，未进行人工繁殖、饲养的动物。

4. 观赏动物（exhibiting animals）

观赏动物指供人们观赏的一些动物。

二、根据遗传学控制原理分类

按遗传学控制方法，根据基因纯合程度把实验动物分为近交系、封闭群、杂交群和突变系4类，杂种（mongrel）是未经遗传学控制而进行无计划随机交配繁殖的杂合子动物群，不属于本分类范围。

1. 近交系动物（inbred strain animals）

近交系动物指至少连续20代的同胞兄妹交配培育的纯品系动物。

2. 封闭群动物（closed colony animals）

封闭群动物指在不从外部引入新个体的条件下，至少连续繁殖4代，以非近亲交配方式繁殖的实验动物种群。封闭群动物也称远交群动物（outbred stock animals）。

3. 杂交群动物（hybrid aninals）

杂交群动物指两个近交品系动物之间进行有计划交配所获得的第一代动物，简称 F_1 动物。

4. 突变系动物（mutant strain animals）

突变系动物是保持有特殊的突变基因，只有某种遗传缺陷的动物。

三、根据病原学分类

1. 普通级动物（conventional animal，CV）
普通级动物指不携带所规定的人兽共患病病原体和动物烈性传染病病原体的动物。

2. 清洁动物（clean animal，CL）
清洁动物指除普通动物应排除的病原体外，不携带对动物危害大和对科学研究干扰大的病原体的动物。

3. 无特定病原体动物（specific pathogen free amimal，SPF）
无特定病原体动物指除清洁动物应排除的病原体外，不携带主要潜在感染或条件致病和对科学实验干扰大的病原体的动物。

4. 无菌动物（germ free animal，GF）和悉生动物（gnotobiotic animal）
无菌动物指体内外无可检出的一切微生物、寄生虫的动物。悉生动物是在无菌动物的基础上，人为的使其携带一种或多种微生物的动物。

第二节　机能学实验常用的动物及特点

一、蟾蜍

蟾蜍是常用的小型两栖类动物，具有价格低廉、离体器官存活时间相对较长等优点。常用其神经肌肉标本来观察各种刺激对周围神经、肌肉、神经肌肉接头的作用；用其离体心脏观察激素、受体激动剂、受体阻断剂、离子对心脏的直接作用；蟾蜍还常被用于脊髓休克、脊髓反射和反射弧分析等急性动物实验。

二、小白鼠

小白鼠具有繁殖周期短，产仔多，生长快，温驯易捉，易于饲养，价格低廉等优点，广泛应用于各种分组较多、样本量大的实验。

三、大白鼠

大白鼠有抗病能力强，繁殖快，易于饲养等优点。大白鼠垂体较脆弱（游离）地附着在漏斗下部，不需要很大的吸力就可以去除而不破坏鞍膈和脑膜，适宜制作去垂体模型。大白鼠没有胆囊，胆总管易于分辨结扎，适宜制作梗阻性黄疸模型。大白鼠视觉、嗅觉较灵敏，适合做条件反射和学习记忆类实验。

四、豚鼠

豚鼠又名荷兰猪、天竺鼠，习性温驯，喜群居，容易饲养。由于豚鼠容易暴露中耳及内耳，耳蜗及血管突出到中耳腔内，便于观察内耳微循环。豚鼠在听到尖音时，耳廓竖起（Preyer 反射），如果此反射减弱或消失则表明有听觉障碍。因此，豚鼠适于听力学研究。

豚鼠对某些病毒反应敏锐，易引起变态反应，适用于各类传染病、药理学、营养学的细菌、病毒变态反应疾病等实验研究。其对结核菌敏感，是用于抗结核病药物实验的首选动物。豚鼠心肌细胞动作电位平台期明显，是研究心肌细胞电生理、心律失常和抗心律失常的理想标本。

五、家兔

家兔性情温顺，适于静脉注射、灌胃和取血，是常用实验动物。家兔胸腔内构造与其他动物不同，胸腔中央由纵隔连于顶壁、底壁及后壁之间，将胸腔分为左右两部，互不相通，纵隔由膈胸膜和纵隔胸膜两层纵隔膜组成。肺被肋胸膜和肺胸膜隔开，心脏又被心包胸膜隔开。因此，开胸后打开心包胸膜暴露心脏进行实验操作时，只要不破坏纵隔胸膜，不需要人工呼吸的支持。

第三节　实验动物的编号与标记

为了观察每个实验动物的变化，需对实验动物进行随机分组、编号和标记。

一、兔和豚鼠

（一）号牌标记法

号牌标记法［图3-1（1）］是将号码烙压在金属牌上，按实验分组固定在实验动物颈部项圈处。该法适用于犬、猫等较大型动物。

（二）染色标记法

染色标记法［图3-1（2）］即用毛笔或棉签蘸取化学药品涂染动物背部或四肢一定部位的被毛，代表一定的编号。

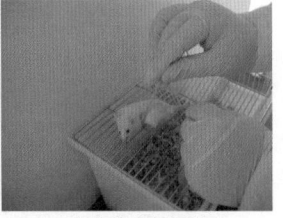

（1）号牌标记法　　（2）染色标记法

图3-1　实验动物标记法

常应用的涂染化学药品有：①红色：0.5%中性红或品浮红溶液。②黄色：3%~5%饱和苦味酸溶液。③黑色：煤焦油的乙醇溶液。④咖啡色：2%硝酸银溶液。

编号的原则是"先左后右，先上后下"。一般习惯涂染在前左腿上为1，左腰部为2，左后腿为3，头部为4，背部为5，尾基部为6，右前腿为7，右腰部为8，右后腿为9［图3-2（1）］，如果动物的编号超过10，需要编10~100号码时，可采用上述动物的不同部位再涂染另一种涂染剂斑点,即表示相应的十位数,即左前腿为10,左腰部为20,如图 3-2(2)编号为 64(黄色为个位,红色为十位)。

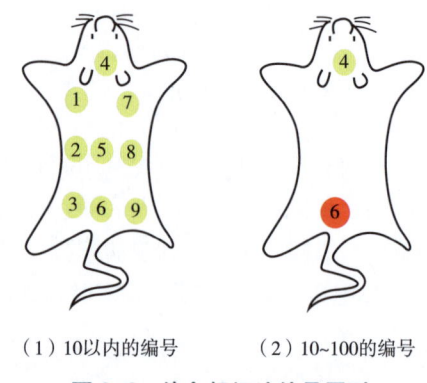

(1) 10 以内的编号　　(2) 10~100 的编号

图 3-2　染色标记法编号原则

二、大白鼠、小白鼠

染色标记法:使用的化学涂染剂,编号方法同上述兔染色标记法。

第四节　实验动物的捉拿固定、给药、麻醉与实验后处理

动物的正确捉拿与固定,既可防止实验者被抓咬伤,又可保证动物正常的生理活动,是实验顺利进行的保证。

一、实验动物的捉拿与一般固定方法

(一)青蛙和蟾蜍

将蟾蜍或蛙置于左手掌心,左手食指和中指之间夹紧两前肢,无名指和小拇指之间夹紧两后肢,拇指压住头部,右手进行操作[图 3-3(1)]。也可采取仰卧位用蛙腿钉将四趾固定于蛙板上,操作时禁忌挤压耳部腺体,以免毒液射入眼中。

(二)小白鼠

先用右手抓住鼠尾并提起,放在鼠笼上,小白鼠即刻向前爬行,用左手拇指和食指抓住小鼠的两耳和头颈部皮肤,将其置于左手心中,用左手无名指和小指压紧鼠尾及一侧后肢,右手即可进行操作[图 3-3(2)]。尾静脉取血及尾静脉注射时,可将小鼠放进特制的固定器中。

(三)大白鼠

大白鼠与小白鼠的操作基本相似,实验者应戴帆布手套,右手抓住鼠尾并提起,放在粗糙面上向后轻拉,左手抓住两耳及头颈部皮肤,余下三指捏紧鼠背皮肤,右手进行操作。

 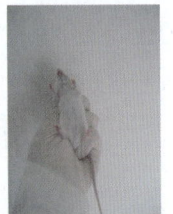

（1）蟾蜍的捉拿　　　（2）小白鼠的捉拿

图 3-3　蟾蜍和小白鼠的捉拿方法

（四）豚鼠

豚鼠胆小易惊，抓取时要求快、稳、准。一般先用右手迅速、轻轻地扣住豚鼠背部抓住其肩胛上方，以拇指和食指环握颈部，另一只手抓托住臀部即可。

（五）家兔

右手抓住颈背部皮肤，左手托住臀部，使其躯干的重量主要压在左手上，然后按实验要求固定（图 3-4）。做各种手术时，可将兔麻醉后固定在手术台上。进行耳缘静脉注射或取血时，可将家兔固定于兔固定箱中。

   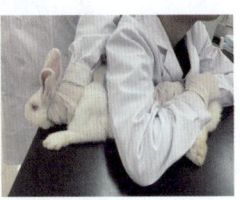

（1）家兔的捉拿　　　　　　　　　　　　（2）家兔的固定

图 3-4　家兔的捉拿和固定方法

二、实验动物被毛的去除方法

（一）剪毛法

剪毛法是急性实验中最常用的方法，将动物固定后，用粗剪刀紧贴动物皮肤将被毛去除。

（二）拔毛法

将动物固定，用拇指和食指将所需部位被毛拔去。如家兔耳缘静脉注射部位。

（三）剃毛法

大动物做手术时采用。先用剪刀剪去长毛，再用刷子蘸温肥皂水将剃毛部位的被毛充分浸润，然后用剃毛刀或电动剃须刀顺被毛生长方向剃毛。

（四）脱毛法

采用化学脱毛剂将动物被毛脱去。各种脱毛剂用法：将脱毛部位的被毛先用剪刀剪短，以节省脱毛剂用量。用棉球或纱布块蘸脱毛剂在脱毛的部位涂成薄层，2~3min 后用温水洗去该部位脱下的毛，再用干纱布将水擦干，涂上一层油脂。

三、实验动物的给药方法

根据实验目的、所选用实验动物种类、药物剂型的不同，对实验动物实施不同的给药方法是十分重要的。较常见的给药方法有：注射给药法、摄入给药法、涂布给药法和吸入给药法。

（一）注射给药法

1. 皮下注射

对大多数实验动物来说，皮下注射最适宜的部位是颈背［图 3-5（1）］、腋下、侧腹或后边肢体、臀部等。其操作方法是：注射部位消毒，用左手轻轻抓起皮肤，右手把注射器针头插入皮肤皱褶的基底部，并将针头轻轻左右摆动，易于摆动表明已刺入皮下，再轻轻抽吸，若无回流液体或血液时即可沿身体纵向将注射器推进 5~10mm，缓慢注入药液，注射完毕拔出针头，用消毒棉球轻压注射部位，以防药液外漏。小鼠颈部皮肤松弛，一人操作较为常用，也可由他人协助在腹部皮下注射［图 3-5（2）］。

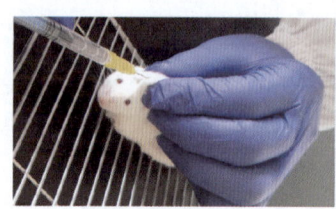

（1）颈背皮下注射　　　　（2）腹部皮下注射

图 3-5　小白鼠皮下注射

2. 皮内注射

皮内注射是将药液注入皮肤的表层与真皮之间。可用于观察皮肤血管通透性变化或皮内反应，多用于接种、过敏实验等。操作时，先剪去注射部位的被毛，消毒局部，然后用左手将皮肤捏成皱褶，右手持注射器，将针头与皮肤呈 30°，沿表层刺入皮内，慢慢注入一定量的药液。此时会感到有很大的阻力，并且注射部位皮肤表面马上呈小丘疹样隆起，皮肤表面上的毛孔极明显。注射后 5min 再拔针，以免药液从针孔漏出。

3. 肌肉注射

肌肉注射应选择肌肉发达、血管丰富的部位。注射时固定动物，剪去注射部位的被毛，注射部位消毒，与注射部位皮肤呈 60° 刺入针头，回抽针栓无回血后注入药液。注射完毕拔出针头，用消毒棉球轻压按摩注射部位，促进药液吸收［图 3-6（1）］。

4. 腹腔注射

此法是啮齿类动物常用的给药方法。注射部位应是腹部的左下侧外 1/4 的部位，因为此处无重要器官。给大白鼠、小白鼠注射时，左手拿持动物，使其腹部向上，头部略低于尾部，右手持注射器将针头平行刺入达皮下，再向前进针 3~5mm，针头能自由活动则说明刺到皮下。然后注射器以 45° 斜刺入腹肌，进入腹腔。进入腹腔时可有落空感，回抽注射器，若无回流血液或尿液时即表示未伤及肝和膀胱，可以按一定的速度慢慢注入药液［图 3-6（2）］。

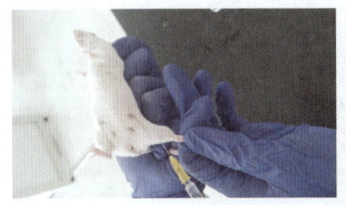
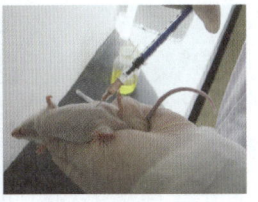

（1）肌肉注射　　　　　　　　（2）腹腔注射

图 3-6　小白鼠肌肉和腹腔注射

5. 静脉注射

应根据动物的种类选择注射的血管。大白鼠和小白鼠多选用尾静脉，家兔多选用耳缘静脉，豚鼠多选用耳缘静脉或后肢小隐静脉注射。

（1）耳缘静脉注射　将动物固定于固定箱中或实验台上，剪去耳缘部位的被毛，用酒精棉球轻轻擦拭，耳缘静脉即清晰可见，用左手食指和中指夹住静脉近心端，拇指和小指夹住耳缘部分，以无名指和小指放在耳下作垫，待静脉充盈后，右手持注射器使针头尽量由静脉末端刺入，顺血管方向平行、向心端刺入约 1cm。回抽注射器针栓，有血液回流，即可将药液缓慢注入［图 3-7（1）］。

（2）尾静脉注射　主要用于大白鼠和小白鼠。鼠尾静脉有 3 根，两侧及背侧各 1 根，左、右两侧尾静脉较易固定，应优先选择。注射时，先将鼠固定在鼠筒内或扣在烧杯中，露出尾部组织，用 45~50℃温水浸泡鼠尾 1~2min 或用 75% 乙醇溶液反复擦拭，以达到消毒、扩张血管和软化表皮角质的目的。选择尾静脉下 1/3 处，用细针头沿血管方向平行、向心端进针。注意药液推入静脉时是否通畅，若推入药液顺利无阻，则表明已刺入静脉内，应把针头和鼠尾固定好，不要晃动，缓缓将药液推入［图 3-7（2）］。

此外，还有前肢内侧头静脉或后肢小隐静脉注射、股静脉或颈外静脉注射、脑内注射、淋巴囊注射、椎管内注射等其他药物注射方法。

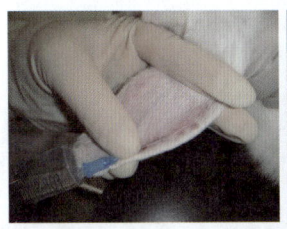
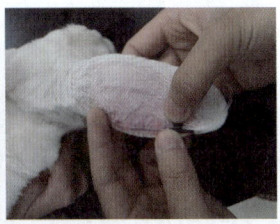
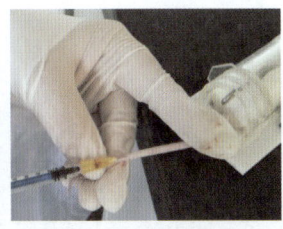

（1）家兔耳缘静脉注射　　　　　　　　（2）小白鼠尾静脉注射

图 3-7　家兔耳缘静脉注射和小白鼠尾静脉注射

（二）摄入给药法

摄入法是经消化道给药，有自动口服给药、强制灌胃给药和经直肠给药 3 种方式。

1. 自动口服给药

将药物放入饲料或溶入饮水中，由动物自动摄入体内。该方法适用于动物疾病的防治、药物毒性观察、某些与食物有关的人类疾病动物模型的复制等。

2. 强制灌胃给药

强制灌胃给药能准确掌握给药量、给药时间，发现和记录症状出现时间及过程，但每天强制性操作和定时给药会对动物造成一定程度的机械损伤和心理反应。为减少不良影响，必须充分掌握灌胃技术。

（1）小白鼠灌胃术 用左手拇指和食指捏紧鼠两耳和头部皮肤，用无名指和小指将小白鼠尾巴压在手掌间，使动物腹部朝上、头部向上有一个倾斜度，使口腔和食管呈一直线后，右手把灌胃器（由 2mL 注射器连接钝化的直径为 1mm 的注射器针头构成）从右口角处插入口腔，沿上腭徐徐进入食管，在稍有抵抗感觉时，即可注入药液［图 3-8（1）］。灌入时如很通畅则表示灌胃器头端已进入胃内，如不通畅，动物常呕吐或强烈挣扎。

（2）大白鼠灌胃术 大白鼠的胃导管插管技术基本与小白鼠相同。

（3）家兔灌胃术 家兔灌胃用的导管一般可用导尿管，并最好配以开口器（用木制纺锤状木棒，两头细，中间大，正中开一个小孔）。实施胃导管插管时需两人协作进行。一人取坐位将家兔体夹于两腿之间，左手紧握双耳，固定头部，右手抓住前肢。另一人将开口器横贯于家兔口中，并将家兔舌压在开口器之下，然后取适当粗细的导尿管，由开口器中央小孔慢慢沿上腭插入食管 16~20cm。导管插入后将其外侧端入口部位放入含清水的烧杯内［图 3-8（2）］。如有气泡出现表明导管插入气管内，应拔出重插；如无气泡出现表明导尿管在胃内，即可将药液注入胃内，并再注入少量空气使管内的药液充分进入胃内，然后拔出导管，取下开口器。一次最大投药量为 3mL。

3. 经直肠给药

根据动物大小选择不同的导尿管，在导尿管的头部涂上凡士林，使动物取蹲位，助手以左臂及左腋轻轻按住动物的头部及前肢，以左手拉住动物尾巴露出肛门，右手轻握后肢。实验者将导尿管缓慢送入肛门。切记不能粗暴用力，药物灌入后，应用生理盐水将导管内的药物全部冲入直肠内，然后将导尿管在肛门内保留一会儿再拔出。

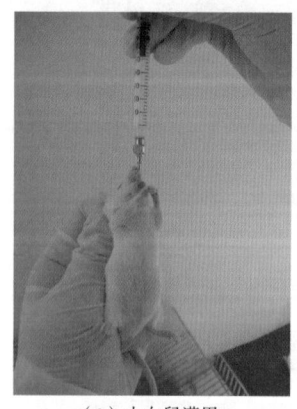

（1）小白鼠灌胃

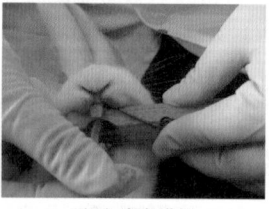

（2）家兔灌胃

图 3-8 实验动物灌胃给药

四、实验动物的麻醉

在急、慢性实验中,施行手术前必须对动物进行麻醉,使动物在手术或实验中减少疼痛,避免挣扎,以利实验顺利进行。常用的麻醉方法有局部麻醉和全身麻醉。

(一)局部麻醉

局部麻醉应用于减轻手术区域疼痛,适于实验过程中动物保持清醒的实验。常用的局部麻醉药为1%普鲁卡因溶液,在手术部位做皮内和皮下浸润注射。所用剂量视手术和麻醉的范围而定。

局部麻醉前先剪除手术区域的被毛。用注射器抽取适量的1%普鲁卡因溶液,排除注射器及注射针头内的气体,沿着手术切口的方向将针头全部刺入皮下,回抽针栓无回血后(以免误将药物注入血管内),缓慢注入麻醉药物。注射药物时,应一边缓慢注入药物,一边缓慢向外抽拉针头,第二次刺入针头的位置应从上一次注入部位的末端开始,直到手术切口部位完全被浸润麻醉为止。

(二)全身麻醉

1. 吸入麻醉

小白鼠、大白鼠、家兔常用乙醚吸入麻醉。把乙醚浸过的脱脂棉或纱布铺于麻醉用的容器内,最好为透明容器,以利于观察,将实验动物置于容器内,容器加盖。随时观察动物进入麻醉状态,然后在一大小合适的烧杯内放入适当的乙醚棉球后,套于实验动物的头部,再进行实验操作,可延长麻醉时间。

2. 注射麻醉

(1)静脉注射　静脉注射应根据动物的种类选择血管。大白鼠和小白鼠多选用尾静脉,家兔多选用耳缘静脉,犬多选用前肢内侧头静脉或后肢小隐静脉,豚鼠多选用耳缘静脉和后肢小隐静脉注射。具体方法参见前文实验动物的给药方法。前1/3剂量注射速度可稍快,以快速度过兴奋期;后2/3剂量则应缓慢注射并密切观察麻醉深度。

(2)腹腔注射　啮齿类动物常用此方法给药。具体方法详见前文"实验动物的给药方法"。

(三)全身麻醉效果的观察

动物的麻醉效果直接影响实验进行和实验结果,因此,在麻醉过程中,必须善于判断麻醉程度,观察麻醉效果。判断麻醉程度的指标有:

1. 呼吸

动物呼吸加快或不规则,说明麻醉过浅,可再追加一些麻醉药,若呼吸由不规则转变为规则且平稳,说明已达到麻醉深度。若动物呼吸变慢,且以腹式呼吸为主,说明麻醉过深,动物有生命危险。

2. 反射活动

主要观察角膜反射和睫毛反射,若动物的角膜反射灵敏,说明麻醉过浅;若角膜反射迟钝,麻醉程度适宜;角膜反射消失伴瞳孔放大,则麻醉过深。

3. 肌张力

动物肌张力亢进,一般说明麻醉过浅;全身肌肉松弛,麻醉适宜。

4. 皮肤夹捏反应

麻醉过程中可随时用止血钳或有齿镊夹捏动物皮肤，若反应灵敏，则麻醉过浅；若反应基本消失，则麻醉程度适宜。

五、实验动物血液样本的采集

血液是观察内环境的窗口，在需要检测内环境变化的实验中，常需要采取血液样本。在急性动物实验中，可通过血管插管取血；在慢性动物实验中，既要取血，又要保持动物正常功能时，则因实验动物解剖和体型大小的差异，以及采取血样的不同，取血的方法也不同。现介绍几种较为常用的方法。

（一）小白鼠和大白鼠的采血法

1. 剪尾取血

将清醒鼠装入鼠固定器中，露出尾巴，将鼠尾浸入 45~50℃温水中数分钟，使尾部血管充分扩张，然后擦干，剪去尾尖数毫米，血液即可流出，用手轻轻地从尾根部向尾尖挤捏，可以取到一定量的血。取血后，先用棉球压迫止血，并立即用 6% 火棉胶涂于伤口处，使伤口外结一层薄膜。也可采用交替切割尾静脉的方法取血。用一锋利刀片在尾尖部割破一段尾静脉，静脉血即可流出，每次可取 0.3~0.5mL，供一般血常规实验。

2. 颈静脉或颈动脉取血

将麻醉的小白鼠或大白鼠仰卧固定于鼠板上，剪去颈部一侧的被毛，切开皮肤，做颈动脉或颈静脉分离手术，当动脉、静脉暴露清楚后，血管下各穿一根丝线，提起血管，将注射针沿血管平行方向朝向心端刺入血管抽取所需血量。

3. 股静脉或股动脉取血

小白鼠或大白鼠麻醉固定方法同上，进行一侧腹股沟动、静脉分离手术，血管下方分别穿一根丝线，提起血管，右手持注射器，将注射针平行刺入血管内取血。股静脉连续多次取血时，穿刺部位应尽量靠近股静脉远心端。

4. 心脏取血

将小白鼠或大白鼠仰卧固定于鼠板上，用剪刀将心前区的毛剪去，用碘酒、酒精消毒此处皮肤，在左侧第 3~4 肋间，用左手食指触摸到心搏处，右手持连有 4~5 号针头的注射器，选择心搏最强处穿刺，鼠血液由于心脏跳动的力量自然进入注射器，即可取血。也可切开胸腔，直视下将注射针刺入心脏内抽吸血液。

5. 眼眶动、静脉取血

先将小白鼠或大白鼠倒持，压迫眼球使其突出充血后，以纹式镊迅速摘去眼球，血液即从眶内快速流出，一般可取动物体重的 4%~5% 的血液量，此法因动物取血后死亡，故只适用一次性取血。

（二）家兔的采血法

1. 心脏取血

将兔仰卧在兔台上，剪去胸前区毛，用碘伏棉球消毒皮肤。用左手触摸胸骨左缘第 3~4 肋间隙，用配有 7 号针头的 10mL 注射器，在心搏最明显处作穿刺点，将针头插入胸腔，通过针头感到心脏跳动时，再将针头刺入心脏，然后抽出血液；或边穿刺边抽吸，直至血液流入注射器。取得所需血量后，迅速将针头拔出，这样可使心肌上的针孔较易闭合。

2. 耳缘静脉取血

将家兔放在固定箱内，选好耳缘静脉，拔去拟采血耳朵上的被毛，用电灯照射加热或用手指弹击耳壳，使耳部血管充血扩张。用粗针头从耳尖部的血管逆回流方向入静脉取血，或用刀片在静脉上切一小口，让血液自然流出，滴入已放有抗凝剂的容器中，采血完毕，用干棉球压迫止血。

3. 股动脉取血

将家兔仰卧位固定，局部消毒。左手拉直动物后肢，右手持注射器，于股动脉搏动明显处将针头刺入。若有鲜红色血液流入注射器，即穿刺成功。抽血完毕迅速拔出针头，用消毒棉球压迫止血2~3min。

六、实验动物手术操作的基本方法

动物机能学实验以急性实验为主，在实验中常需要暴露气管、血管、神经等，用以观察血压、呼吸、中心静脉压和神经放电等指标。手术进行的部位主要在颈部、腹部和股部，具体手术操作步骤如下。

（一）剪毛

在哺乳动物体上行皮肤切口之前，需将切口部位及其周围的毛剪去。剪毛应使用剪毛剪或粗剪刀，剪毛时，应将剪毛剪的凸面贴近皮肤，依次剪毛，注意勿剪到皮肤。也可用剃须刀和吸毛器配合，清理毛发。

（二）切口

做切口前，应注意切口的大小和解剖结构，一般以少切断神经和血管为原则，同时应尽可能地使切口与各层组织的纤维方向一致。做切口时，先用左手拇指、食指和中指将预定切口上端两侧的皮肤固定，右手持手术刀，用执弓式或执笔式，以适当的力量，一次全线切开皮肤和皮下组织，直至肌层。再用止血钳夹住皮肤切口边缘暴露手术视野，以便进一步分离、结扎等操作。

（三）止血

手术过程中，要随时注意止血，以免造成手术视野模糊，难以分辨血管和神经，延误手术时间。止血的方法有：

（1）组织渗血　可用温热盐水纱布压迫、明胶海绵覆盖或电凝等方法。

（2）较大血管出血　应用止血钳夹住出血点及其周围少许组织，结扎止血。

（3）骨组织出血　先擦干创面，再及时用骨蜡填充堵塞止血。

（4）肌组织出血　因其血管丰富，止血时要与肌组织一同结扎。

手术常用的气管、颈总动脉、颈外静脉、股动脉和输尿管插管术具体方法见各章节的手术操作部分。

七、实验后动物的处理

（1）做完实验后存活的动物应放回动物室精心饲养。

（2）处死的动物应妥善处理，方法如下。

①颈椎脱臼：常用于小白鼠和大白鼠，右手拇指和食指捏住头部，左手捏住鼠尾用力向后拉，听到鼠颈部咔嚓声即可见鼠瞬间即死。注意鼠尾部应抓握其近根部，防止鼠尾皮肤撕脱。

②断头：常用于蛙类、鼠类，在颈部用剪刀直接剪去头即可。

③毁脑：用于蛙类，用探针经枕骨大孔破坏脑和脊髓致死。

④过量麻醉：采用注射过量麻醉剂处死。

⑤静脉注射氯化钾：静脉注射10%氯化钾溶液处死。

⑥大量放血：鼠类可用摘除眼球法，从眼眶动静脉大量放血而死。家兔、猫、犬和猴可在麻醉状态下，分离颈总动脉，用动脉夹夹闭两端，在其中间剪断血管，松开动脉夹，轻压胸部即可放血而死。

⑦空气栓塞：向静脉血管迅速注入空气使动物死亡，猫与家兔的致死空气量为20~30mL，犬为70~150mL。

实验动物的残体组织和死体应根据是否含传染性病原体、毒素、重金属、放射源等进行相应的规范处理。

第四章　神经-骨骼肌实验

实验一　坐骨神经-腓肠肌的标本制备

【实验原理】

蛙类的一些基本生理活动规律与温血动物相似,而维持其离体组织正常活动所需的理化条件比较简单,易于建立和控制。因此,在实验中常用蟾蜍或蛙的坐骨神经-腓肠肌标本来观察兴奋与兴奋性、刺激与肌肉收缩等基本生理现象和过程。故制备坐骨神经-腓肠肌标本是生理实验中必须掌握的一项基本技能。

【实验目的】

1. 学习蛙类动物单毁髓与双毁髓的方法。
2. 学习并掌握蛙类坐骨神经-腓肠肌标本的制备方法。

【实验动物】

蟾蜍或蛙。

【实验器材】

常用蛙类手术器械(粗剪刀、手术剪、手术镊、手术刀、眼科剪、眼科镊、毁髓针和玻璃分针、蛙板、蛙针、锌铜弓、培养皿、滴管、纱布、缝合线)(图4-1)、BL-420生物信号采集与分析系统。

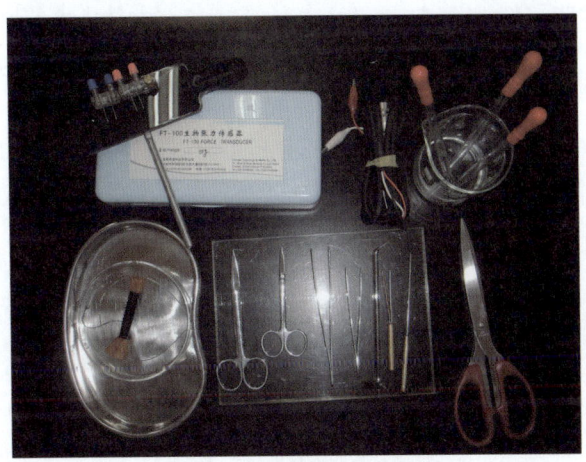

图4-1　常用蛙类手术器械

【实验药品】

任氏液。

【实验方法与步骤】

方法一：离体坐骨神经–腓肠肌的标本制备

1. 破坏脑脊髓

一手握住蛙或蟾蜍（可用纱布包裹蛙躯干部），背部向上。用拇指压住蛙或蟾蜍的背部，食指按压其头部前端，使头端向下低垂；另一手持毁髓针，从两眼之间沿中线向后触划，当触及两耳间的凹陷处（此处与两眼的连线成等边三角形）时，持针手即感觉针尖下陷，此处即是枕骨大孔的位置。将毁髓针由凹陷处垂直刺入，即可进入枕骨大孔。然后将针尖向前刺入颅腔，在颅腔内搅动，以捣毁脑组织。如毁髓针确在颅腔内，实验者可感到针尖触及颅骨。此时的动物为单毁髓动物。再将毁髓针退至枕骨大孔，针尖转向后方，与脊柱平行刺入椎管，以捣毁脊髓，此时的动物为双毁髓动物（图4-2）。

  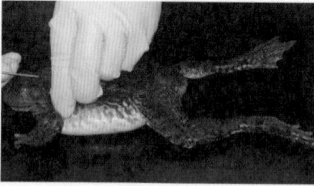 

（1）枕骨大孔　　　　　（2）捣毁脊髓　　　　　（3）四肢瘫软

图4-2　破坏脑脊髓

2. 离体坐骨神经–腓肠肌标本制备

离体坐骨神经–腓肠肌标本制备包括剥离后肢标本、分离两后肢、分离坐骨神经、游离腓肠肌、分离股骨断端、检验标本等（图4-3）。

（1）剥制后肢标本　如果动物个体较大，可将双毁髓的动物腹面向下。一手轻轻托起蛙或蟾蜍后肢，使头部及内脏向下，看清支配后肢的脊神经发出部位，于其前方用粗剪刀横向剪断脊柱。再沿脊柱两侧到横向切口剪断体壁，一手用蘸有任氏液的拇指和食指捏住断开的脊柱后端，另一只手向后撕剥皮肤并除去断开脊柱以上部位肢体及内脏。一手持手术镊轻轻提起耻骨联合上方的皮肤，另一手用手术剪横向剪开皮肤，再剪开体壁肌肉（开口要大）。然后用手术镊轻轻提起内脏，自耻骨部剪断（勿损伤脊神经）。如果下肢撕皮困难，可在撕皮至股部时，用手勾住双股中间后再行撕剥。将剥干净的后肢放入任氏液中备用。清洗手及用过的手术器械。

（2）分离两后肢　将去皮的后肢腹面向上置于蛙板上，脊柱端在左侧，用左手拇指和食指固定标本的股部两侧肌肉，右手持手术刀，于耻骨联合体处向下按压刀刃，切开耻骨联合。然后用手托起标本，用粗剪刀剪开两后肢相连的肌肉组织，并纵向剪开脊柱（尾杆骨留在一侧），使两后肢完全分离。将分开的后肢，一只继续剥制标本，另一只放入任氏液中备用。

（3）分离坐骨神经　将一侧后肢的脊柱端腹面向上，趾端向外侧翻转，使其足底向上，用固定针将标本固定在蛙板上。用玻璃分针沿脊神经向后分离坐骨神经。股部沿腓肠肌正前方的股二头肌和半膜肌之间的肌缝，找出坐骨神经。坐骨神经基部（即与脊神经相接的部位），背部有一梨状肌盖住神经，用玻璃分针轻轻挑起肌肉，便可看清下面穿行的坐骨神经。剪断（或用玻璃分针扯断）梨状肌，完全暴露坐骨神经与其相连的脊神经。再用玻璃分针轻轻挑起神经,自前向后剪去支配腓肠肌之外的神经分支,将坐骨神经分离至腘窝处。取下脊柱端的固定针,保留神经发出部位的一小块脊柱骨,用粗剪刀剪去其余部分脊柱骨及肌肉。再用手术镊轻轻提起连有神经的脊柱骨片,将神经移开股骨。

（4）游离腓肠肌　一手捏住耻端,另一手用手术镊（尖头镊）在腓肠肌跟腱下面穿线,并用结线扎紧。提起结线,游离腓肠肌。

（5）分离股骨断端　一手捏住股骨,沿膝关节剪去股骨周围的肌肉,再用粗剪刀自膝关节向前刮干净股骨上的肌肉,保留 1cm 股骨断端。提起腓肠肌上的扎线,剪去膝关节下部的后肢,仅保留腓肠肌与股骨的联系。

（6）检验标本　用手术镊轻轻提起标本的脊柱骨片,使神经离开玻璃板。再用将任氏液蘸湿的锌铜弓,将其两级接触神经,如腓肠肌发生迅速收缩,则表示标本机能正常。提起腓肠肌上的扎线,不使神经受到牵拉,轻轻将标本放入任氏液中备用。稳定 15~20min 后即可进行实验。此标本可以用于神经兴奋的传导、神经－肌肉接点的传递以及骨骼肌的收缩等实验研究。

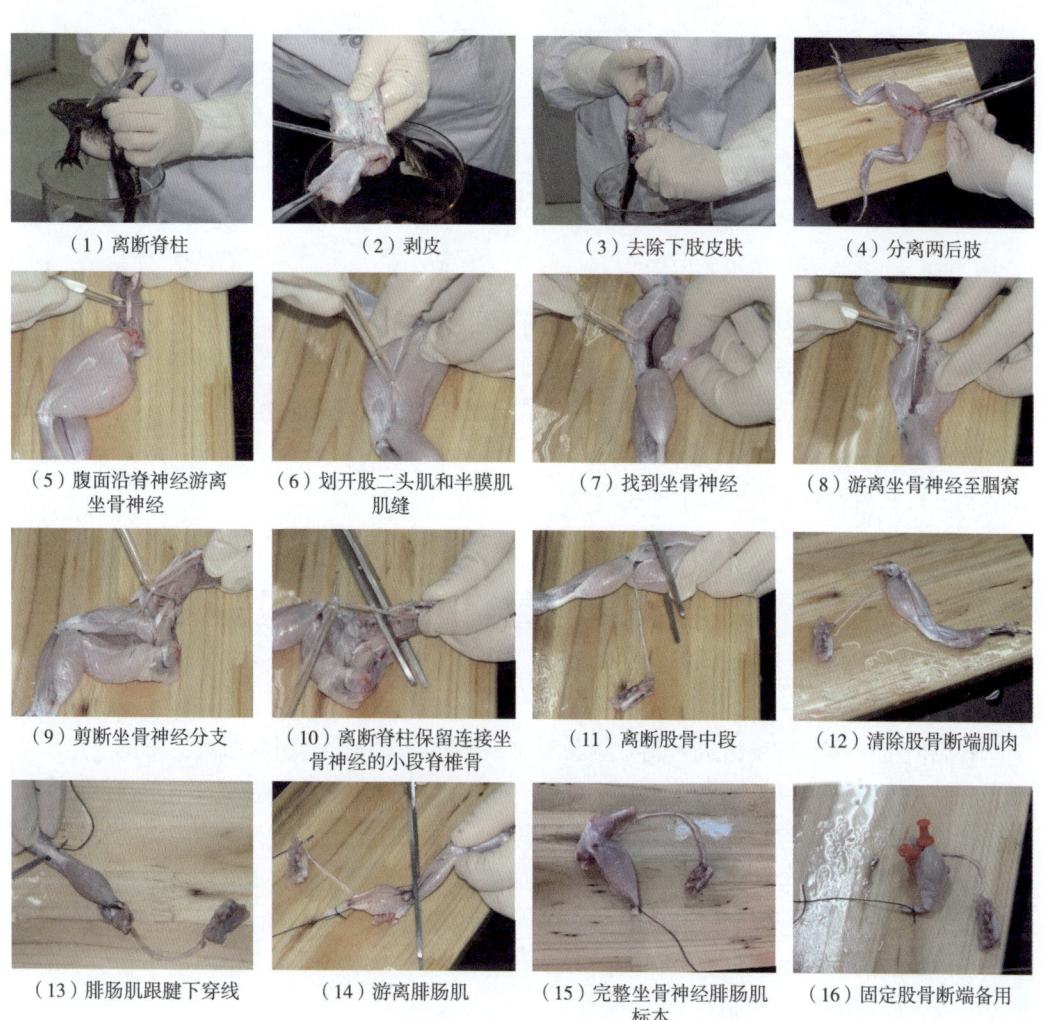

图 4-3　离体坐骨神经－腓肠肌标本制备

方法二：在体坐骨神经-腓肠肌的标本制备

1. 蛙的单毁髓与双毁髓（同方法一）。
2. 在体坐骨神经-腓肠肌标本制备

（1）剥离一侧下肢自大腿根部起的皮肤，然后将蟾蜍腹位固定于蛙板上［图4-4（1）］。

（2）于股二头肌与半膜肌的肌肉缝内将坐骨神经游离，并在神经下穿线备用，然后分离腓肠肌的跟腱穿线结扎，连同结扎线将跟腱剪下，一直将腓肠肌分离到膝关节［图4-4（2）（3）］。

（3）在膝关节旁钉蛙钉，以固定住膝关节［图4-4（4）］。至此在体标本制备完毕。

（1）剥离一侧下肢皮肤　　（2）游离坐骨神经　　（3）分离腓肠肌　　（4）固定膝关节

图4-4　在体坐骨神经-腓肠肌标本制备

【注意事项】

1. 制备标本过程中需经常用任氏液湿润标本。
2. 避免金属器械碰压或牵拉损伤神经与腓肠肌。
3. 方法一中剪断股骨时应保留足够的股骨长度，以便固定于肌槽上。

【思考题】

剥去皮肤的后肢能用自来水冲洗吗？

实验二　刺激强度与骨骼肌收缩反应的关系

【实验原理】

腓肠肌由许多肌纤维组成，刺激腓肠肌时，不同刺激强度会引起肌肉的不同反应。当刺激强度过小时，不引起肌肉发生收缩反应，此时的刺激为阈下刺激。当刺激强度增加到能引起少数骨骼肌细胞兴奋时，记录到较低的骨骼肌收缩波形，我们将刚能引起骨骼肌收缩反应的最小刺激强度称为阈强度。继续增加刺激强度（阈上刺激），兴奋的骨骼肌细胞数量增多，当全部肌纤维同时收缩时，则出现最大的收缩反应。这时，即使再增大刺激强度，肌肉收缩的力量也不再随之加大。可以引起肌肉发生最大收缩反应的最小刺激强度为最大刺激（或最适刺激）强度。

由此可见，整块骨骼肌对刺激的反应不表现"全或无"，而是呈现出在一定范围内其收缩力与刺激强度成正比的关系,即随着阈强度的不断增加,骨骼肌的收缩反应相应加大,直至最大刺激强度,骨骼肌收缩幅度不再随刺激强度增加而增大。

【实验目的】

1. 学习肌肉实验的电刺激方法及肌肉收缩的记录方法。

2. 观察刺激强度与骨骼肌收缩反应的关系,从而掌握阈下刺激、阈刺激、阈上刺激、最适刺激的概念。

【实验动物】

蟾蜍或蛙。

【实验器材】

常用蛙类手术器械、BL-420生物信号采集与分析系统(图4-5)、张力换能器、刺激电极、铁支架、培养皿、滴管、肌槽。

图 4-5　BL-420 生物信号采集与分析系统

【实验药品】

任氏液。

【实验方法与步骤】

1. 标本制备与仪器连接

方法一:

(1) 制备离体坐骨神经-腓肠肌标本,在任氏液中浸泡 10min 左右,使其兴奋性较稳定。

(2) 仪器标本连接　离体坐骨神经-腓肠肌标本与仪器连接如图 4-6 所示。

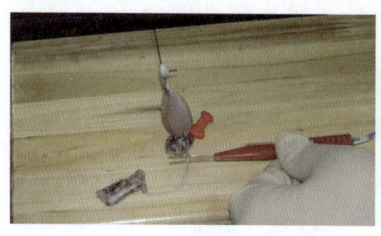 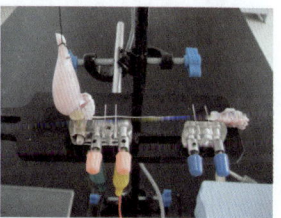

(1) 标本　　　　　　　　(2) 仪器连接

图 4-6　离体坐骨神经-腓肠肌标本与仪器连接

①将张力换能器固定在铁支架上,肌肉标本的股骨固定于肌槽上,腓肠肌跟腱的结扎线连于张力换能器的受力片上,连线应松紧适宜,并与桌面垂直,张力换能器的输入端接

BL-420 生物信号采集与分析系统的 1 通道插孔。

②把坐骨神经轻轻提起，放在肌槽的刺激电极上。

方法二：

（1）制备在体坐骨神经－腓肠肌标本，并滴加任氏液，使其兴奋性较稳定。

（2）仪器标本连接　在体坐骨神经－腓肠肌标本与仪器连接如图 4-7 所示。

①将腓肠肌跟腱上的连线连于张力换能器的应变片上（暂不要将线拉紧）；将穿有线的坐骨神经轻轻提起，放在保护电极上，并保证神经与电极接触良好。

②调整换能器的高低，使肌肉处于自然拉长的状态（不宜过紧，但也不要太松）。然后进行实验。

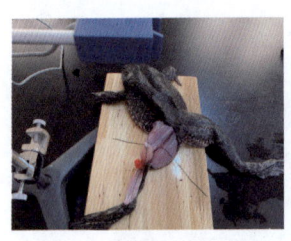
（1）标本

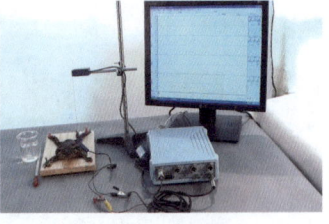
（2）仪器连接

图 4-7　在体坐骨神经－腓肠肌标本与仪器连接

2. BL-420 系统操作

如图 4-8 所示，依次选定"实验项目"→"肌肉神经实验"→"刺激强度与反应的关系"。在弹出的"设置刺激强度与反应关系实验参数"对话框中输入相关参数。寻找阈值：粗略寻找阈刺激强度和最大刺激强度，缩小刺激强度增量，寻找较精确阈刺激强度和最适刺激强度（刺激强度增量越小，越接近真实阈刺激强度和最大刺激强度）。

注意实验过程中记录本组的实验参数，如在弹出的"设置刺激强度与反应关系实验参数"对话框中输入相关参数：起始刺激强度 25mV，刺激强度增量 5mV，刺激时间间隔 5s。

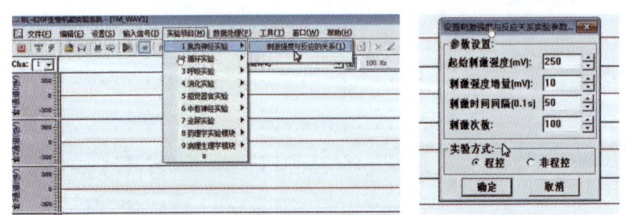

图 4-8　BL-420 生物信号采集与分析系统操作

3. 结果记录

实验完毕，结束实验，进行资料反演、剪辑并打印结果。需在记录纸上标出阈下刺激强度、阈刺激强度、最大刺激强度和阈上刺激强度等。

【实验结果】

1. 刺激强度与肌肉收缩张力之间的关系

刺激强度与肌肉收缩张力之间的关系如图 4-9 所示。

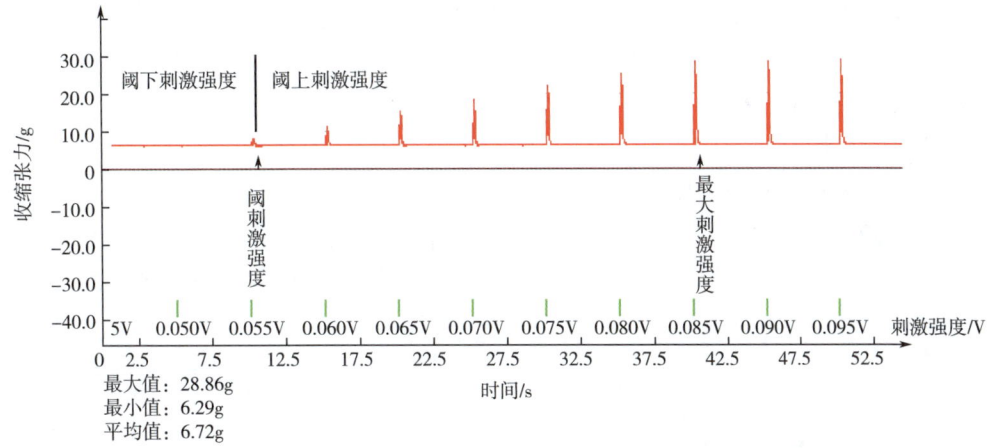

图 4-9　刺激强度与肌肉收缩张力之间的关系

2. 统计全班各组的结果

结果以（平均值 ± 标准差）表示，并绘制不同刺激强度与腓肠肌收缩张力之间的关系曲线。

【注意事项】

1. 每两次刺激之间要让标本休息 15 s，并用任氏液湿润标本，以保持良好兴奋性。
2. 确保张力换能器有标志的面朝上，防止出现负张力。

【问题探究】

1. 单收缩曲线忽高忽低：标本在任氏液中浸泡的时间不够，兴奋性不稳定；肌槽上液体堆积过多，造成短路，使刺激强度不稳。
2. 标本发生不规则收缩或痉挛：肌槽不干净，留有刺激物（如盐渍）；周围环境有干扰；仪器接地不良或人体感应带电；接触潮湿台面或支架等。

【思考题】

1. 如何保持标本在实验过程中机能稳定？
2. 你所制作的标本兴奋性如何？其指标是什么？

实验三　刺激频率与骨骼肌收缩反应的关系

【实验原理】

当给肌肉一个阈上刺激时，肌肉即发生一次收缩反应，称为单收缩。单收缩的全过程可分为潜伏期、收缩期和舒张期。蟾蜍腓肠肌的单收缩约历时 0.12 s，若给肌肉两个以上有效刺激，且使每两个刺激的间隔时间大于该肌肉单收缩的总时程，则肌肉将出现一连串各自分离的单收缩。复合收缩：若增加刺激频率，使每两个刺激的间隔时间小于该肌肉单收缩的总时程，则引起肌肉的收缩可以综合起来，出现连续的收缩，称为复合收缩。包括不完全强直收缩和完全强直收缩。不完全强直收缩：刺激间隔短于单收缩时程而长于收缩期，即新的收缩发生于前次收缩的舒张期，肌肉的收缩反应可以融合，出现持续的锯齿状收缩曲线。完全强直收缩：继续增加刺激频率，使刺激间隔短于收缩期，每次新的收缩都产生于前次收缩的收缩期中，肌肉的收缩反应完全融合而出现一持续的收缩曲线。强直收缩产生的肌张力要比单收缩强 3~4 倍。

【实验目的】

观察刺激频率与骨骼肌收缩反应的关系。

【实验器材】

常用蛙类手术器械、BL-420 生物信号采集与分析系统、张力换能器、刺激电极、铁支架、培养皿、滴管、肌槽。

【实验药品】

任氏液。

【实验方法与步骤】

1. 标本制备与仪器连接

标本制备与仪器连接同"实验二 刺激强度与骨骼肌收缩反应的关系"。

2. BL-420 系统操作

如图 4-10 所示，依次选定"实验项目"→"肌肉神经实验"→"刺激频率与反应的关系"。在弹出的"设置刺激频率与反应关系实验参数"对话框中选择"现代实验"或"经典实验"。若选定"经典实验"，系统将按照设置输出三组不同的刺激；若选定"现代实验"，系统以初始频率为基础，按频率阶梯数值递增刺激频率，观察收缩形式的变化。

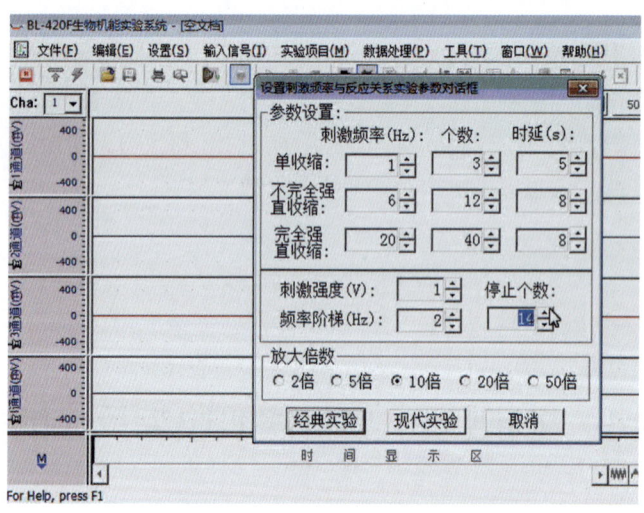

图 4-10　BL-420 生物机能实验系统操作

3. 结果记录

实验完毕，结束实验，进行资料反演、剪辑并打印结果。需在记录纸上注明相应的单收缩、不完全强直收缩和完全强直收缩。

【实验结果】

实验结果记录如图 4-11、图 4-12 所示。

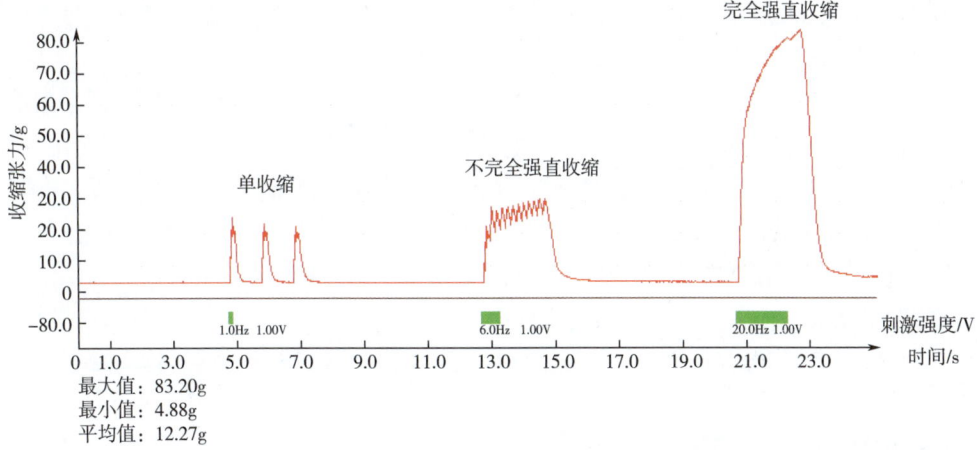

图 4-11　刺激频率与骨骼肌收缩反应的关系（经典实验）

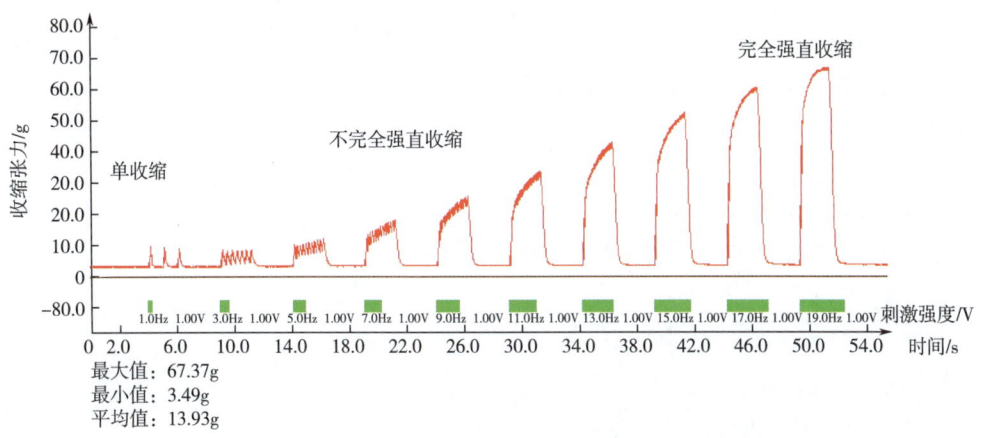

图 4-12　刺激频率与骨骼肌收缩反应的关系（现代实验）

【注意事项】
1. 每两次刺激之间要让标本休息 15 s，并用任氏液湿润标本，以保持良好的兴奋性。
2. 确保张力换能器有标志的面朝上，防止出现负张力。

【问题探究】
随着刺激频率增加，肌肉复合收缩的幅度不是逐渐升高，而是下降，原因可能是标本保护不当，肌肉受损或疲劳，或刺激频率过高。

实验四　神经干复合动作电位的记录与观察

【实验原理】
神经干动作电位是神经兴奋的客观表现。动作电位一经产生，即可向外周传播，即为神经冲动。神经干兴奋部位的膜外电位负于静息部位，二者之间出现一个电位差；当神经冲动通过后，兴奋处的膜外电位又恢复到静息水平。神经干兴奋过程所发生的这种电位变化称为神经干动作电位。

如果将两个引导电极置于正常完整的神经干表面，当神经干的一端兴奋之后，兴奋波会先后通过两个引导电极，可记录到两个相反方向的电位偏转波形，称为双相动作电位。如果两个引导电极之间的神经组织有损伤或麻醉，兴奋波只能通过一个引导电极，不能传导至第二个引导电极，则只能记录到一个方向的电位偏转波形，称为单向动作电位。

坐骨神经干包括多种类型的神经纤维成分，所记录到的动作电位是它们电位变化的总和，因此，神经干动作电位是一种复合动作电位。由于各类神经纤维的兴奋阈值各不相同，所以，记录到的动作电位幅值在一定范围内可随刺激强度的变化而改变，这一点不同于单根神经纤维的动作电位。

【实验目的】

1. 通过学习神经干动作电位细胞外引导记录方法，了解电生理实验的基本方法和基本仪器的使用。

2. 观察蛙坐骨神经干复合动作电位的波形、幅度、潜伏期，并了解其产生的基本原理。

【实验动物】

蟾蜍或蛙。

【实验器材】

神经标本屏蔽盒、电子刺激器、BL-420生物信号采集与分析系统、常用蛙类手术器械、培养皿、滴管、双凹夹、滤纸、带电极的接线若干。

【实验药品】

任氏液、2%利多卡因溶液。

【实验方法与步骤】

1. 制备蛙或蟾蜍坐骨神经干标本

（1）破坏脑脊髓，剥皮，分离两后肢，浸于任氏液中备用（方法同坐骨神经-腓肠肌的标本制备）。

（2）取一只腿放于蛙板上，在坐骨神经起始端的脊柱处用玻璃分针轻轻游离坐骨神经，用缝合线结扎。将神经分离至大腿根部。在坐骨神经沟内找出坐骨神经，用玻璃分针轻轻挑起神经，自前向后剪去支配两侧骨骼肌的神经分支，将坐骨神经分离至腘窝处。坐骨神经在腘窝处分成胫神经和腓神经，沿腓神经分离至足部，剪断。继而由坐骨神经起始端分离整个离体坐骨神经干标本，并浸于任氏液中数分钟，备用（图4-13）。

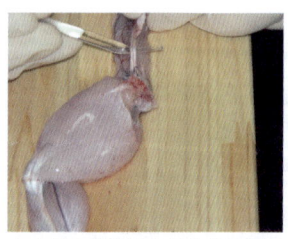 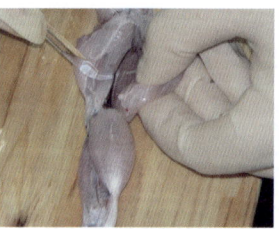 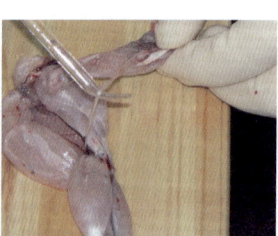

（1）腹面沿脊神经游离坐骨神经　　（2）大腿背面游离坐骨神经　　（3）完全游离坐骨神经

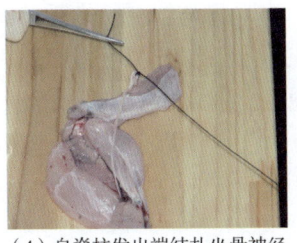
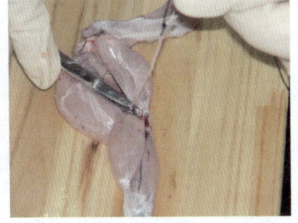
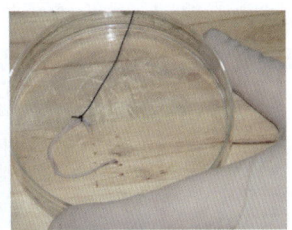

（4）自脊柱发出端结扎坐骨神经　　（5）在腘窝处剪断坐骨神经　　（6）离体坐骨神经浸入任氏液

图 4-13　离体坐骨神经干标本的制备

2. 仪器连接

（1）用浸有任氏液的棉球擦拭神经标本屏蔽盒上的电极，标本盒内放置一块湿润的滤纸片，以防标本干燥。用滤纸片吸去坐骨神经干标本上过多的任氏液，将其平搭在屏蔽盒的刺激电极、接地电极和引导电极上，并且使其近中端置于刺激电极上，远中端置于引导电极上，放置过程中不要使神经牵拉、折叠、缠绕。

（2）用导线将神经标本屏蔽盒与 BL-420 生物机能实验系统连接好。s1、s2 为刺激电极，与实验系统的刺激输出相连；电极 3 为接地电极，应妥善接地；r1、r2 为引导电极，与实验系统的通道 1（CH1）相连（图 4-14）。

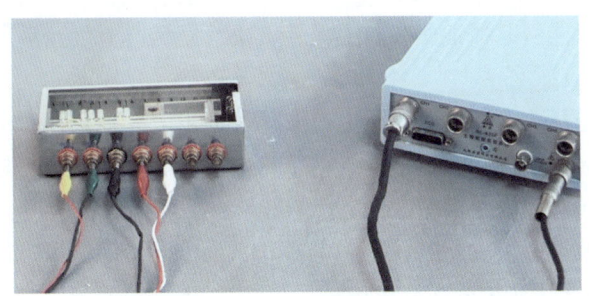

图 4-14　仪器连接

3. BL-420 系统操作

打开 BL-420 生物信号采集与分析系统，进入"实验项目"→"肌肉神经实验"→"神经干动作电位的引导"。单击屏幕左下角"设置刺激器参数"放大框，适当调节刺激器参数以获取理想波形。用电脉冲刺激，调节程控刺激器的波宽和幅度，逐渐增大刺激强度，观察动作电位波形的变化。读出波宽为某一数值时的阈刺激和最大刺激。

4. 观测和测定双相动作电位

（1）分辨刺激伪迹　刺激伪迹是刺激信号在记录仪上显示的一个同步电位变化，它和动作电位信号的区别是：它往往在动作电位信号之前出现，它的信号幅度能随刺激强度的增强而增大，而动作电位的幅度仅在一定范围内随刺激强度的增强而增大，且改变刺激信号的极性时，动作电位的位相不改变。

（2）坐骨神经干双相动作电位的观察　双相动作电位：当神经未受刺激时，两电极 r1、r2 之间无电位差，显示器上为一水平基线。当神经 s1、s2 处受到一次适宜强度的刺激即产生一个动作电位（即负电变化），当动作电位传到电极 r1 处时，r1、r2 间出现电位差，描记曲线向上偏转（电生理实验中，习惯规定负波向上）；当动作电位刚好移到 r1、r2 间，两电极间又无电位差，曲线回到基线水平；动作电位继续右移到 r2 处时，r1 处已恢复静息状态，两电极 r1、r2 之间又有电位差出现，且倒置，引起描记曲线向下偏转。所以显示器上显示了一个双相动作电位（图 4-15）。可以测量动作电位的上下相的振幅和持续的时间。

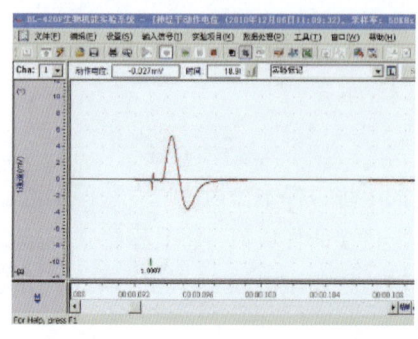 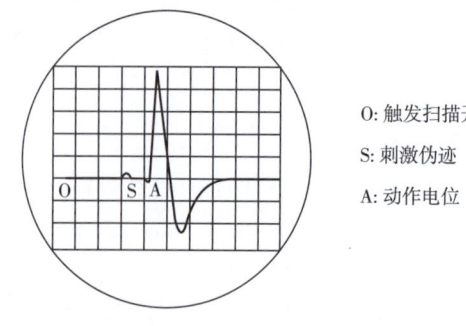

图 4-15 双相动作电位

（3）单相动作电位　用药物阻断或机械损伤神经干的 r1、r2 两电极间。此时冲动则只能由 s 点传至 r1 点，静息时 r1、r2 间电位相等。当刺激神经时，产生的动作电位传到损伤处被阻断，所以只能引起描记曲线向上偏转一次，显示器上仅显示出一个单相动作电位（图 4-16）。

（4）调节刺激电压大小，观察动作电位变化　逐步增大刺激强度，双相动作电位也会随着增大。当刺激强度增大到一定程度，动作电位不再增大，记录此时的动作电位。将神经干标本放置的方向倒换后，双相动作电位的波形有无变化？将两根引导电极 r1、r2 的位置调换，动作电位波形有何变化？在刺激电极和引导电极之间放置一块浸有 10%KCl 溶液的棉花，动作电位波形有何变化？

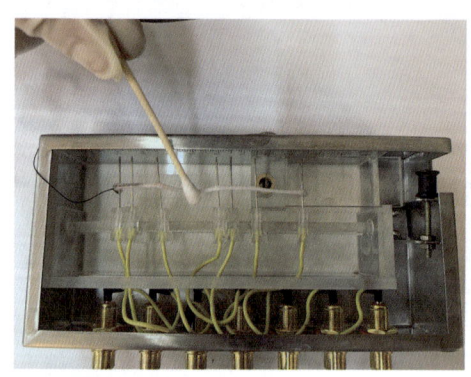 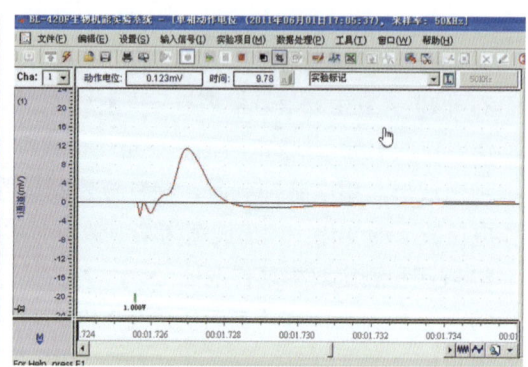

图 4-16 单相动作电位

5. 结束实验

实验结束时，单击工具栏"■"按钮，保存原始文件。选择"反演数据"，打开文件，剪辑典型波形打印，粘贴在实验报告上。

【注意事项】
1. 实验过程中注意保持标本的活性良好，经常用任氏液湿润。但要用滤纸片吸去神经干上过多的任氏液。
2. 各仪器应妥善接地，仪器之间、标本与电极之间应接触良好。
3. 神经干不能与标本盒壁相接触，也不要把神经干两端折叠放置在电极上，以免影响动作电位的波形。

【思考题】
1. 什么是刺激伪迹，是怎样发生的？怎样鉴别刺激伪迹和神经干动作电位？在刺激电极和记录电极间放置一个接地电极，而且要尽量靠近第1个记录电极，有何意义？
2. 神经干动作电位与刺激强度有何关系？它与神经动作电位的"全或无"特性有矛盾吗？为什么？
3. 引导电极调换位置后，动作电位波形有无变化？为什么？

实验五　神经冲动传导速度的测定

【实验原理】
神经干受到有效刺激兴奋以后，产生的动作电位以脉冲的形式按一定的速度向远处扩布传导。不同类型的神经纤维其传导兴奋的速度各不相同。总体说来，直径粗的纤维传导速度快，直径相同的纤维有髓纤维比无髓纤维传导快。蛙类的坐骨神经干属于混合性神经，其中包含有粗细不等的各种纤维，其直径一般为 $3\sim29\,\mu m$，其中直径最粗的有髓纤维为 A 类纤维，传导速度在正常室温下为 35~40m/s。

测定神经纤维上兴奋的传导速度（v）时，在远离刺激点的不同距离处分别引导其动作电位，两引导点之间的距离为 m，在两引导点分别引导出的动作电位的时相差为 s。再按照下面的公式来计算其传导速度：$v=m/s$。

【实验目的】
学习使用计算机采集系统测定蟾蜍或蛙离体神经干上神经冲动传导速度的方法。

【实验动物】
蟾蜍或蛙。

【实验器材】
神经标本屏蔽盒、电子刺激器、BL-420 生物信号采集与分析系统、常用蛙类手术器械、培养皿、滴管、双凹夹、滤纸、带电极的接线若干。

【实验药品】
任氏液、2% 普鲁卡因溶液。

【实验方法与步骤】
1. 标本制备
制备蟾蜍或蛙坐骨神经干标本（同神经干复合动作电位的记录与观察）。
2. 仪器连接
（1）用浸有任氏液的棉球擦拭神经标本屏蔽盒上的电极，标本盒内放置一块湿润的滤纸片，以防标本干燥。用滤纸片吸去坐骨神经干标本上过多的任氏液，将其平搭在屏蔽盒的刺激电极、接地电极和引导电极上，并且使其近中端置于刺激电极上，远中端置于引导电极上，放置过程中不要使神经牵拉、折叠、缠绕。

（2）用导线将神经标本屏蔽盒与BL-420生物信号采集与分析系统连接好。s1、s2为刺激电极，与实验系统的刺激输出相连；电极3为接地电极，应妥善接地；r1、r2为引导电极，与实验系统的通道1（CH1）相连；r3、r4也为引导电极，与实验系统的通道2（CH2）相连，两对引导电极的距离越远越好（图4-17）。

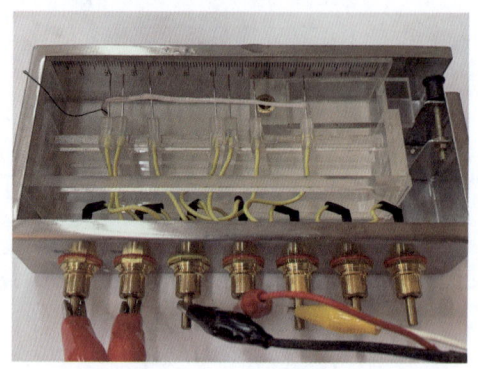

图4-17　仪器连接

3. BL-420系统操作

打开BL-420生物信号采集与分析系统，进入"实验项目"→"肌肉神经实验"→"神经干动作电位传导速度"。系统要求输入"两对传达电极之间的距离（r1与r3间距离及r2与r4间距离）"，然后按"确定"。

4. 数据测定

系统自动输出一个有效刺激到s1、s2，激发的动作电位会先后传到记录电极r1、r2、r3、r4上，并先后传到通道1、2（CH1、CH2），在屏幕上描记出两个双相动作电位（图4-18）。

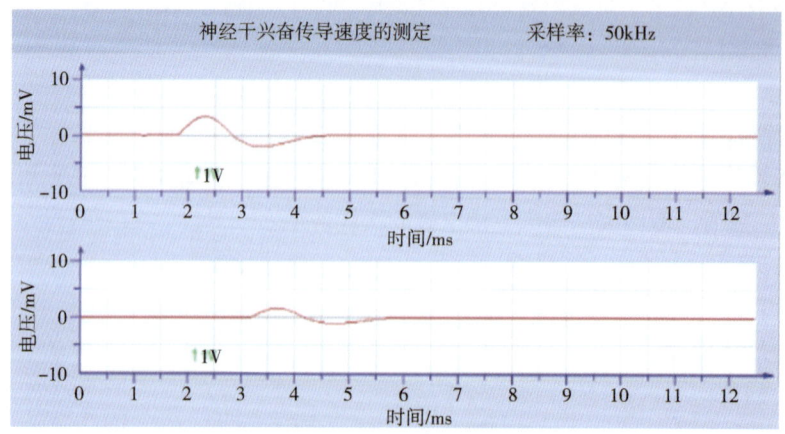

图4-18　两个双相动作电位

5. 计算结果

可以直接在屏幕右上角读取系统测量计算的传导速度。但有时不一定准确。自行测量时，可在波形显示窗口点鼠标右键，选择"比较显示"功能，将两条描记曲线合并到一个通道内。再进行两个动作电位的峰-峰区间测量，即为传导的时间间隔 t（s）。神经干上 r1、r3 之间的距离为 s（m）。则动作电位传导速度为 $v=s/t$（m/s）。两种方法可以互相比较验证。

6. 普鲁卡因对神经干动作电位的影响

将用 2% 普鲁卡因溶液浸湿的棉球浸润刺激电极（负极）下的坐骨神经干 10 min 后重新测定神经干动作电位的传导速度，观察与用药前相比神经干动作电位的传导速度有何变化。

7. 结束实验

实验结束时，单击工具栏"■"按钮，保存原始文件。选择反演数据打开文件，剪辑典型波形打印，粘贴在实验报告上。

【注意事项】

1. 如果神经干足够长，则尽量将两对引导电极的距离拉远一些，距离越远，测定的传导速度就越准确。

2. 将神经干搭在引导电极上时，尽量将神经干拉成直线，且勿下垂或斜向放置，这样会影响测量神经干速度的准确性，最终影响传导速度的准确性。

3. 尽量减小动作电位的刺激伪迹，这样更加容易确定动作电位离开基线的起始点。

【创新与探索】

试设计实验，观察其他神经干或神经纤维的传导速度。

【思考题】

1. 实验测定出来的神经传导速度是神经干中哪类纤维的兴奋传导速度？为什么？
2. 为什么两对引导电极相距越远，测定出的神经纤维兴奋传导速度就越准确？
3. 为什么远离刺激电极的引导电极（CH2）引导出的动作电位幅值比 CH1 小？

实验六　神经干不应期的测定

【实验原理】

神经在一次兴奋的过程中，其兴奋性也发生一个周期性的变化，而后才恢复正常。兴奋性的周期变化，依次包括绝对不应期、相对不应期、超常期和低常期 4 个时期。为了测定坐骨神经在一次兴奋后兴奋性的周期变化，首先要给神经施加一个条件刺激（S1）引起神经兴奋，然后再用一个测试性刺激（S2），在前一兴奋过程的不同时相给以刺激，用以检查神经的兴奋阈值以及所引起的动作电位的幅值，以判定神经兴奋性的变化。当刺激间隔时间长于 25ms 时，S1 和 S2 分别所引起动作电位的幅值大小基本相同。当 S2 距离 S1 接近 20ms 时，发现 S2 所引起的第二个动作电位的幅值开始减小。再逐渐使 S2 向 S1 靠近，第二个动作电位的幅值则继续减小。最后可因 S2 落在第一个动作电位的绝对不应期内而完全消失。

【实验目的】
1. 学习测定神经干不应期的基本原理和方法。
2. 学习电生理实验方法。

【实验动物】
蟾蜍或蛙。

【实验器材】
神经标本屏蔽盒、电子刺激器、BL-420生物信号采集与分析系统、常用蛙类手术器械、培养皿、滴管、双凹夹、滤纸、带电极的接线若干。

【实验药品】
任氏液。

【实验方法与步骤】
1. 标本制备
制备蛙或蟾蜍坐骨神经干标本（同神经干复合动作电位的记录与观察）。
2. 仪器连接
同神经干复合动作电位的记录与观察。
3. BL-420系统操作
打开BL-420生物信号采集与分析系统，进入"实验项目"→"肌肉神经实验"→"神经干兴奋不应期测定"。在对话框中选择合适的"起始波间隔、波间隔减量和刺激时间间隔"，选择"程控"→"确定"，实验开始。
4. 不应期的变化
在显示屏上可见与双脉冲对应的两个动作电位。随着双脉冲刺激时间间隔缩短，两个动作电位逐渐靠近，靠近到一定程度时，第二个动作电位的幅度开始减小，此时第二个刺激脉冲与第一个刺激脉冲间的时间间隔即为"不应期"；刺激时间间隔继续缩短，第二个动作电位进一步向第一个动作电位靠拢，幅度继续降低直至消失，刚消失时第二个刺激脉冲与第一个刺激脉冲间的时间间隔即为"绝对不应期"；"不应期"减去"绝对不应期"就是"相对不应期"。
5. 普鲁卡因对神经干动作电位的影响
将用2%普鲁卡因溶液浸湿的棉球浸润刺激电极（负极）下的坐骨神经干10 min后重新测定神经干动作电位的不应期，观察与用药前相比神经干动作电位的不应期有何变化。
6. 结束实验
实验结束时，单击工具栏"■"按钮，保存原始文件。选择反演数据打开文件，剪辑典型波形打印，粘贴在实验报告上。

【实验结果】
实验结果如图4-19所示。

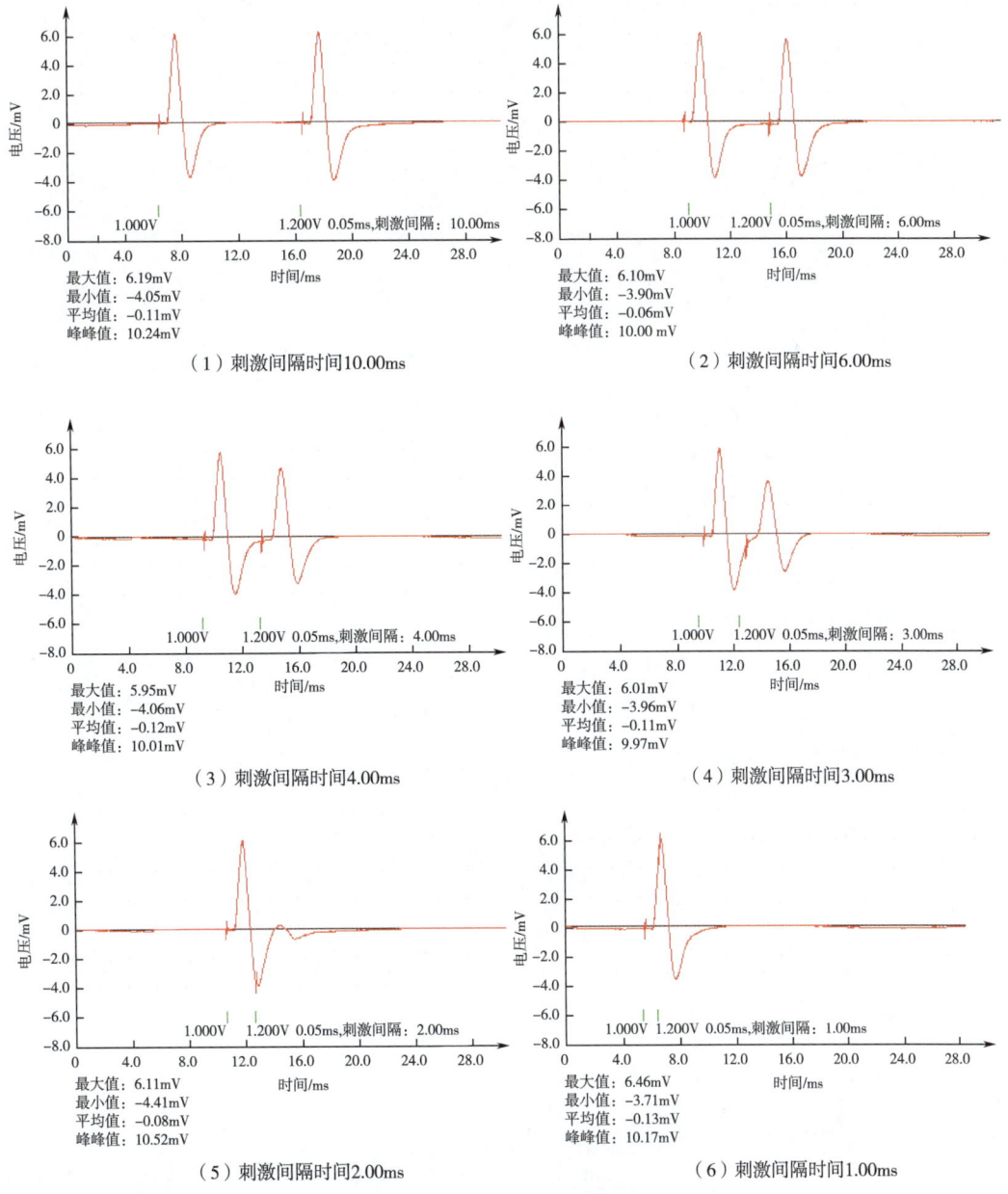

图 4-19 神经干不应期的测定

【注意事项】

1. 在神经干分离过程中避免损伤神经组织，以免影响实验结果。

2. 神经干标本应尽可能长，最好在 8cm 以上，并注意经常用任氏液湿润神经干以保持其良好的兴奋性。

3. 实验中使神经干与刺激电极、引导电极和接地电极均保持接触良好。

【思考题】

普鲁卡因对神经干传导速度和不应期有何影响？其机制是什么？

第五章 血液生理

血液由血细胞和血浆组成，通过循环系统与全身各组织器官密切联系，参与机体的各种功能活动，对维持动物体正常新陈代谢和保持与外界环境间的平衡起着重要的作用。作用于机体的任何刺激，都可使血液成分发生改变，这种病理变化不仅直接影响到造血器官，而且也影响到其他器官。血液检查在疾病诊断中是最常用和重要的检查项目之一，临床血液检验的项目较多，通常规定要做的，最基本的项目是血常规检验（blood routine examination），包括红细胞沉降速度测定、血红蛋白含量测定、红细胞计数和白细胞计数等。

一、血液样品的采集

供检验用的血液样品，一般采集静脉血，大动物可采集的血液量多，而小动物和实验动物的采血量少，只能根据检验的目的、动物种类和病情酌定采血量。一般根据检测项目的方法和对标本的要求不同，临床检验采用的血液标本分为全血、血清和血浆。全血主要用于血细胞成分的检查，血清和血浆则用于大部分临床化学检查和免疫学检查。各种动物的采血部位见表5-1。

表5-1 各种动物的采血部位

采血部位	畜种/实验动物	采血部位	畜种/实验动物
颈静脉	马、牛、羊	耳静脉	猪、羊、犬、猫、兔
前腔静脉	猪	翅内静脉	家禽
隐静脉	犬、猫、羊	脚掌	鸭、鹅
前臂头静脉	犬、猫、猪	冠或肉髯	鸡
心脏	兔、家禽、豚鼠	断尾	大鼠、小鼠

二、血液的抗凝

采集全血或血浆样品时，在采血前应在采血管中加入抗凝剂，制备抗凝管。如用注射器采血，应在采血前先用抗凝剂湿润注射器。常用的抗凝剂如下。

1. 草酸盐

草酸盐与血液中钙离子结合形成不溶性草酸钙而起抗凝作用。1mL血液用2mg草酸盐即可抗凝。常用的草酸盐为草酸钾、草酸钠等，配成10%的溶液，根据抗凝血量加入试管或玻瓶中，置45~55℃（不超过80℃）烘箱内烤干备用。此抗凝剂不适宜血液中钾、钠和钙含量的测定，并且，能使红细胞缩小6%，故也不适宜红细胞比容的测定。临床上一般用草酸盐合剂，配方为草酸钾 0.8g、草酸铵 1.2g，加蒸馏水 100mL 溶解，取此液 0.5mL 加入试管或玻瓶中，可抗凝 5mL 血液。此抗凝剂能保持红细胞的体积不变（草酸铵使红细胞膨胀，草酸钾使红细胞皱缩），适用于血液细胞学检查，但不适用于非蛋白氮物质和钾、钙的测定。

2. 柠檬酸钠

柠檬酸钠与血液中钙离子形成非离子化的可溶性钙化合物而起抗凝作用，溶解度和抗凝度较弱，5mg 可抗凝 1mL 血液。使用时配成 3.8% 的溶液，0.5mL 可抗凝 5mL 全血。柠檬酸钠主要用于红细胞沉降速率的测定和输血，一般不作为生化检验的抗凝剂。

3. 乙二胺四乙酸二钠

乙二胺四乙酸二钠（$EDTA-Na_2$）与钙离子形成 $EDTA-Ca$ 螯合物而起抗凝作用，1mL 血液需 1~2mg，常配成 10% 的溶液，取此液 2 滴加入试管或玻瓶中，置 50~60℃ 干燥箱中烘干备用，可抗凝 5mL 血液。该抗凝剂对血细胞形态影响很小，常用于血液学检验。

4. 肝素

肝素主要是抑制血酶原转化为凝血酶，使纤维蛋白原不能转化为纤维蛋白。0.1~0.2mg 或 20IU（1mg 相当于 126IU）可抗凝 1mL 血液，常配成 1% 的溶液，加入试管或玻瓶后在 37℃ 左右烘干备用，适用于大多数实验诊断的检查。缺点是白细胞的染色性较差。

三、血样的处理

如分离血清，应将全血采集至试管中（不加抗凝剂），在室温下或 25~37℃ 温水中倾斜放置，血清析出后即可分离。分离血浆应在全血采集时加抗凝剂制成抗凝血，离心分离。血液采集后应尽快送检和检测。不能立即送检的血样，血片应固定，抗凝血、血浆和血清应冷藏。送检血样应编号，并避免剧烈振摇。血液学检查项目与血样保存的时间见表 5-2。

表 5-2　血液学检查项目与采血后可保存的时间

检查项目	保存时间 /h	检查项目	保存时间 /h
白细胞计数	2~3	血红蛋白含量	48
红细胞计数	24	红细胞比容	24
血小板计数	1	红细胞沉降速率	2~3
网织红细胞计数	2~3	白细胞分类计数	1~2

实验一　血液的组成及红细胞比容的测定

【实验原理】

血液是一种广义的结缔组织，它是由液态的血浆和悬浮于其中的血细胞所组成。抗凝情况下离心，由于血细胞相对密度略大于血浆，将出现分层，上部为血浆。下部压紧的红细胞占全血的体积比称为红细胞比容。若不加抗凝剂，血液凝固会析出血清。

【实验目的】
1. 了解血液的组成,区别血浆、血清、血细胞及纤维蛋白。
2. 测定红细胞比容。

【实验动物】
家兔。

【实验器材】
常用家兔手术器械(粗剪刀、止血钳、线剪、组织剪、手术刀、组织镊、眼科镊、缝合线)、动脉插管、试管、小烧杯、离心机、兔台、动脉夹。

【实验药品】
肝素钠。

【实验方法与步骤】

1. 实验动物的准备

(1) 麻醉动物 取家兔一只,仰卧位固定,颈正中备皮,经耳缘静脉注射25%氨基甲酸乙酯溶液(4mL/kg)全麻。

(2) 手术 剪去颈前部兔毛,于颈部正中切开皮肤约7cm。用止血钳分离皮下组织,暴露胸骨舌骨肌。沿正中线分开肌肉可暴露出气管,并继续沿气管两侧分离结缔组织使气管游离。然后用拇指和食指捏住气管上的肌肉和皮肤外翻,用另外三个手指在皮外将外翻的组织抬起。此时,可在气管外侧见到神经血管丛,丛内包含颈总动脉、迷走神经、交感神经、降压神经。

(3) 颈动脉插管 尽可能长地分离一侧颈总动脉,在其下方穿两根丝线,其中一根在远心端结扎动脉,用动脉夹夹住动脉的近心端,在结扎线与动脉夹之间的动脉长度越长越好,一般至少有3cm左右;将另一条丝线置于此段动脉下方以备插管插入后结扎用。用锐利的眼科剪刀在尽可能靠远心端结扎处作一斜形切口,约切开管径的一半,然后,将动脉插管向心脏方向插入血管,用已穿好的丝线结扎牢固,并用此丝线在插管的突起上缚紧固定,以防插管从动脉切口滑出(图5-1)。

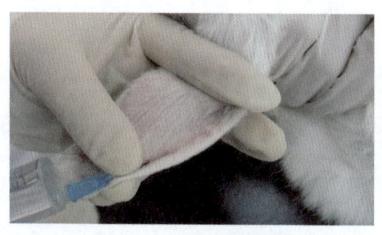 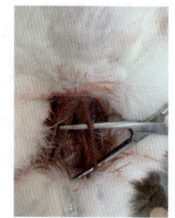 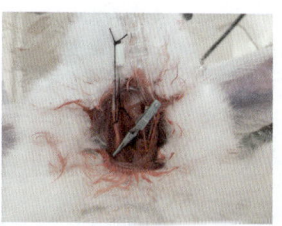

(1) 家兔麻醉　　　　(2) 分离一侧颈总动脉　　　　(3) 颈动脉插管

图 5-1 家兔颈总动脉插管术

2. 试管处理
用1∶12500肝素钠0.1mL浸润1、2、3、4、5号试管并烘干,6号试管不经任何处理。

3. 实验操作
经兔颈动脉插管采血,并将血液徐徐注入1、2、3、4、5号试管,摇匀,定容至刻度

"0"，3000r/min 离心 30min。取出，读取血细胞柱刻度；再次离心 5min，若刻度不变，即为红细胞比容。6 号试管注入血液后静置，待血液凝固。

4. 结果观察与计算

观察 1、2、3、4、5 号试管中的血液，上层为血浆，下层为红细胞，中间一白色薄层为白细胞和血小板（图 5-2）；6 号试管上层为血清。并计算该家兔的红细胞比容。

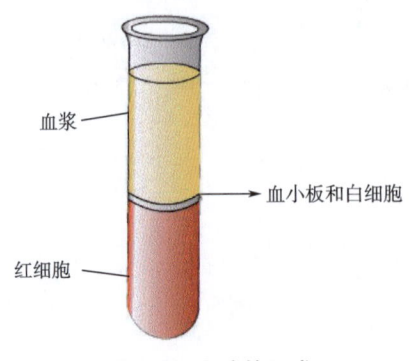

图 5-2　血液的组成

【实验结果】

观察实验结果，计算家兔红细胞比容，记录在表 5-3 中。

表 5-3　家兔红细胞比容测定

编号	血细胞柱长度 /cm	全血柱长度 /cm	红细胞比容 /%
1			
2			
3			
4			
5			

【注意事项】

用一般离心机离心后，红细胞层呈斜面，读取时应取斜面 1/2 处所对应的刻度数。血浆与红细胞层之间的灰白层由白细胞与血小板组成，不应计算在内。

【知识链接】

各种家畜红细胞比容的正常值在 30%~40%。

检测红细胞比容的临床意义：

（1）红细胞比容增高　见于各种原因所引起的血液浓缩，使红细胞相对性增多，如急性胃肠炎、肠便秘、肠变位、瓣胃阻塞、渗出性胸膜炎和腹膜炎，以及某些传染病和热性疾病。由于红细胞比容增高的数值与脱水程度成正比，因此在临床上可根据这一指标的变化而推断机体的脱水情况，并计算补液的数量及判断补液量的实际效果。另外，也见于各种原因所致的红细胞绝对性增多，如真性红细胞增多症、肺动脉狭窄、高铁血红蛋白血症等。

（2）红细胞比容降低　见于各种贫血，但降低的程度并不一定与红细胞数一致，因为贫血有小细胞性贫血、大细胞性贫血及正细胞性贫血之分。

【思考题】

1. 血浆与血清有哪些区别？
2. 什么情况下会出现红细胞比容的增高或降低？
3. 测定红细胞比容的实际意义是什么？

实验二　红细胞渗透脆性实验

【实验原理】

正常红细胞呈双凹圆盘状，其膜主要是由类脂和蛋白质组成的双层结构，且膜蛋白具有收缩性。这些特征有利于红细胞在全身血管中循环运行时挤过口径小于它的毛细血管壁和血窦孔隙时发生卷曲变形，待通过后又恢复原状，即红细胞具有可塑性。可塑性变形能力的大小取决于表面积与体积的比值，比值越大，变形能力越强。双凹圆盘形的红细胞的体积远大于异常情况下出现的球形红细胞，故能发挥其重要功能。只有红细胞内渗透压与周围血浆渗透压相等时才能保持红细胞的正常形态，否则，将因形态的变化而丧失其生理功能。

将红细胞浸入渗透压递减的一系列溶液中即可见到红细胞因水分渗入细胞内而膨胀并双侧凸起。当体积增加30%时成为球形；体积增加45%~60%时细胞膜损伤而发生崩裂，即溶血（红细胞中的血红蛋白逸出，仅留下双凹盘形的细胞空壳）。正常红细胞对低渗透压具有一定的抵抗力，故通常在0.42% NaCl溶液中才开始出现溶血（范围可为0.40%~0.45%）。开始出现溶血现象的低渗盐溶液的浓度为该红细胞对低渗透压的最小抵抗力。正常红细胞在0.35%的NaCl溶液中时完全溶血（范围可为0.30%~0.35%），出现完全溶血时低渗盐溶液的浓度则为该红细胞对低渗透压的最大抵抗力。上述红细胞对低渗透压的抵抗力又称红细胞的渗透脆性。由上可知红细胞对低渗透压的抵抗力越大，脆性越小，反之，则表示脆性大。在某些溶血性疾病中，患者的红细胞开始溶血及完全溶血的NaCl浓度均比正常人高，即红细胞的渗透抵抗性减小了，或渗透脆性增加了。

【实验目的】

测定正常红细胞的渗透脆性。

【实验动物】

家兔。

【实验器材】

试管架、小试管、2mL刻度吸管、吸耳球。

【实验药品】

1% NaCl溶液、蒸馏水、75%酒精棉球、3.8%柠檬酸钠溶液。

【实验方法与步骤】

1. 制备不同浓度的低渗盐溶液

取小试管10支，编号后排列在试管架上，按表5-4中的要求，向各管中分别加入

1%NaCl 溶液和蒸馏水，使各试管溶液均为 2.0mL，便可得到 10 种浓度的低渗盐溶液。

表 5-4 不同浓度低渗盐溶液的配制

试剂	管号									
	1	2	3	4	5	6	7	8	9	10
1%NaCl/mL	1.40	1.30	1.20	1.10	1.00	0.90	0.80	0.70	0.60	0.50
蒸馏水 /mL	0.60	0.70	0.80	0.90	1.00	1.10	1.20	1.30	1.40	1.50
NaCl 浓度 /%	0.70	0.65	0.60	0.55	0.50	0.45	0.40	0.35	0.30	0.25

2. 柠檬酸钠血的制备

家兔颈部解剖，剥离颈总动脉，插管，将血放入烧杯内，烧杯内事先加入 3.8% 的柠檬酸钠溶液，血与柠檬酸钠溶液的比例为 9∶1，轻摇烧杯使之混匀。

3. 混合液制备

向每支试管内注入 1 滴血液（预先备好的兔血），将各试管中盐溶液与血液充分混匀，在室温下放置 1h。然后观察混合液的颜色。

4. 观察项目

按下列标准判断有无溶血、不完全溶血或完全溶血。

（1）小试管内液体下层为混浊红色，上层为无色或极淡色的液体，说明红细胞没有破裂现象。

（2）小试管内液体下层为混浊红色，说明有未破裂的红细胞，而上层出现透明红色，说明有部分红细胞已被破坏，称为不完全溶血。开始出现部分溶血的盐溶液浓度，即为红细胞的最小抵抗力（表示红细胞的最大脆性）。

（3）小试管内液体完全变成透明红色，管底无红细胞沉积，说明红细胞完全溶解，称为完全溶血。引起红细胞最先全部溶血的盐溶液的浓度，即为红细胞的最大抵抗力（表示红细胞的最小脆性）。

（4）记录被检红细胞脆性范围，即开始溶血时的盐溶液浓度与全部溶血时的盐溶液浓度。

【注意事项】

1. 配制不同浓度的 NaCl 溶液必须准确。
2. 滴加的血滴大小应尽量相等并充分摇匀，勿用力振荡。

实验三　血液凝固及其影响因素

【实验原理】

血液流出血管后，很快就会发生自行凝固。血液凝固可以分为内源性凝血系统和外源性凝血系统两条途径。内源性凝血系统是指参与凝血过程的因子全部存在于血浆中，而外源性凝血系统是指有组织因子参与的凝血过程。

本实验采用颈总动脉放血取血，由于血液几乎没有和组织因子接触，其凝血过程主要是由内源性凝血系统所发动。肺组织含有丰富的组织因子，本实验利用兔肺组织浸液观察外源性凝血系统的作用。血液凝固受许多因素的影响，如血浆、Ca^{2+}水平、温度、接触面的光滑程度等。

【实验目的】

了解血液凝固的基本过程及加速或延缓血液凝固的一些因素。

【实验动物】

家兔。

【实验器材】

常用家兔手术器械、兔手术台、动脉插管、动脉夹、气管插管、注射器、小试管12支、小烧杯2个、竹签、恒温水浴槽、冰块、棉花。

【实验药品】

石蜡油、8U/mL 肝素、2% 草酸钾溶液、3.8% 柠檬酸钠溶液、5% $CaCl_2$ 溶液，肺组织浸液（取兔肺剪碎，洗净血液，浸泡于3~4倍量的生理盐水中过夜，过滤收集的滤液即成肺组织浸液，存冰箱中备用）。

【实验方法与步骤】

（1）实验动物的准备（方法同血液的组成及红细胞比容的测定）。

（2）对照管不做任何处理，室温下自然凝固；2号试管放棉花少许（注意棉花尽量呈虚网状），3号试管用石蜡油润滑试管内表面；4号试管置于37℃水浴中；5号试管置于0℃冰水浴中；6号试管加8U/mL 肝素1mL；7号试管加2%草酸钾溶液1mL；8号试管加肺组织浸液1mL；9号试管加3.8%柠檬酸钠溶液1mL；10号试管加3.8%柠檬酸钠溶液1mL混匀后再加2滴5%$CaCl_2$溶液。

（3）经兔颈动脉插管采血，每管加入血液2mL，即刻开始计时（6、7、8号试管加入血液后轻轻摇匀，使血液与试剂充分混合），每隔15s，将试管倾斜一次，至血液不再流动为止，记录各管的凝血时间。依次将结果填入实验结果记录表。

（4）纤维蛋白原与血液凝固 取小烧杯1个，放入血液20mL，用竹签不断搅动，直至看到竹签上有丝状物缠绕，随后用流水洗净附着的血液，观察刷上残留的白色丝状物即为纤维蛋白。取烧杯内剩余的去纤维蛋白血液2mL，加入11号试管，记录血液凝固时间。

（5）15min后，分别取不凝的9号试管和去纤维蛋白血液各1mL加入12号试管中，观察记录其凝血时间。

【实验结果】

将观察到的实验结果及分析记录到表5-5中。

表5-5 血液凝固及其影响因素

编号	实验条件	凝血时间/min	分析
1	对照管		
2	放棉花少许		
3	石蜡油润滑内表面		
4	置于37℃水浴槽中		

续表

编号	实验条件	凝血时间 /min	分析
5	置于 0℃冰水浴槽中		
6	加 8U/mL 肝素 1mL		
7	加 2% 草酸钾 1mL		
8	加肺组织浸液 1mL		
9	3.8% 柠檬酸钠 1mL		
10	3.8% 柠檬酸钠 1mL+2 滴 5%CaCl$_2$		
11	去纤维蛋白血液 2mL		
12	去纤维蛋白血液 1mL+9 号试管抗凝血 1mL		

【注意事项】

判定血凝的标准要力求一致。

【知识链接】

分析时 1、2、3 为粗糙程度对血液凝固的影响；1、4、5 为温度对血液凝固的影响；1、6 为肝素对血液凝固的影响；1、7，1、9，12 分别为 Ca^{2+} 水平对血液凝固的影响；1、8 为内源性和外源性凝血的比较；1、11、12 为纤维蛋白在凝血过程中的重要作用。内源性和外源性凝血过程如图 5-3 所示。

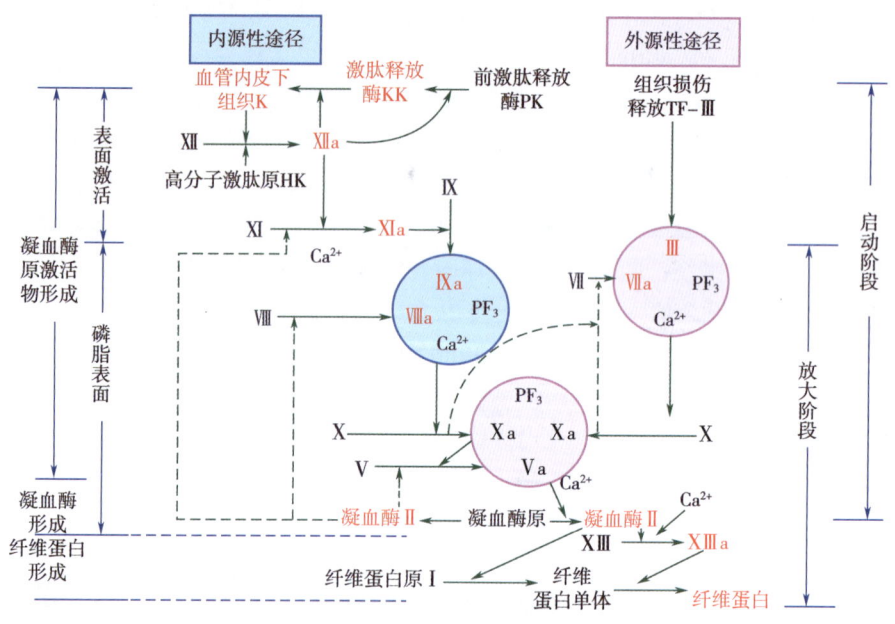

图 5-3 内源性和外源性凝血过程示意图

Ⅰ—纤维蛋白原；Ⅱ—凝血酶原；TF-Ⅲ—组织因子‐Ⅲ；Ⅴ—前加速易变因子；Ⅶ—前转变素稳定因子；Ⅷ—抗血友病因子；Ⅸ—血浆凝血活酶；Ⅹ—Sauart-Prower 因子；Ⅺ—血浆凝血活酶前质；Ⅻ—接触因子；ⅩⅢ—纤维蛋白稳定因子

实验四　血型鉴定与交叉配血

【实验原理】

红细胞膜上含有凝集原，血浆内含有凝集素。当相应的凝集原和凝集素相互作用时，就产生红细胞凝集。不同种动物的血液相互混合时，有时会产生红细胞凝集，称异族血细胞凝集作用；同种不同个体间的红细胞凝集，称同族血细胞凝集作用。ABO血型系统是根据红细胞表面有无A或（和）B抗原，而将其分为A、B、AB、O共4种基本血型。当不同血型的红细胞与血清在玻片上混合，会发生凝集反应，同时伴有溶血。因此，将受试者的红细胞加入抗A血清（含抗A凝集素）和抗B血清（含抗B凝集素）中，观察有无凝集反应，从而测定受试者红细胞上有无凝集原A或B来测定血型。

在ABO系统血型相同的人之间进行输血，在输血前必须进行交叉配血试验（cross-match test），即不仅把供血者的红细胞与受血者的血清进行血清配合试验（这称为试验主侧），而且要把受血者的红细胞与供血者的血清做配合试验（这称为试验的次侧）（图5-4）。

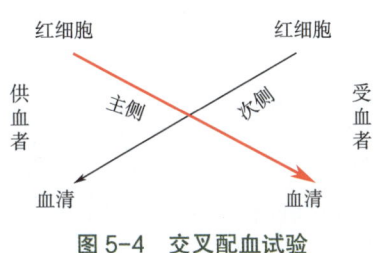

图 5-4　交叉配血试验

交叉配血是确定能否输血的重要依据，两侧均不凝集可输血。若献血人红细胞与受血人血清（主侧）发生凝集应禁止输血；主侧不凝集，次侧（献血人血清与受血者红细胞）凝集，必要时可少量、慢速输血。

与ABO血型系统不同，Rh抗原只存在于红细胞上，人的血清中不存在抗Rh的天然抗体。只有当Rh阴性者接受Rh阳性的血液后，才会产生抗Rh的免疫性抗体。因此，Rh阴性受血者在第一次接受Rh阳性的血液后，一般不产生明显的输血反应，但在第二次或多次再输入Rh阳性的血液时，即可发生抗原-抗体反应，发生溶血。Rh血型系统与ABO血型系统之间的另一个不同点是抗体的特性。Rh血型系统的抗体主要是IgG，其相对分子质量（M_r）较小，能透过胎盘。当Rh阴性的孕妇怀有Rh阳性的胎儿时，Rh阳性胎儿的少量红细胞或D抗原可以进入母体，使母体产生免疫性抗体（主要是抗D抗体）。这种抗体可以透过胎盘进入胎儿的血液，使胎儿的红细胞发生溶血，造成新生儿溶血性贫血，严重时可导致胎儿死亡。由于一般只有在妊娠末期或分娩时才有足量的胎儿红细胞进入母体，而母体血液中抗体的浓度是缓慢增加的，故Rh阴性的母体怀第一胎Rh阳性的胎儿时，很少出现新生儿溶血的情况；但在第二次妊娠时，母体内的抗Rh抗体可进入胎儿体内而引起新生儿溶血。若在Rh阴性母亲生育第一胎后，及时输注特异性抗D免疫球蛋白，中和进入母体的 D 抗原，则可预防第二次妊娠时新生儿溶血的发生。

【实验目的】

1. 观察红细胞凝集现象。
2. 了解 ABO 血型的分型依据。学习 ABO 血型和 RhD 血型的鉴定方法。

【实验器材】

双凹片、无菌医用棉签、记号笔、一次性采血针、竹签、尖头滴管、显微镜。

【实验药品】

抗 A 血清、抗 B 血清、RhD（IgM）血型定型试剂、75% 医用酒精。

【实验方法与步骤】

1. 异族血细胞凝集现象

将某种动物的血清分两处滴于载玻片上，然后将别种动物的血液各一滴分别加入上述血清内，轻轻摇动载玻片，或用牙签搅拌混匀，使血液与血清充分混合。静置 5~10 min，在显微镜下（或肉眼）观察是否发生凝集。

2. 同族血细胞凝集现象

将某一动物的血清滴于载玻片上，然后用同种不同个体的血液加入，并使其混合均匀。同上法观察是否发生凝集现象。

3. 人 ABO 血型和 Rh 阴阳性鉴定

（1）取一块清洁双凹玻片，用记号笔标上记号。左侧滴一滴抗 A 血清，右侧滴一滴抗 B 血清。再取一个单凹片滴一滴抗 D 试剂于单凹片上。

（2）以穿刺法自左手环指指尖取血，在玻片的每个检测药液中各加入一小滴血，用竹签轻轻搅拌，使每侧抗血清和血液混合。每边用一支竹签，切勿混用。

（3）室温下静置 10~15min 后，观察有无凝集现象，并据此判断各种血型。

4. 交叉配血实验

（1）以碘酒和酒精消毒皮肤后，用消毒的注射器分别抽取供血动物和受血动物静脉血 2mL。取一滴加入盛有 1mL 生理盐水的小试管中制成 2% 红细胞悬浮液，其余血液注入另一小试管中，待血液凝固后离心析出血清。

（2）在双凹玻片两端分别标上供血动物和受血动物的名称或代号，分别滴上它们的血清少许。

（3）将供血者的红细胞悬浮液吸取少量滴到受血者的血清中（称为主侧配血）；将受血者的红细胞悬浮液吸取少量，滴入供血者的血清中（称为次侧配血），混合。放置 10~30min 后，肉眼观察有无凝集现象，肉眼不易分辨的用显微镜观察。如果两侧交叉配血均无凝集反应，说明配血相合，能够输血。如果主侧发生凝集反应，说明配血不合，不论次侧配血如何都不能输血。如果仅次侧配血发生凝集反应，只有在紧急情况下才有可能考虑是否输血。

【实验结果】

ABO 血型的测定和鉴定结果分别如图 5-5 和表 5-6 所示，小组成员的血型鉴定结果记录于表 5-7。

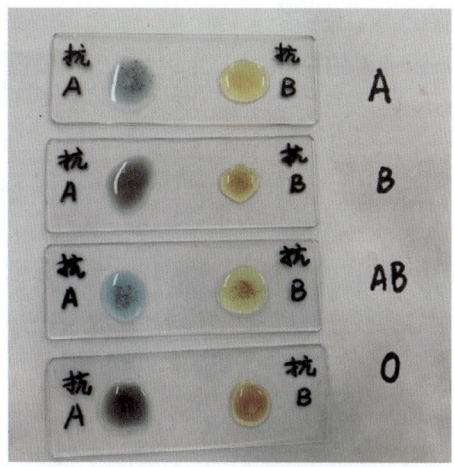

图 5-5 ABO 血型的测定结果

表 5-6 ABO 血型的鉴定结果

	与被检红细胞混合后的反应			
抗 A 血清	+	−	+	−
抗 B 血清	−	+	+	−
被检人血型	A	B	AB	O

注:"+"表示凝集,"−"表示不凝集。

表 5-7 小组成员 ABO 血型的鉴定结果

组员	血型

【注意事项】
1. 实验用具严格消毒,请勿污染,采血针要做到一人一针,不能混用。
2. 用过的物品弃入污物桶,不要放回消毒器皿内,以免污染其他物品。
3. 酒精消毒部位自然风干后再采血,血液容易聚集成滴,便于取血。
4. 取血量不宜太少,以免影响观察结果。
5. 竹签在血清内搅过后,切勿再到采血部位采血,以免污染伤口。
6. 肉眼不能做出判断是否发生凝集现象时,应在低倍显微镜下观察。

【知识链接】
一般来说血型是终生不变的。人类的血型通常分为 A 型、B 型、O 型和 AB 型四种。血型遗传借助于细胞中的染色体。人类细胞中共有 23 对染色体,每对染色体分别由两条单染色体组成，其中一条来自父亲，另一条来自母亲。染色体的主要成分是决定遗传性状和功能的脱氧核糖核酸，即人们常说的 DNA。DNA 可分为很多小段，每一小段都具有专一的遗传性状及功能，这些小段称为基因。一对染色体中两条单染色体上相同位置的 DNA 小片段，称为等位基因。

ABO 血型系统的基因位点在第 9 对染色体上。人的 ABO 血型受控于 A、B、O 三个基因，但每个人体细胞内的第 9 对染色体上只有两个 ABO 血型系统基因，即为 AO、AA、BO、BB、AB、OO 中的一对等位基因，其中 A 和 B 基因为显性基因，O 基因为隐性基因。血型的遗传规律见表 5-8。

表 5-8 血型遗传规律表

父母血型	子女会出现的血型	子女不会出现的血型
O 与 O	O	A、B、AB
A 与 O	A、O	B、AB
A 与 A	A、O	B、AB
A 与 B	A、B、AB、O	
A 与 AB	A、B、AB	O
B 与 O	B、O	A、AB
B 与 B	B、O	A、AB
B 与 AB	A、B、AB	O
AB 与 O	A、B	O、AB
AB 与 AB	A、B、AB	O

第六章 血液循环生理

实验一 蛙心起搏点观察

【实验原理】

心脏的特殊传导系统具有自动节律性，但各部分的自动节律性高低不同。两栖类动物的心脏为两心房、一心室，心脏的起搏点是静脉窦。静脉窦的节律最高，心房次之，心室最低。正常情况下心脏的活动节律服从静脉窦的节律，其活动顺序为：静脉窦、心房、心室。因此，静脉窦（哺乳类动物是窦房结）是主导整个心脏兴奋和搏动的正常部位，被称为正常起搏点；其他部位的自律组织仅起着兴奋传导作用，若阻断心脏的正常传导，他们也可起到起搏点的作用，故称之为潜在起搏点。在某些病理情况下，静脉窦（窦房结）的兴奋传导因传导阻滞不能控制其他自律组织的活动，或其他部位组织的自律性增高，则心房或心室就会受当时自律性最高的组织发出的兴奋性节律的控制进行活动，这些异常的起搏点称为异位起搏点。

【实验目的】

1. 学习暴露蛙类心脏的方法，熟悉心脏的结构。
2. 用结扎法观察两栖类动物心脏的起搏点和心脏不同部位传导系统自动节律性的高低。

【实验动物】

蟾蜍或蛙。

【实验器材】

常用蛙类手术器械、秒表、滴管、培养皿、纱布、棉线、玻璃分针。

【实验药品】

任氏液、冰块、35~40℃热水。

【实验方法与步骤】

1. 暴露心脏

取蟾蜍（或蛙）一只，双毁髓后背位固定于小动物解剖台上。一手持手术镊提起胸骨后端的皮肤，另一手持手术剪剪开一个小口，然后将剪刀由开口处伸入皮下，向左、右两侧下钝角方向剪开皮肤。将皮肤掀向头端，再用手术镊提起胸骨后方的腹肌，在腹肌上剪一口，将手术剪紧贴胸壁向前伸入（勿伤及心脏和血管），并沿皮肤切口方向剪开胸壁，剪断左右乌喙骨和锁骨，使创口呈一倒三角形，充分暴露心脏部位。一手持眼科镊，提起心包膜，另一手用眼科剪剪开心包膜，暴露心脏（图6-1）。

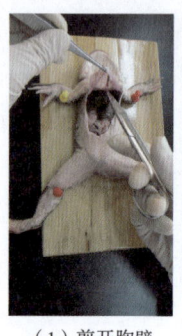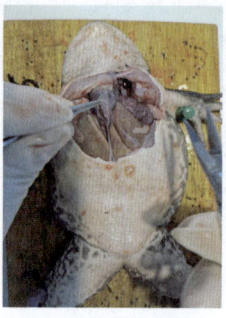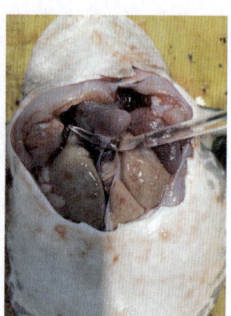

（1）剪开胸壁　　（2）剪开心包膜　　（3）暴露蛙心胸面　　（4）剪断背面连接韧带

图6-1　暴露蛙心

2. 观察心脏的结构

从心脏的腹面可看到一个心室，其上方有左右两个主动脉心房，房室之间有房室沟。心室右上方有一动脉圆锥，是动脉根部的膨大，动脉干向上分成左右两分支。用玻璃分针向前翻转蛙心，可以看到心脏背面有节律搏动的静脉窦和心房。在心房与静脉窦之间有一条白色半月形界线，称为窦房沟。前后腔静脉与左右肝静脉的血液流入静脉窦（图6-2）。

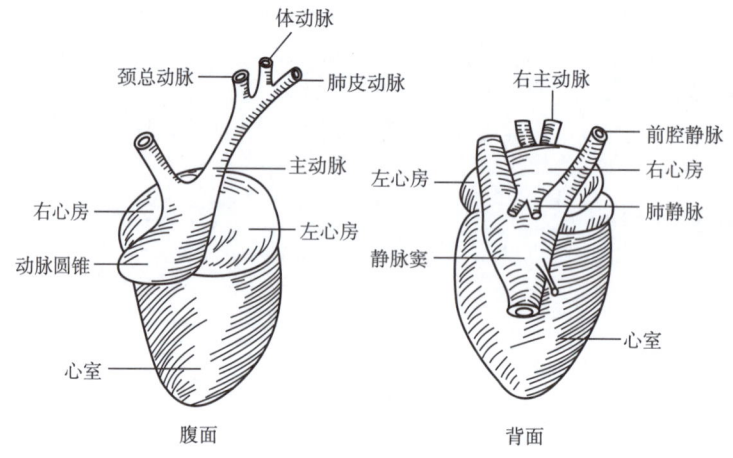

图6-2　蛙的心脏解剖示意图

3. 观察心搏过程

（1）仔细观察正常条件时静脉窦、心房及心室收缩的顺序和频率。

（2）观察温度对各部位心搏的影响　在心室舒张期用蛙心夹夹住心尖，调整蛙心夹连线与地面垂直，固定张力换能器，记录正常心搏曲线。并用盛有热水的小试管底部分别接触蛙心的心室、心房和静脉窦各部位，记录心搏曲线的变化（图6-3、图6-4）。

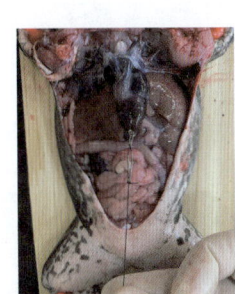
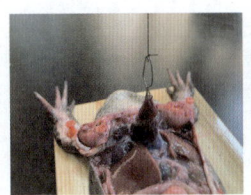
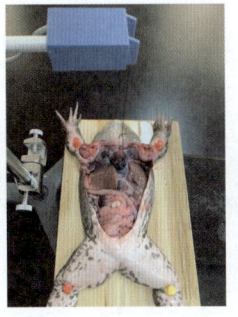
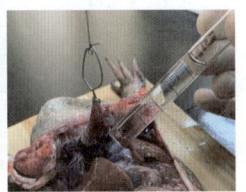

(1) 蛙心夹夹住心尖　　(2) 垂直固定蛙心　　(3) 连接蛙心夹与张力换能器　　(4) 通过小试管改变静脉窦的温度

图 6-3　蛙心夹的固定及仪器连接

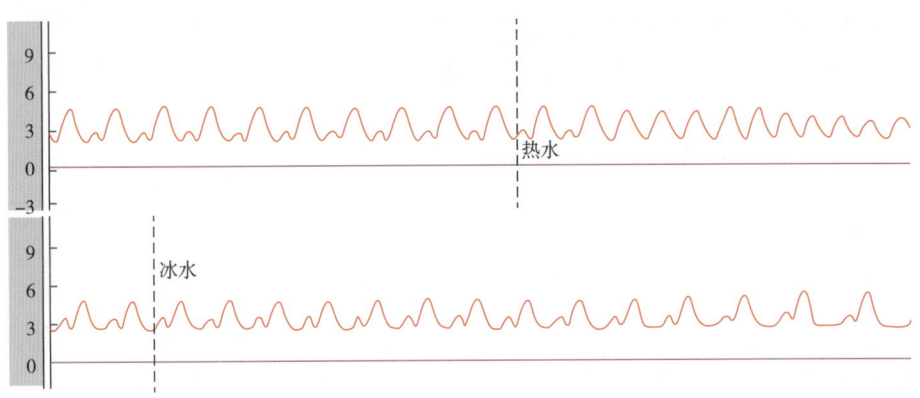

图 6-4　温度对蛙心各部位心搏的影响

（3）斯氏第一结扎　用镊子在主动脉干下穿一线备用［图 6-5（1）］。用玻璃分针穿过主动脉干下面，将心尖翻向头端，暴露心脏背面，在静脉窦和心房交界的半月形白线（窦房沟）处用线结扎阻断静脉窦和心房之间的传导［图 6-5（2）］，观察心房、静脉窦的跳动频率有何变化。

斯氏第二结扎　待心房、心室的跳动恢复后，分别计数静脉窦和心房、心室的跳动频率，并比较其频率差别。然后再取一线在房室沟处作一结扎，阻断房室之间的传导［图 6-5（3）］，观察心房和心室的跳动情况。分别计数每分钟跳动次数。将实验数据填入实验结果表"蛙心起搏点的观察"中。

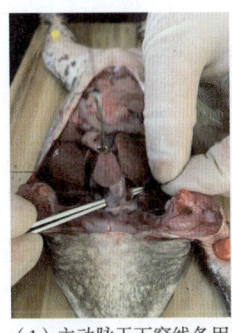
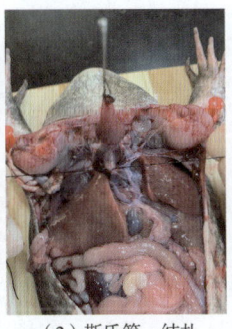
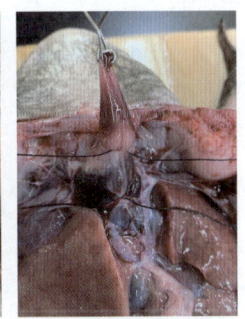

(1) 主动脉干下穿线备用　　(2) 斯氏第一结扎　　(3) 斯氏第二结扎

图 6-5　斯氏结扎法

【实验结果】
将蛙心起搏点的观察结果记录在表 6-1 中。

表 6-1 蛙心起搏点的观察

实验项目	静脉窦/（次/min）	心房/（次/min）	心室/（次/min）
正常			
第一结扎			
第二结扎			

【注意事项】
1. 结扎前要认真辨认心脏的结构。
2. 结扎部位准确地落在相邻部位的交界处，结扎时力度逐渐增加，直至心房或心室搏动停止。
3. 斯氏第一结扎后，若心室长时间不恢复跳动，进行斯氏第二结扎则可能使心室恢复跳动。

【知识链接】
潜在起搏点的控制通过两种方式实现。

抢先占领（capture）：由于窦房结的自律性高于潜在起搏点，因此当潜在起搏点的 4 期自动除极化在未达到阈电位水平时，就已被窦房结传来的冲动所兴奋而产生动作电位，使其自身的自律性无法表现出来。

超速驱动压抑（overdrive suppression）：当自律细胞在受到快于其固有自律性的刺激时，可按外加的刺激频率发生兴奋，称为超速驱动。在外来超速驱动刺激停止后，自律细胞不能立即表现出固有的自律性活动，需经过一段静止期后才逐渐表现出本身的自律性，这种现象称为超速驱动压抑。超速驱动压抑的程度与两个起搏点自律性的差别呈平行关系，频率差别越大，压抑效应越强，超速驱动作用中断后，停搏的时间也越长。超速驱动压抑的生理意义在于当发生一过性的窦性频率减慢时，潜在起搏点的自律性不会立即表现出来，故有利于防止异位搏动。

【思考题】
1. 为什么心房和心室温度的改变对心搏影响不大，而只有静脉窦温度的改变才影响心搏，此实验结果表明了什么？
2. 斯氏第一结扎后，房室搏动发生什么变化？此实验结果表明了什么？
3. 斯氏第二结扎后，房室搏动频率有何不同？此实验结果表明了什么？

实验二　蛙类心室肌的期前收缩与代偿间歇

【实验原理】
心肌的机能特性之一是具有较长的不应期，整个收缩期和舒张早期都是有效不应期。在心室收缩期给予任何刺激，心室都不发生反应。在心室舒张期给予单个阈上刺激，则产生一次正常节律以外的收缩反应，称为期前收缩。期前收缩也有不应期，当静脉窦传来的节律性兴奋恰好落在期前收缩的收缩期时，心室不再发生反应，须待静脉窦传来下一次兴奋才会收缩。因此，在期前收缩之后，就会出现一个较长时间的间歇期，称为代偿间歇。另外，心机还具有"全或无"的收缩特性，在其他条件不变的情况下，心肌一旦收缩，其收缩强度就接近于相等，而与刺激强度无关。

【实验目的】

1. 学习在体蛙心心搏曲线的记录方法。
2. 通过实验阐述心肌产生期前收缩的条件与代偿间歇出现的机制。
3. 观察心室肌对额外刺激的反应。了解心肌的某些生理特性。

【实验动物】

蟾蜍或蛙。

【实验器材】

常用蛙类手术器械、蛙心夹、BL-420生物信号采集与分析系统、张力传感器、支架、双凹夹、双极刺激电极、滴管、培养皿、纱布、缝合线。

【实验药品】

任氏液。

【实验方法与步骤】

1. 暴露心脏（方法同蛙类心脏起搏点观察）。

2. 仪器连接

（1）将张力换能器与CH1相连，双极刺激电极连接至实验系统的"刺激输出端"。启动BL-420生物信号采集与分析系统，在主界面上选择"实验项目"→"循环实验"→"期前收缩和代偿间歇"。

（2）在心室舒张期用带有缝合线的蛙心夹夹住心尖，将缝合线的另一端与张力换能器相连，调节张力换能器的位置，使蛙心夹和张力换能器间的缝合线松紧适宜（方法同蛙类心脏起搏点观察）[图6-6（1）]。

（3）将双极电极固定在铁架台上使两电极和心室紧密接触，保证刺激电极的两极在心室的舒张期和收缩期都可接触心室，但不宜压得过紧，以免影响心室的活动[图6-6（2）]。

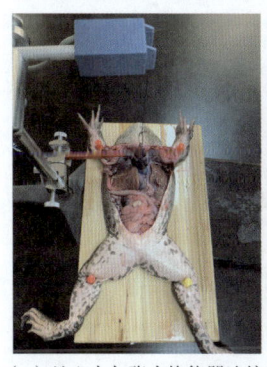 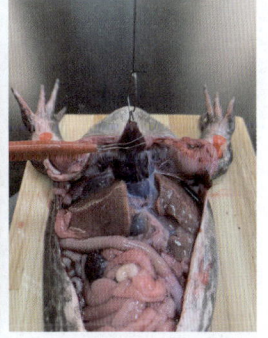

（1）蛙心夹与张力换能器连接　（2）电极与心脏连接双极

图6-6　双极电极的固定

3. 实验观察

（1）记录正常心搏曲线作为对照，注意辨认心室的舒张期和收缩期。

（2）选择能引起心室发生期前收缩的刺激强度（于心室舒张期调试），分别于心室收缩期和舒张期的早、中、晚给予单个刺激（注意：刺激前后要有三四个正常心搏曲线作对照，不可连续输出两个刺激）。观察心搏曲线有无变化。

（3）同上法，加大刺激强度，观察心室肌对额外刺激的反应。

【实验结果】

观察实验结果如图 6-7 所示。

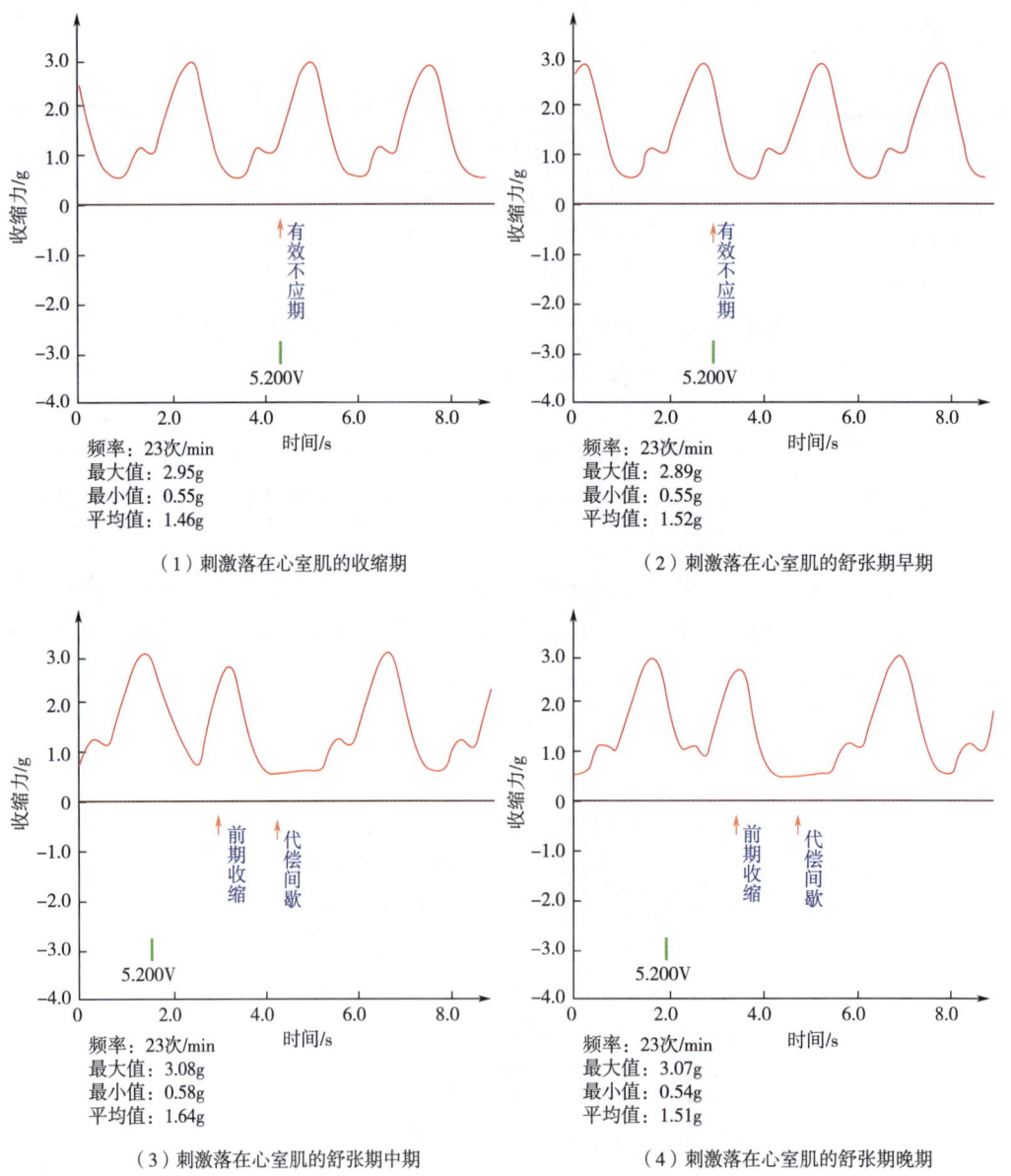

图 6-7　蛙类心室肌的期前收缩与代偿间歇

【注意事项】
1. 实验中经常给蛙心滴加任氏液，保持心肌组织湿润。
2. 引起期前收缩后，必须间隔一段时间待心搏恢复正常后再给予心脏第二次刺激。

【创新与探索】
1. 设计实验，观察刺激强度、刺激时间对期前收缩幅度的影响。
2. 设计实验，观察不同高频脉冲连续刺激对心肌活动的影响。

【思考题】
1. 本实验结果同骨骼肌的实验结果比较，表明心肌的什么特性？
2. 心肌的不应期长有何生理意义？
3. 本实验为什么不能用连续刺激？于心室收缩期或舒张期的早、中、晚分别给予刺激的实验设计思路是什么？

实验三　蛙类离体心脏灌流

【实验原理】
心肌具有自动节律性收缩的特性，可用人工灌流的方法，研究心脏活动的规律及特点；还可观察灌流液成分的改变对离体心脏活动的影响。而维持离体心脏正常收缩的节律和强度，需要有一个适当的理化环境（离子的浓度、比例，溶液的酸碱度，环境温度等），这种环境条件稍有改变，便可影响心脏的正常活动。

【实验目的】
1. 学习离体蛙心灌流法。
2. 观察 Na^+、K^+、Ca^{2+} 及肾上腺素（Adr）、乙酰胆碱（ACh）等对离体心脏活动的影响。

【实验动物】
蛙或蟾蜍。

【实验器材】
常用蛙类手术器械、蛙板、蛙心夹、BL-420生物信号采集与分析系统、张力传感器、支架、滴管、小烧杯、纱布、手术缝合线、蛙心套管、试管夹、玻璃分针。

【实验药品】
任氏液、0.65%NaCl溶液、3%乳酸溶液、2%$CaCl_2$溶液、1%KCl溶液、1∶10000肾上腺素、5%NaCl溶液、1∶10000乙酰胆碱溶液、300U/mL肝素。

【实验方法与步骤】
1. 仪器准备

打开BL-420生物信号采集与分析系统，接通张力传感器输入通道。从"实验项目"的"循环实验"中，选定"蛙心灌流"实验。再从"L"（实验标记编辑对话框）中选择"蛙心灌流"作实验标记。

2. **离体蛙心的制备（斯氏蛙心插管法）**

（1）暴露心脏（方法同蛙类心脏起搏点观察）。

（2）仔细识别心脏周围的大血管，从左主动脉下方穿两线，远心端结扎，并在近心端打一活结备用。左手提起左主动脉远心端的结扎线，右手用眼科剪在结扎线沿向心方向将动脉上壁剪一"V"形切口。选择大小适宜的蛙心套管，然后将盛有少量（套管内2~3cm高度）任氏液（内加入一滴肝素溶液）的斯氏蛙心套管，由开口处插入动脉圆锥。当套管尖端到达动脉圆锥基底时，应将套管稍稍后退，使尖端向动脉圆锥的背部后下方及心尖方向推进，经主动脉瓣插入心室腔内（于心室收缩时插入，但不可插得过深，以免心室壁堵住套管下口）。此时可见血液冲入套管，并使液面随心脏搏动而上下移动，表明操作成功（否则需遣回并重新插入）。用滴管吸去套管中的血液，更换新鲜任氏液。稳定住套管后，轻轻提起备用线，将左、右主动脉连同插入的套管用双结扎紧（不得漏液），再将结扎线固定在套管的小玻璃钩上，然后剪断结扎线上方的血管。左、右主动脉下方再穿一结扎线，绕到心尖后方，结扎肺静脉，注意不要损伤静脉窦。再轻轻提起套管和心脏，看清静脉窦的位置，于静脉窦结扎线下方剪断有牵连的组织，仅保留静脉窦与心脏的联系，使心脏离体（切勿损伤静脉窦）（图6-8）。用任氏液反复冲洗心室内余血，使套管内灌流液不再有残留血液。保持套管内液面高度一致（1.5~2cm），即可进行实验。

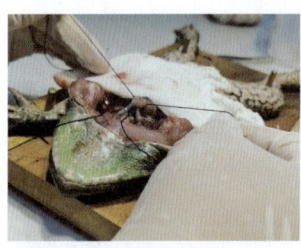
（1）右主动脉下置备用线

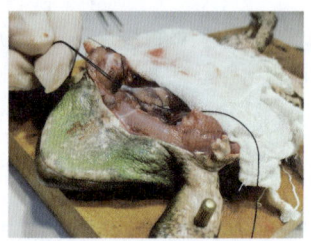
（2）结扎右主动脉远心端

（3）剪一"V"形切口

（4）将蛙心插管经主动脉瓣插入心室腔内

（5）结扎线固定在套管的小玻璃钩上

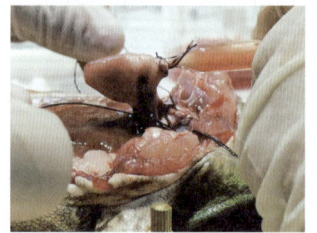
（6）结扎静脉窦远端

图6-8　离体蛙心的制备

3. 仪器连接

将插好离体心脏的套管固定在支架上,用蛙心夹夹住少许心尖部肌肉(不可夹得过多,以免因夹破心室而漏液)。再将蛙心夹上的细线绕过一个滑轮与张力传感器相连(图 6-9)。注意:勿使灌流液滴到传感器上。调节显示器上心脏收缩曲线的幅度适中。

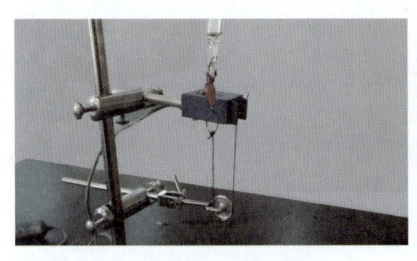
(1)滑轮与张力传感器连接

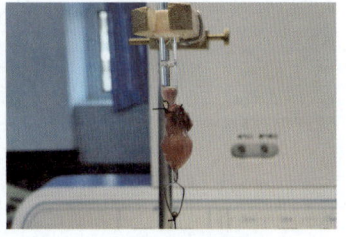
(2)蛙心套管的固定

图 6-9　仪器连接

4. 实验观察

(1)记录正常心搏曲线。

(2)温度的影响　改用 4℃ 任氏液灌流,观察心搏变化。待曲线出现明显变化后,立即吸去套管中的灌流液,同时做好冲洗标记,并用新鲜 37℃ 任氏液清洗 2~3 次,待心搏恢复正常。再改用 40℃ 任氏液灌流,观察心搏变化。本项实验也可用冰块和盛有 40℃ 热水的小试管接触静脉窦,观察心搏变化,效果更明显。

(3)改用 0.65%NaCl 溶液灌流,并作好加药标记,观察心搏变化。待曲线出现明显变化时,立即吸去套管中的灌流液,同时做好冲洗标记,并用新鲜任氏液清洗 2~3 次,待心搏恢复正常。注意:换液时切勿碰套管,以免影响描记曲线的基线,同时保持灌流液面一致(以下同)。

(4)向套管内加 2~6 滴 5%NaCl 溶液(较细的套管需少加),作好加药标记,观察心搏曲线的频率及振幅变化。当曲线出现明显变化时,应立即吸去套管中的灌流液,并做好冲洗标记,迅速用新鲜任氏液清洗 2~3 次,待心搏恢复正常。

(5)同法向套管内加入 1~3 滴 2%CaCl₂ 溶液,观察并记录心搏曲线的变化。当出现明显变化时,立即更换任氏液,待心搏恢复正常(如果恢复迟缓,可多次冲洗)。

(6)向套管中加 1~2 滴 1%KCl 溶液,记录心搏曲线的变化。当心搏曲线变化时同法更换灌流液,待心搏恢复正常。

(7)同法记录套管中加入 1~2 滴的肾上腺素溶液(1:10000)后心搏曲线的变化。当出现明显变化时,立即更换任氏液,待心搏恢复正常。

(8)同法记录套管中加入 1~2 滴乙酰胆碱溶液(1:10000)后心搏曲线的变化。当出现明显变化时,立即更换任氏液,待心搏恢复正常。

(9)酸的作用　向套管中加入 1~2 滴 3% 的乳酸,观察心搏曲线的变化。当出现明显变化时,立即更换任氏液,待心搏恢复正常。

5. 结果记录

整理记录,并将测量的心搏曲线数据填入实验结果记录表。

【实验结果】

1. 数据结果如图 6-10 所示。

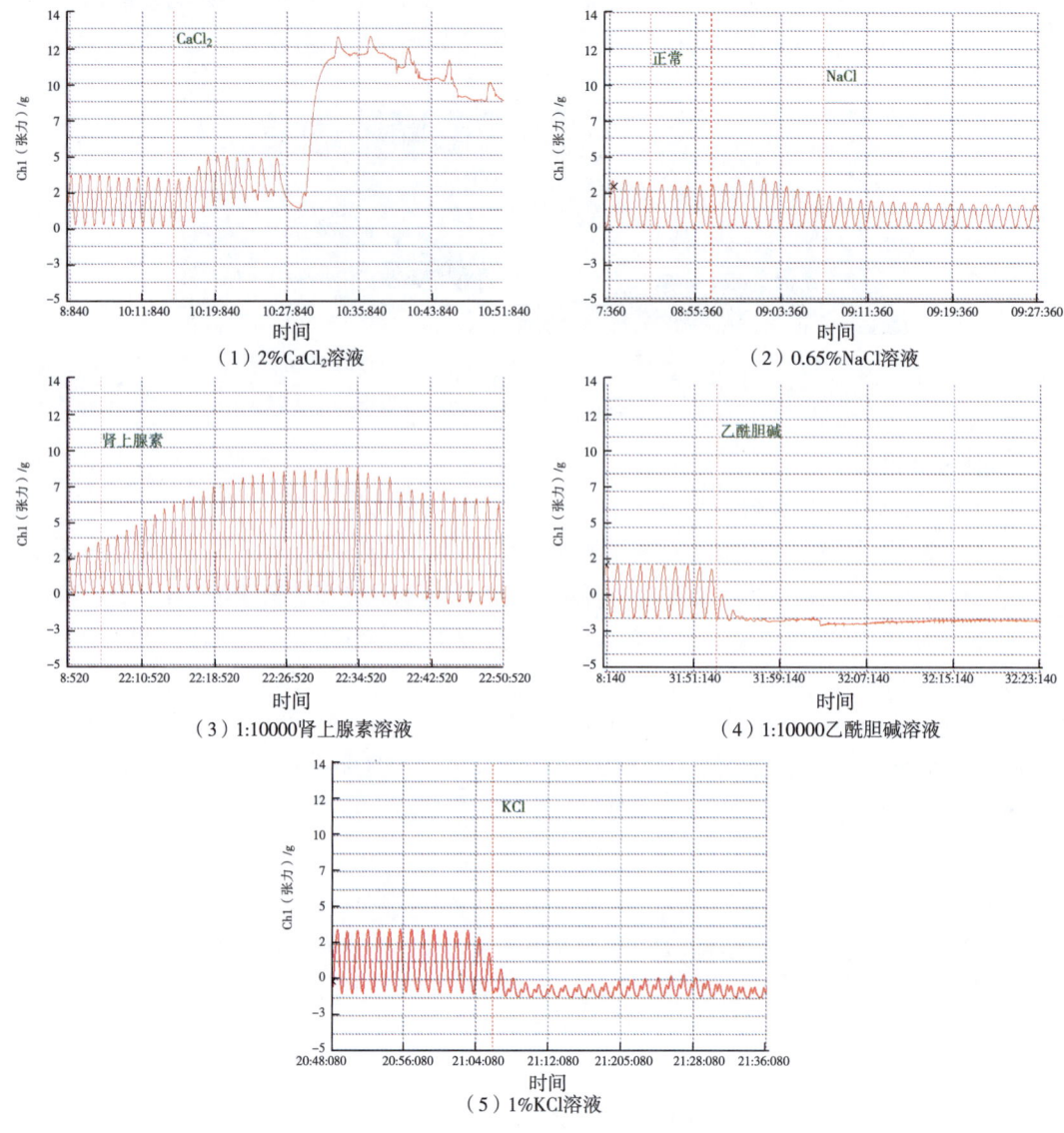

图 6-10　蛙类离体心脏灌流数据结果

2. 各种因素对离体蛙心心搏的影响填写在表 6-2 中。

表 6-2　各种因素对离体蛙心心搏的影响

实验项目		心率/ （次/min）	振幅/ g	基线变化	其他
0.65%NaCl 溶液	对照				
	给药				

续表

实验项目		心率/ (次/min)	振幅/ g	基线变化	其他
5%NaCl 溶液	对照				
	给药				
2%CaCl$_2$ 溶液	对照				
	给药				
1%KCl 溶液	对照				
	给药				
肾上腺素（Adr）	对照				
	给药				
乙酰胆碱 （ACh）	对照				
	给药				
3% 乳酸	对照				
	给药				

【注意事项】
1. 制备蛙心标本时，切勿伤及静脉窦。
2. 化学药品作用不明显时，可再适量添加，密切观察药物剂量添加后的结果。
3. 各种滴管应分开，不可混用。

【创新与探索】
1. 试设计一个新颖的、更简单的离体心脏插管方法。
2. 设计一个实验，用于了解某种药物对心房肌收缩力与节律的影响。

【思考题】
1. 本实验验证了心肌的哪些生理特性？
2. 用实验说明内环境相对恒定的重要意义。
3. 试分析任氏液中适量的钠离子、钙离子与钾离子对心肌的作用。
4. 为何强调实验中保持灌流液面的恒定？灌流量对心脏活动会有什么影响？
5. 试想，活的机体在心交感神经兴奋或心迷走神经兴奋时对心脏会有什么影响？

实验四　蛙类毛细血管血液循环的观察

【实验原理】
微循环指微动脉和微静脉之间的血液循环，是血液和组织液进行物质交换的重要场所。

由于肠系膜较薄,具有透光性,可用低倍镜观察到其血管中的血流状况。小动脉内的血液是从主干流向分支,流速快,有搏动,红细胞有轴流现象。小静脉内的血液流速慢,无轴流现象。毛细血管透明,近乎无色,其中的血细胞只能单个通过,如施与某些药物,则可见到血管的舒缩情况。

【实验目的】
1. 观察各种血管内血液流动的特点。
2. 了解某些药物对血管舒、缩活动的影响。

【实验动物】
蟾蜍或蛙。

【实验器材】
常用蛙类手术器械、显微镜、玻璃板或载玻片、塑料环或玻璃环、带孔的蛙板、滴管。

【实验药品】
组织胺(1:10000)、去甲肾上腺素(1:100000)、任氏液、黄蜡油或502胶。

【实验方法与步骤】
1. 取蟾蜍(或蛙)一只,双毁髓后背位固定于小动物解剖台上。
2. 先将塑料环或玻璃环一端的边缘涂上少许黄蜡油(或502胶),黏附在干净的玻璃板上,环内加几滴任氏液。再将蟾蜍背位置于玻璃板上,使右侧面紧靠小环。用手术镊轻轻提起右侧腹壁,再用手术剪在腹壁上剪一长约1cm的纵向开口。轻轻拉出小肠袢,将肠系膜平铺在小环上(勿拉破肠系膜)。在显微镜下可观察肠系膜的血液循环[图6-11(1)(2)(3)]。
3. 在低倍镜下观察血液循环,识别动脉、静脉、小动脉、小静脉、毛细血管、动静脉吻合支及直捷通路等各类血管(表6-3)。

(1)剪开一侧腹壁

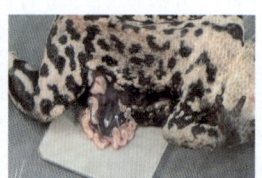
(2)将肠系膜平铺在小环上

(3)显微镜下观察肠系膜血管循环

(4)滴加去甲肾上腺素

图6-11 肠系膜血液循环观察

4. 在肠系膜上滴几滴去甲肾上腺素溶液,观察血流的变化[图6-11(4)]。

表6-3 低倍镜下动脉、静脉、小动脉、小静脉及毛细血管的区别

	动脉	小动脉	毛细血管	小静脉	静脉
血管壁	厚、有肌层	薄,有平滑肌纤维	极薄,透明或看不到	薄,膜状	有薄肌层
血管口径	较大	小	极小,只有单个红细胞通过	较小	大

续表

	动脉	小动脉	毛细血管	小静脉	静脉
血流方向	主干向分支	主干向分支	小动脉向小静脉	分支向主干	分支向主干
血液颜色	鲜红	鲜红	红黄透亮	暗红	暗红
血流速度	快，有搏动，有轴流	快，有搏动	极慢，在真毛细血管内可见单个红细胞变形通过，时走时停	较慢，血流均匀	快，血流均匀

【实验结果】
滴加去甲肾上腺素后，可观察到血管收缩如图 6-12 所示。

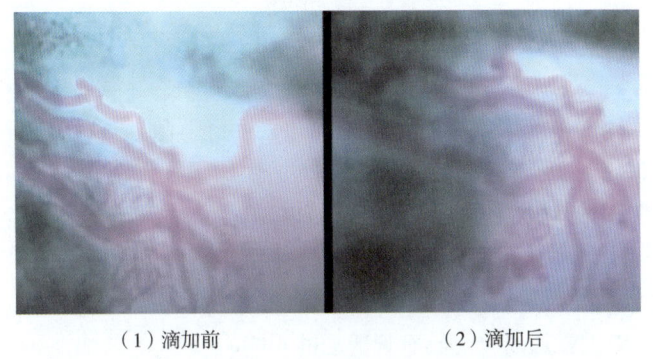

（1）滴加前　　　　　　（2）滴加后

图 6-12　滴加去甲肾上腺素前后血管变化的观察

【思考题】
1. 不同血管的形态及血流特点如何与生理机能相适应？
2. 分析不同药物引起血流变化的机制。

实验五　家兔血压的调节

【实验原理】
心脏受交感神经和副交感神经支配。心交感神经使心跳加快、房室传导加速、收缩加强，从而使心输出量增加、动脉血压升高。支配心脏的副交感神经为心迷走神经，兴奋时使心率减慢、房室传导减慢、心室收缩力减弱，从而使心输出量减少、动脉血压下降。支配血管的神经为植物性神经，绝大多数属于交感缩血管神经，兴奋时使血管平滑肌收缩，血管口径缩小，外周阻力增加；同时由于容量血管收缩，促进静脉回流，这些血管反应，导致动脉血压升高。当交感缩血管神经的紧张性降低时，血管扩张、外周阻力减小，动脉血压下降。

神经反射性调节中最重要的是来自颈动脉窦和主动脉弓（图6-13）的压力感受性反射，该反射的感受器颈动脉窦和主动脉弓压力感受器感受血压的变化，将信息传入中枢，反射性地改变心脏的活动和外周血管的舒缩，从而影响心输出量和外周阻力，调节动脉血压。

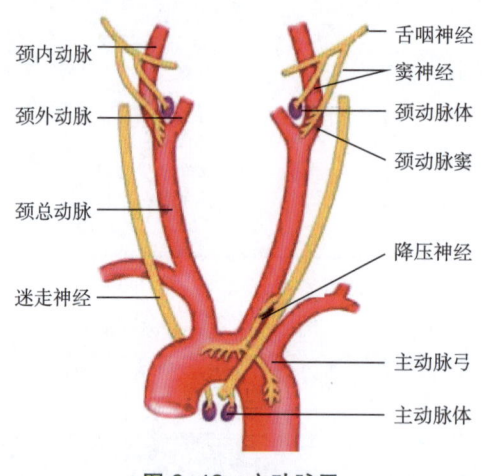

图6-13 主动脉弓

调节心血管活动的体液因素中有肾上腺素和去甲肾上腺素。肾上腺素对 α 及 β 受体均能激活，当心肌的 β 受体被激活时，使心跳加快加强，兴奋传导加速，心输出量增加（即强心作用）。生理浓度的肾上腺素不仅可使以 α 受体占优势的皮肤血管和内脏血管收缩，还能使以 β 受体占优势的骨骼肌血管舒张，因此对总的外周阻力的影响不明显。

【实验目的】
1. 观察神经体液因素及药物对心血管活动的影响。
2. 学习哺乳动物动脉血压的直接测量方法。

【实验动物】
家兔。

【实验器材】
常用家兔手术器械（图6-14）、兔手术台、动脉夹、注射器（1mL、5mL、50mL）、BL-420生物信号采集与分析系统、刺激电极、压力换能器、张力换能器、气管插管、动脉插管。

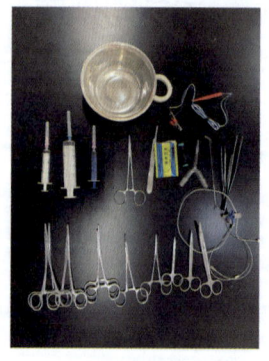

图6-14 常用家兔手术器械

【实验药品】

25%氨基甲酸乙酯溶液、0.5%肝素溶液、38℃生理盐水、1∶10000去甲肾上腺素溶液、1∶10000乙酰胆碱溶液。

【实验方法与步骤】

1. 实验动物的准备

(1) 麻醉动物　取家兔一只,仰卧位固定,颈正中备皮,经耳缘静脉注射25%氨基甲酸乙酯溶液(4mL/kg)全麻(图6-15)。给药过程中随时观察麻醉效果(角膜反射、肌张力和疼痛反射),防止麻醉意外。

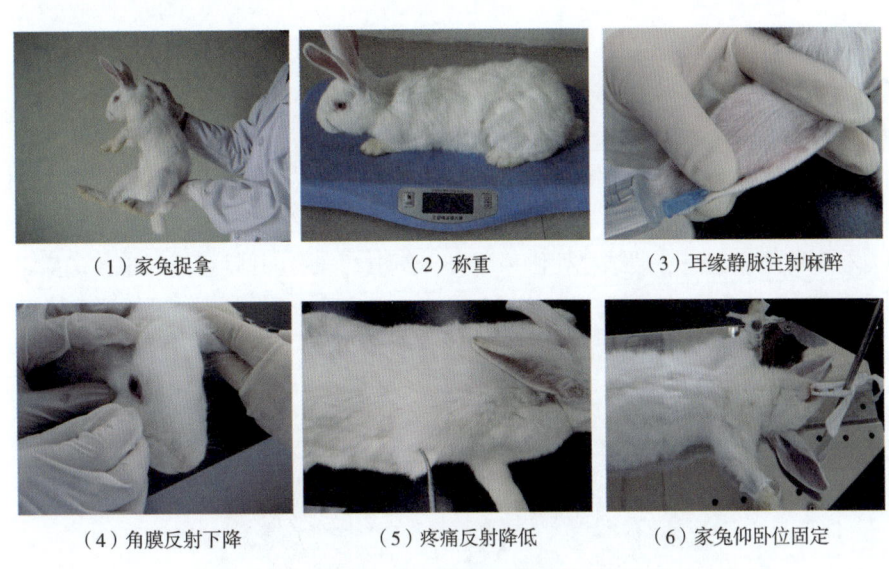

图6-15　家兔麻醉固定

(2) 手术　剪去颈前部兔毛,于颈部正中切开皮肤约7cm。用止血钳钝性分离皮下组织,暴露胸骨舌骨肌。沿正中线分开肌肉可暴露出气管,并继续沿气管两侧分离结缔组织使气管游离。然后用拇指和食指捏住气管上的肌肉和皮肤外翻,用另外三个手指在皮外将外翻的组织抬起。此时,可在气管外侧见到神经血管丛。丛内包含颈总动脉、迷走神经、交感神经、降压神经(图6-16)。

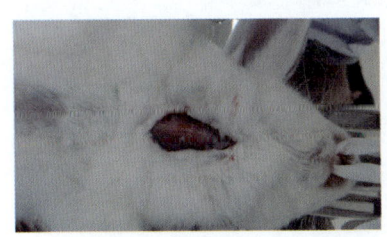 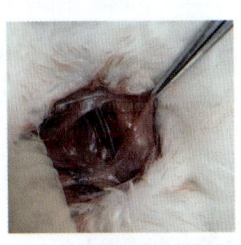 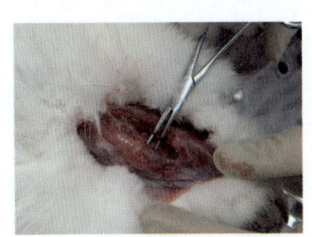

(1) 颈部皮肤切开　　　(2) 暴露颈总动脉鞘　　　(3) 游离颈总动脉

图6-16　暴露颈动脉鞘

（3）气管插管术　在游离的气管下方穿一根棉线（生理盐水浸湿）备用，甲状软骨下1cm处剪一"⊥"（倒T字形）切口，插入气管插管并双层结扎固定（图6-17）。

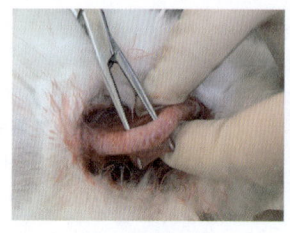
（1）游离气管

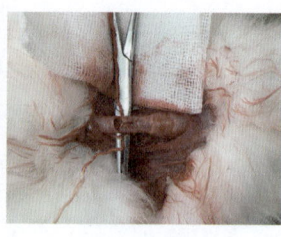
（2）甲状软骨

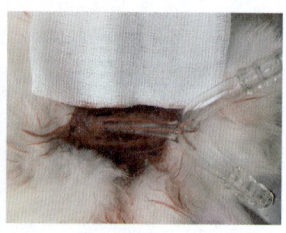
（3）双重固定气管插管

图6-17　气管插管术下1cm处剪一"⊥"切口

（4）颈动脉插管　尽可能长地分离一侧颈总动脉，在其下方穿两根丝线，其中一根在远心端结扎动脉，用动脉夹夹住动脉的近心端，在结扎线与动脉夹之间的动脉长度越长越好，一般至少有3cm。将另一条丝线置于此段动脉下方以备插管插入后结扎用。用锐利的眼科剪刀在尽可能靠近远心端结扎处作一"V"形切口，约切开管径的一半，然后将充满肝素的动脉插管向心脏方向插入血管，用已穿好的缝合线结扎固定，并用此缝合线在插管的突起上缚紧固定，以防插管从动脉切口滑出（图6-18）。

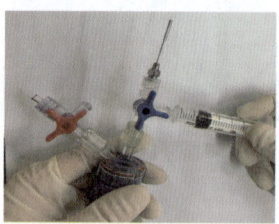
（1）压力换能器和插管内充满肝素

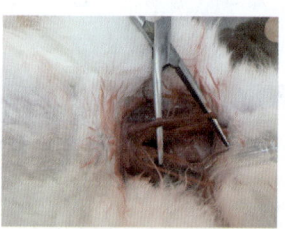
（2）游离颈总动脉

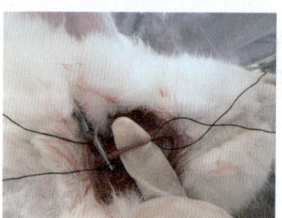
（3）动脉夹夹闭近心端

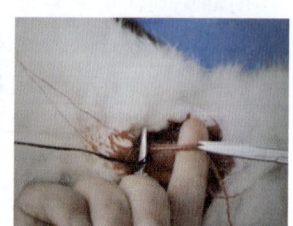
（4）近远心端结扎线处眼科剪剪一"V"形切口

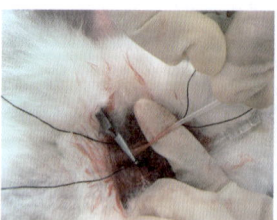
（5）插入动脉插管

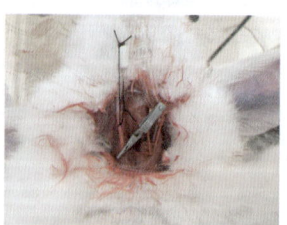
（6）双重结扎固定动脉插管

图6-18　颈动脉插管术

2. 实验仪器的准备

（1）通过三通管将压力传感器及动脉插管中充满 500U/mL 的肝素溶液。

（2）降压神经下放置刺激电极。

（3）打开 BL-420 生物信号采集与分析系统，接通压力传感器，从显示器的"实验项目"中选择"循环实验"中"动脉血压调节"。

3. 实验项目的观察

（1）观察正常血压曲线　调节扫描速度与增益，可以明显地观察到心室射血与主动脉回缩形成的压力变化与收缩压、舒张压的读数。有时可以观察到血压曲线随呼吸变化，心搏为一级波，呼吸波为二级波。然后将扫描速度调慢，观察正常血压曲线。

（2）夹闭颈总动脉　用动脉夹夹闭对侧颈总动脉 10~15s，记录血压的变化，当出现一段明显变化后，突然放开动脉夹，血压有何变化。

（3）牵拉颈总动脉　手持左侧颈总动脉上的远心端结扎线，向心脏方向快速牵拉 3s，观察血压的变化。持续牵拉，观察血压的变化。

（4）静脉注射去甲肾上腺素　待血压基本稳定后，由耳缘静脉注射 1:10000 去甲肾上腺素溶液 0.3mL，观察血压的变化。

（5）静脉注射乙酰胆碱　待血压基本稳定后，由耳缘静脉注射 1:10000 乙酰胆碱溶液 0.2mL，观察血压的变化。

（6）静脉注射肾上腺素　待血压基本稳定后，由耳缘静脉注射 1:10000 肾上腺素溶液 0.2mL，观察血压的变化。

（7）刺激迷走/交感神经　刺激交感神经，记录血压变化。用同样的方法刺激迷走神经，观察血压下降曲线与（2）有何不同（如果血压下降很快、很低，应立即停止刺激）。

（8）刺激迷走神经外周端　结扎对侧迷走神经后剪断，电刺激迷走神经外周端，观察血压有何变化。血压出现明显变化时立即停止刺激。

（9）刺激降压神经　待血压基本稳定后，双重结扎降压神经，并在两线间剪断降压神经，分别用中等强度电流刺激降压神经的中枢端和外周端，观察血压变化，待血压出现较明显变化后，停止刺激。

（10）失血　待血压基本稳定后，调节三通管与 50mL 注射器（内留肝素溶液约 0.1mL）相通，放血 30mL，5min 后记录血压变化，再放血 10~20mL，5min 后记录血压变化，当血压维持在 40mmHg 以下时，立即回输血，观察血压变化。

4. 结果记录

实验完毕，结束实验，进行资料反演、剪辑并打印结果。

【实验结果】

1. 数据结果如图 6-19 所示。

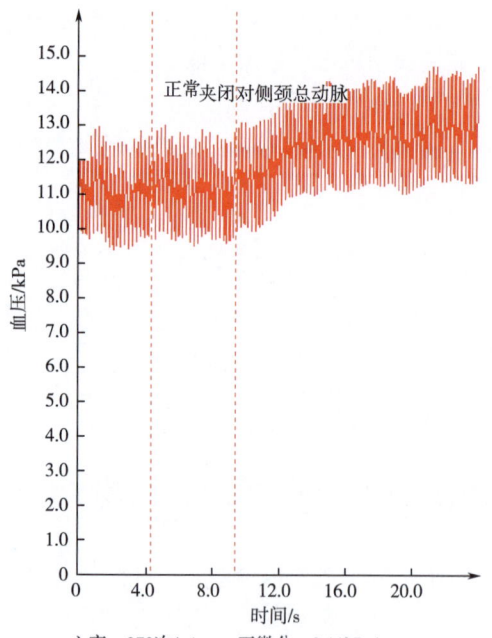

心率：272次/min　　正微分：0.11kPa/ms
收缩压：12.85kPa　　负微分：-0.10kPa/ms
舒张压：9.89kPa
平均压：10.88kPa

（1）夹闭对侧颈总动脉

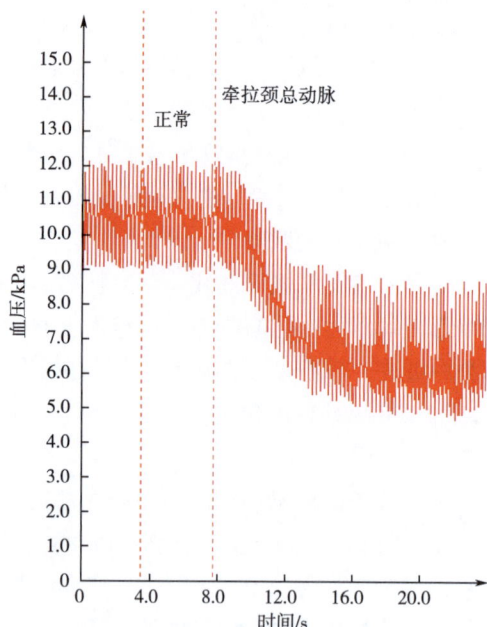

心率：66次/min　　正微分：0.31kPa/ms
收缩压：10.61kPa　　负微分：-0.09kPa/ms
舒张压：7.21kPa
平均压：8.34kPa

（2）牵拉颈总动脉

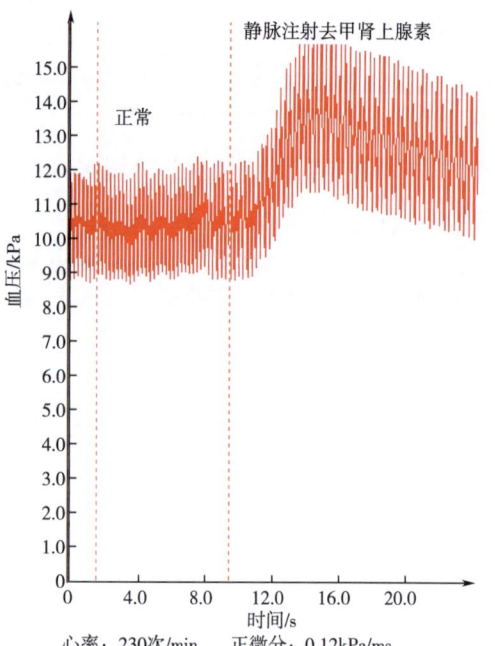

心率：230次/min　　正微分：0.12kPa/ms
收缩压：11.99kPa　　负微分：-0.08kPa/ms
舒张压：8.93kPa
平均压：9.95kPa

（3）静脉注射去甲肾上腺素

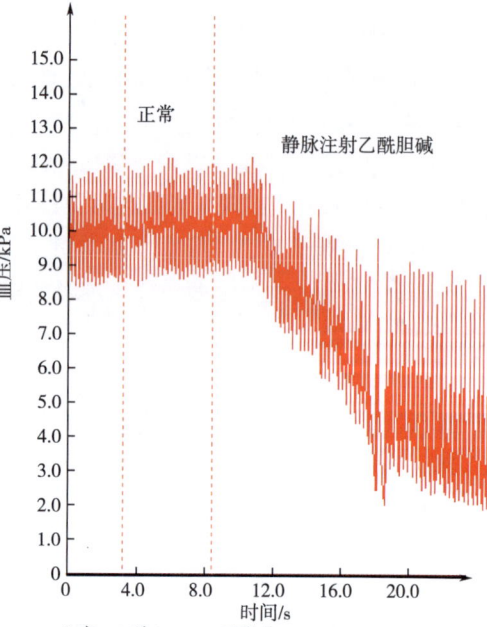

心率：96次/min　　正微分：0.31kPa/ms
收缩压：9.24kPa　　负微分：-0.15kPa/ms
舒张压：4.01kPa
平均压：5.75kPa

（4）静脉注射乙酰胆碱

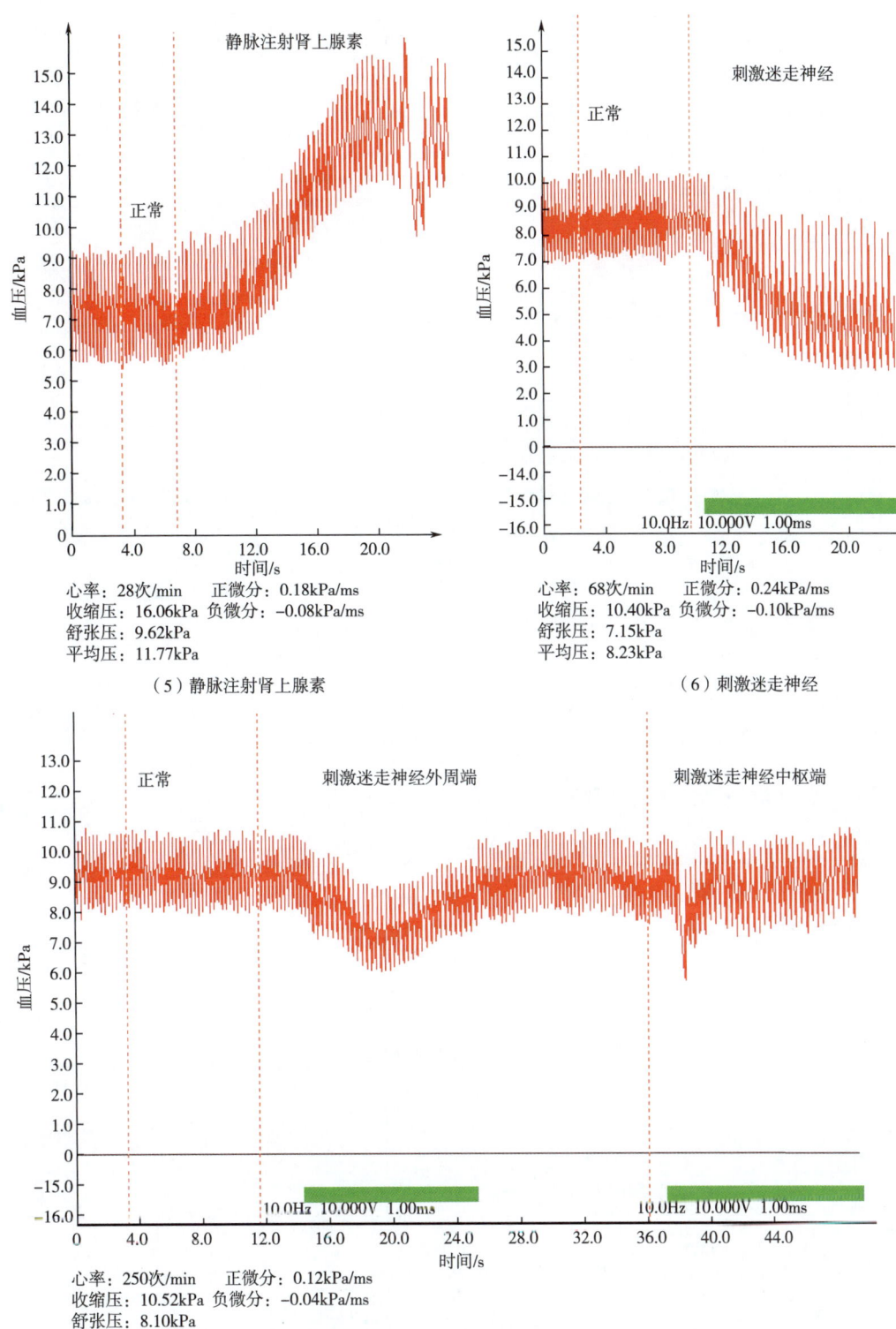

图 6-19 家兔血压调节实验结果

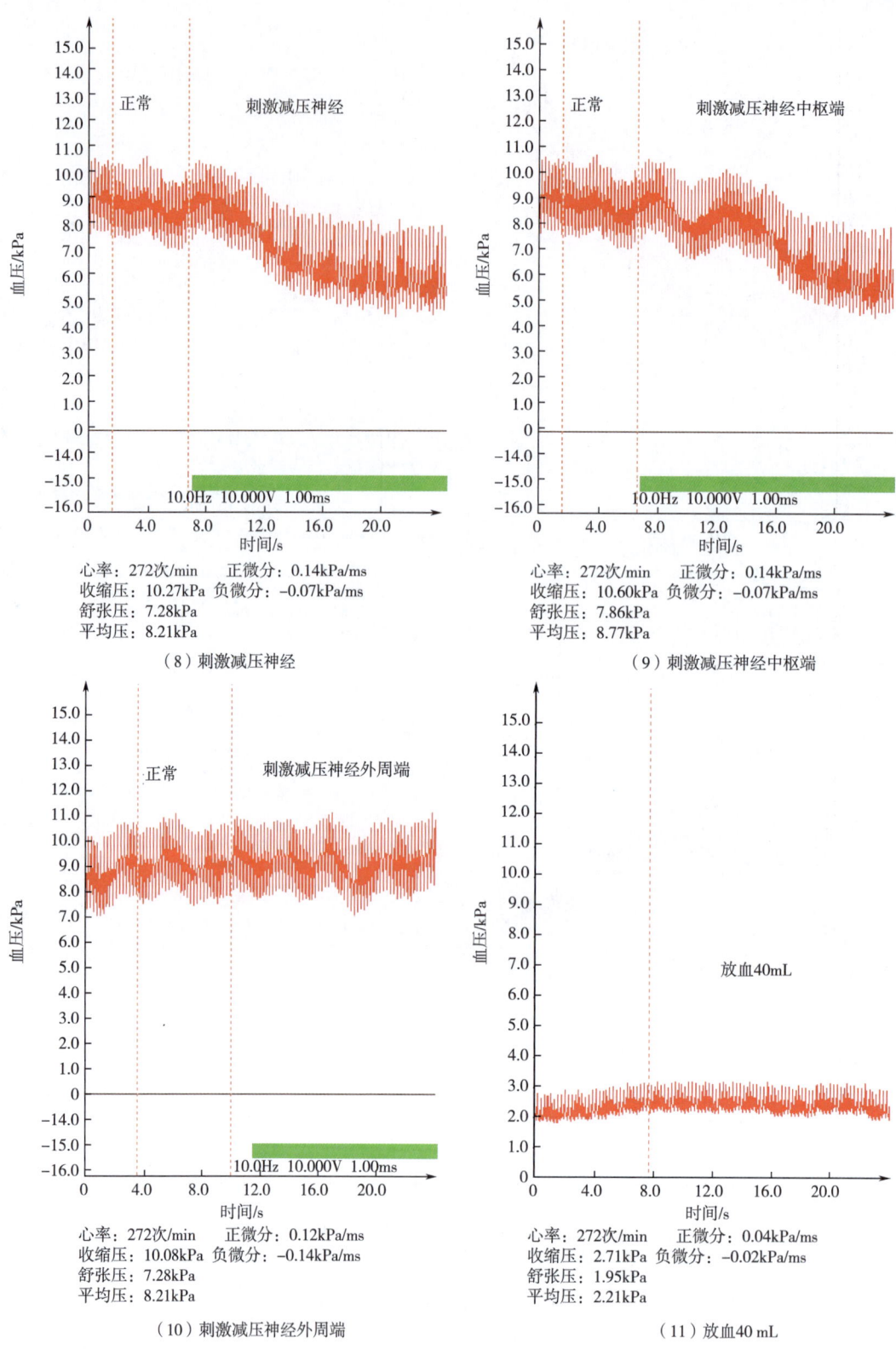

图 6-19 家兔血压调节实验结果（续）

2. 各种因素对家兔动脉血压的影响填入表 6-4。

表 6-4　各种因素对家兔动脉血压的影响

实验项目		心率/ （次/min）	收缩压/ mmHg	舒张压/ mmHg	其他
正常血压					
夹闭对侧颈中动脉					
牵拉颈总动脉					
去甲肾上腺素					
乙酰胆碱					
肾上腺素					
刺激降压神经	整条神经				
	中枢端				
	外周端				
刺激迷走神经	整条神经				
	中枢端				
	外周端				
失血					

【注意事项】

1. 全身麻醉时，切勿注射过快，防止动物因呼吸抑制导致的死亡。麻醉原则：宁慢勿快，宁浅勿深。

2. 手术过程中操作轻柔，有出血时应及时止血，防止因失血导致的死亡。

3. 使用三通管连接的血压换能器插管前充满肝素溶液，防止气泡影响实验结果；三通方向应使插管和换能器方向相通，关闭肝素注射器方向，防止血液倒流入注射器。

4. 每观察完一个项目，必须待血压恢复正常后，才能进行下一个项目。

5. 每次静脉注射完药物后应立即输约 5mL 的生理盐水，以防止药液残留在针头内及局部静脉中而影响下一种药物的效应。

6. 实验结束后，必须结扎颈总动脉近心端后再拔除动脉插管。

实验六　急性高钾血症及其药物治疗

【实验原理】

本实验通过静脉滴注氯化钾溶液复制高钾血症动物模型，高钾血症对心肌有很强的毒性作用,促使心电活动发生改变,具体表现为:兴奋性呈双相变化,轻度升高重度降低,自律性、传导性和收缩性均降低。另外,高钾血症时有效不应期缩短而引起兴奋折返,进而导致心律失常的发生,血钾急剧增高时,可导致严重传导阻滞和兴奋性消失而导致心跳停止。

高钾血症时心电图也会发生相应的改变:由于心室肌的 3 期 K^+ 外流增加,3 期复极时间和有效不应期缩短,导致复极 3 期的 T 波狭窄高耸;由于心室肌的传导性降低,代表心房去极化的 P 波压低、消失或增宽,代表房室传导的 P-R 间期延长,相当于心室内传导的 QRS 波增宽;传导阻滞及自律性降低,最终导致心律失常。本实验可观察到高钾血症时高耸的 T 波。

对抗高钾血症的毒性作用,可以用葡萄糖酸钙或者碳酸氢钠溶液,其原理是 Ca^{2+} 一方面促进 E_t 上移,使 E_m-E_t 间距增大甚至恢复正常,恢复心肌兴奋性;另一方面,2 期 Ca^{2+} 竞争性内流增加,提高心肌收缩性。Na^+ 作用在于:细胞外 Na^+ 增多,促使 0 期去极化,Na^+ 内流增加,使 0 期上升的速度和幅度增高,传导性增加。

【实验目的】
1. 理解高钾血症时对心脏电生理的影响及抢救措施。
2. 掌握高钾血症时心电图改变的特征和机制。

【实验动物】
家兔。

【实验器材】
注射器、针头 3 枚、常用家兔手术器械、输液装置一套、兔手术台、BL-420 生物信号采集与分析系统。

【实验药品】
25% 氨基甲酸乙酯溶液、2% 氯化钾溶液、10% 氯化钾溶液、10% 葡萄糖酸钙 1 支等。

【实验方法与步骤】

1. 麻醉动物

取家兔一只,仰卧位固定,颈正中备皮,经耳缘静脉注射 25% 氨基甲酸乙酯(4mL/kg)全麻。给药过程中随时观察麻醉效果(角膜反射、肌张力和疼痛反射),防止麻醉意外。

2. 描记正常心电图

取针头 3 枚,将心电导联按右前肢(白)、右后肢(黑)、左后肢(红)的顺序接于针头上,分别插入家兔相应踝部皮下,再将电极另一端连接 BL-420 生物信号采集与分析系统(图 6-20)。以 Ⅱ 导联或全导联描记一段正常心电图。(如果测出来的心电图倒置,则需要对调右前肢和左后肢的电极。)

3. 滴注氯化钾溶液

用 2% 氯化钾溶液从耳缘静脉滴注约 5min,

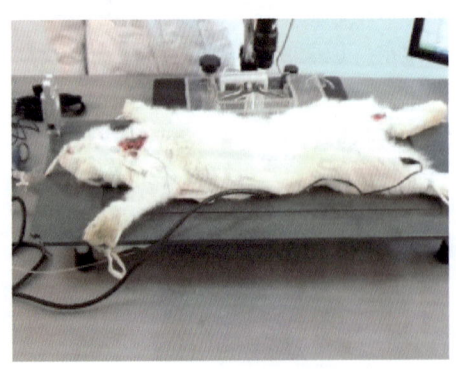

图 6-20　家兔 Ⅱ 导联心电监测

滴速严格控制在 15~20 滴/min，如不出现典型心电图改变可改用 4% 氯化钾溶液滴注，直至出现高尖的 T 波，同时，在另一侧耳缘静脉准备推注抢救药的通路。

4. 高钾血症导致的严重心律失常及其抢救

出现高尖 T 波后关闭滴液开关，改为静脉滴入 2% 氯化钾溶液，随时监测心电图变化，当出现室颤、室扑时，立即停止输液，并从另一侧耳缘静脉推注抢救药（10% 葡萄糖酸钙 5mL/kg 或 10% 氯化钙液 2mL/kg 或 4% 碳酸氢钠溶液 5mL/kg）。抢救成功则恢复窦性心律，心电图恢复正常。（室颤、室扑特征：QRS 波群与 T 波完全消失，代之以形态、大小不等的波动频率不规则。）

5. 高钾血症的致死作用

最后注入致死量的 10% 氯化钾溶液（8mL/kg）观察高钾血症的致死作用。打开家兔胸腔（注意用止血钳夹住大血管防止大出血对实验结果的影响），看见心脏搏动后，迅速推注 10% 氯化钾溶液，观察心肌纤颤及心脏停止时的状态。

【实验结果】

正常心电图与高钾血症心电图的区别如图 6-21 所示。

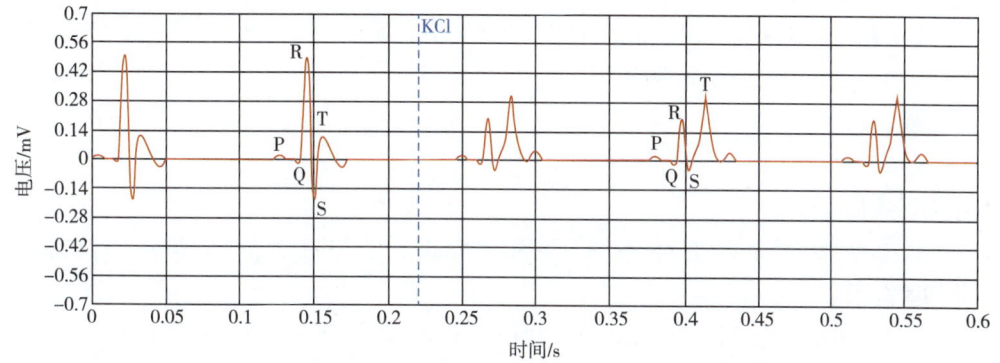

图 6-21　正常心电图与高钾血症心电图的区别

【注意事项】

1. 在整个实验过程中，计算输入的钾溶液总量。
2. 心电干扰波的处理，实验前将 BL-420 生物信号采集与分析系统连接好地线。
3. 家兔对氯化钾溶液的耐受性有个体差异，注意适当调整给药浓度和间隔时间。
4. 用针头刺入家兔踝部皮下时，注意不能插得过深，一旦插入肌肉内，则测出的是肌电图而非心电图。同时避免针头插穿而测不出心电图。

【思考题】

1. 高钾血症可引起哪些心脏特性发生变化？为什么？
2. 高钾血症另一种抢救措施是推注葡萄糖加胰岛素溶液，你对此有何评价？你还能想到哪些抢救方法？
3. 血浆与组织间液的钾除了向细胞内转移外，机体还通过什么途径代偿高钾血症？

实验七　心律失常及药物治疗

【实验原理】

心肌细胞的兴奋性取决于静息电位与阈电位之间的距离。Ba^{2+} 是 K^+ 通道阻滞剂，K^+ 外流减少使细胞内 K^+ 增多，导致最大负电位减小，静息电位上移，与阈电位的距离拉近，使心肌兴奋性增加，导致心律失常。

另一方面，心肌自律性取决于自律细胞的 4 期净内向电流。Ba^{2+} 阻滞 K^+ 的通道，抑制 K^+ 外流，则 4 期净内向电流相对增快，心房传导阻滞和房室束–浦肯野纤维系统等快反应细胞的自律性增快，从而诱发心律失常的发生。

利多卡因属于 Ib 类轻度阻滞钠通道的抗心律失常药物，具有抑制 Na^+ 内流，减慢 0 期去极化的速度和幅度的作用。另外，利多卡因抑制 4 期 Na^+ 内流，还可降低非自律组织的自律性。利多卡因对心室肌及浦肯野纤维有较高的选择性，对心房肌作用不明显，故属于窄谱类，主要治疗各类室性心律失常。

【实验目的】

1. 学习动物体表心电图的描记方法。
2. 观察氯化钡致家兔心律失常的作用，并理解其机制。
3. 观察利多卡因抗心律失常的作用。

【实验动物】

家兔。

【实验器材】

BL-420 生物信号采集与分析系统、注射器 20mL 1 支、5mL 2 支、动脉夹、针电极。

【实验药品】

25% 氨基甲酸乙酯溶液，0.4% 氯化钡溶液，0.5% 利多卡因溶液。

【实验方法与步骤】

1. 麻醉动物

取家兔一只，经耳缘静脉注射 25% 氨基甲酸乙酯溶液（4mL/kg）全麻。给药过程中随时观察麻醉效果（角膜反射、肌张力和疼痛反射），防止麻醉意外。待全身麻醉后，将家兔仰卧固定在手术台上。耳缘静脉预留头皮针，连接生理盐水并用动脉夹固定。

2. 仪器连接

将针形电极插入四肢皮下，将心电导联线按右前肢（红）、右后肢（黑）、左后肢（白）的顺序接于针电极上，再将另一端连接 BL-420 生物信号采集与分析系统的通道 1。

3. 描记心电图

以 II 导联描记一幅正常心电图。记录 P–P 间期、R–R 间期、Q–T 间期以及 P 波、QRS 波、T 波的波宽和振幅。（如果测出来的心电图倒置，则需要将右前肢和左后肢的电极对调）。

4. 模型复制

静脉注射 0.4% $BaCl_2$ 溶液 1mL/kg，连续记录给药后的 II 导联心电图，观察 P–P 间期、

R-R 间期、P-R 间期、Q-T 间期以及 P 波、QRS 波、T 波的波宽和振幅。若 5min 后无变化，再给一次上述剂量直至出现室性心律失常为止。

5. 治疗

出现室性心律失常后，立即缓慢静脉注射 0.5% 利多卡因溶液 5mg/kg（0.5% 1mL/kg）。若无效，隔 5min 再给 1/2 剂量。注意观察上述心电图指标有何变化。

6. 心律失常作用效果的判定

静脉注射抗心律失常药后 5min 即快速静脉注射 0.4% $BaCl_2$ 溶液 1mL/kg，一般以给氯化钡后 0.1s 内不出现快速性室上性心律失常为有效指标。

附：快速静脉注射 $BaCl_2$ 溶液后大多数动物在给药过程中或给药后 3min 内出现心律失常，主要表现为快速性室上性心律失常，有些动物可出现二联律或三联律交替出现，心律失常平均维持 24.5min（轻者数分钟至十几分钟内恢复为窦性心律）。

【实验结果】

将实验过程中观察到的结果记录到表 6-5 中。

表 6-5 不同药物对心律失常的作用

项目		P-P 间期 /s	P-R 间期 /s	Q-T 间期 /s	P 波		QRS 波		T 波	
					波宽 /s	振幅 /mV	波宽 /s	振幅 /mV	波宽 /s	振幅 /mV
	给药前									
	30s									
0.4% $BaCl_2$ 溶液	1min									
	3min									
	5min									
0.5% 利多卡因溶液	5min									

【思考题】

利多卡因对何种心律失常的治疗效果较好，为什么？

实验八　急性失血性休克及其治疗措施

【实验原理】

失血性休克是由于血容量急剧减少，使组织器官血液灌流量不足，微循环障碍，引起组织细胞缺血缺氧，各重要生命器官功能、代谢障碍及结构损伤的病理过程。

本实验通过颈总动脉放血减少循环血量，若 15 min 内快速大量失血超过总血量的 20%

时，则超出了机体的代偿能力，即可引起心排血量减少和平均动脉压的降低，从而导致失血性休克。

中、重度休克一般出现毛细血管开放数目减少，血流缓慢，红细胞聚集现象，其发生机制与交感神经-肾上腺髓质兴奋，血液重分布，内环境改变，血液浓缩，黏度增加等因素相关（要注意的是：在一个显微镜视野下，可能不能完全观察到上述现象，需组间交叉观察或改换肠系膜位置观察。另外由于毛细血管交替开放，在生理条件下血流即可能处于停滞状态。放血同时，动态观察微循环改变最佳）。中度休克时，由于外周血管扩张，血液流变学改变，心输出量减少等原因将导致血压下降，通过交感神经的作用，可使心率、呼吸加快。而重度休克时，心肺功能抑制，将出现心率减慢，心音变弱，呼吸困难，压力反射消失等症状。

对失血性休克的治疗，根据休克的不同发展阶段，主要从下面几个方面入手：①纠正酸中毒，以提高血管对活性药物的反应；②止血、补充血容量，充分输液，以提高有效循环血量，改善组织灌流；③合理使用血管活性药物，主要包括扩血管药（如阿托品、酚妥拉明、山莨菪碱、多巴胺、异丙肾上腺素等）和缩血管药（如去甲肾上腺素、间羟胺等）。

【实验目的】

1. 学习失血性休克动物模型的复制方法。

2. 观察在失血性休克后，动脉血压等生理指标的变化，加深对休克各期的主要临床表现及其发生机制的理解和认识。

3. 通过药物及输血、输液治疗，了解治疗休克的重要措施。

【实验动物】

家兔。

【实验器材】

BL-420生物信号采集与分析系统，常用家兔手术器械一套，兔台，血压换能器，输液装置，气管插管、动脉插管、静脉插管各1个，三通管2个，酒精温度计1支，5mL、10mL、50mL注射器各1支，针头4个，纱布3块，棉花少许，白纱带4~5根。

【实验药品】

25%氨基甲酸乙酯溶液、0.5%肝素溶液、1%普鲁卡因溶液、0.01%异丙肾上腺素溶液、生理盐水。

【实验方法与步骤】

（1）麻醉动物　取家兔一只，经耳缘静脉注射25%氨基甲酸乙酯溶液（4mL/kg）全麻。给药过程中随时观察麻醉效果（角膜反射、肌张力和疼痛反射），防止麻醉意外。

（2）将动物仰卧位固定于兔台上，颈部备皮，注意备皮过程中不要伤及皮肤。并将针形电极插入四肢皮下，将心电导联线按右前肢（白）、右后肢（黑）、左后肢（红）的顺序接于针电极上，再将另一端连接BL-420生物信号采集与分析系统的通道1（图6-22）。以Ⅱ导联描记正常心电图。

（3）从甲状软骨向下沿颈正中皮肤做一个约6cm的切口，分离出气管、左侧颈总动脉和右侧颈外静脉。

（4）于右颈外静脉处插入连接输液装置的静脉插管（插入5~8cm即可。输液管内的气泡须事先排除）（图6-23），静脉插管连接三通管并输入到BL-420生物信号采集与分析系统通道3，记录中心静脉压，并在回输血时使用，另外为抢救时输液备用。为防止发生凝血可慢速滴注生理盐水5~10滴/min，以维持输液通畅。

（5）作左侧颈总动脉插管（图6-23）后描记血压。在插入颈动脉套管上接三通管并输入到BL-420生物信号采集与分析系统通道2，以备放血时使用，并记录血压的变化。

（6）气管插管　在甲状软骨下0.5~1cm处两个软骨环之间剪开气管，再向头端作一纵切口，使之呈倒"T"形，插入气管插管（图6-23），用棉线双重结扎固定，以保持动物呼吸通畅。

（7）描记呼吸曲线，将呼吸换能器固定在胸部与BL-420生物信号采集与分析系统通道4连接，描记呼吸。记录正常的呼吸曲线。

（8）腹部右侧做切口，暴露肠系膜，并在显微镜下可观察肠系膜的血液循环。

（9）自尿道插入导尿管，引流尿液。肛门插入肛温温度计测体温。

（10）于放血前观察和记录以下指标：一般状况、皮肤黏膜颜色、血压、呼吸、心率、体温、尿量。

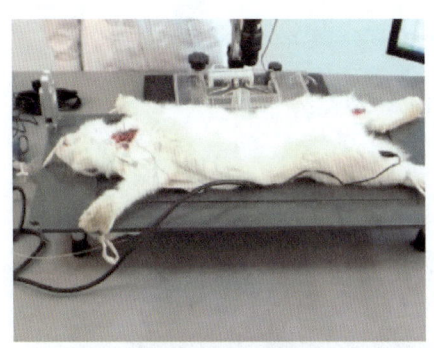

图6-22　连接心电导联

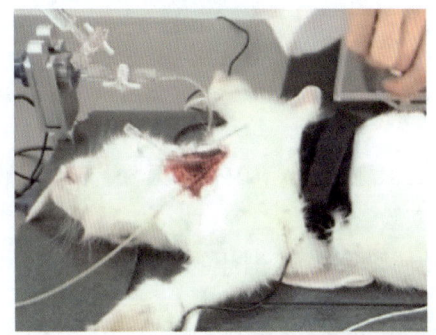

图6-23　颈部气管、颈外静脉和颈动脉插管

（11）打开三通管，从颈动脉处放血（图6-24），同时密切观察血压，使血压维持在40mmHg，在停止放血后若血压回升，应再次放血，使血压在40mmHg上下持续10min左右后，再观察记录上述各项指标。放出的血中必须及时加入抗凝剂，防止凝固，以备输血。

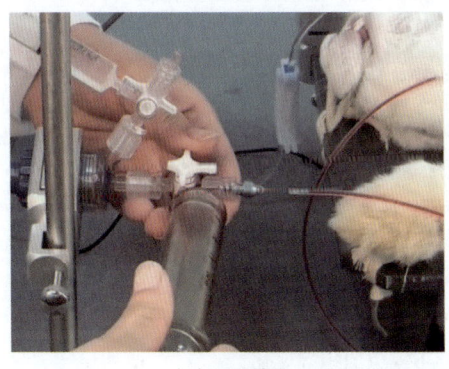

（1）三通放血

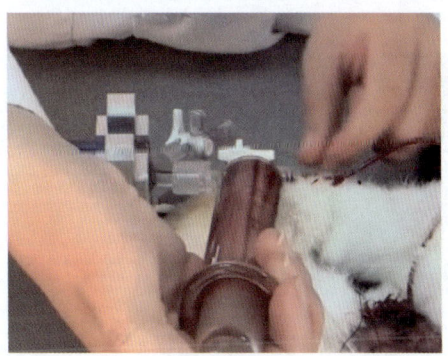

（2）回输血

图6-24　经颈动脉插管三通放血和回输血

（12）静脉输入 0.01% 去甲肾上腺素溶液（0.1mL/kg），观察上述各项指标的变化。

（13）静脉回输血　将步骤（10）中的抗凝血液经颈外静脉输血进行救治，观察动物一般状况及血压等各项生理指标有无好转和改善。

（14）快速从颈外静脉处输入生理盐水（50滴/min）（图6-25），观察动物一般状况及血压等生理指标有无改善。

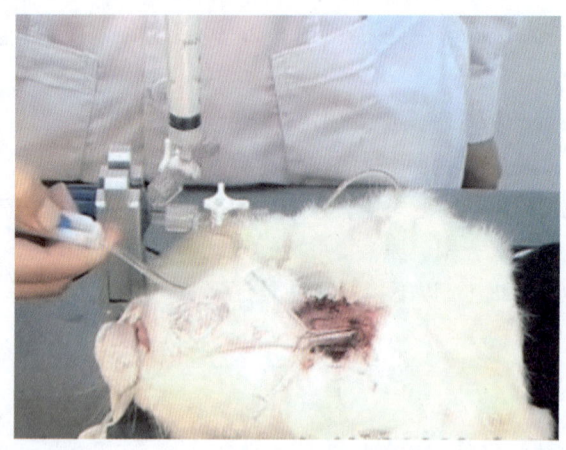

图 6-25　经颈外静脉插管输液

（15）静脉输入 0.01% 异丙肾上腺素溶液（0.1mL/kg），观察上述各项指标的变化。

【实验结果】

不同实验处理条件下观察到的家兔指标如图 6-26 所示，记录在表 6-6 中。

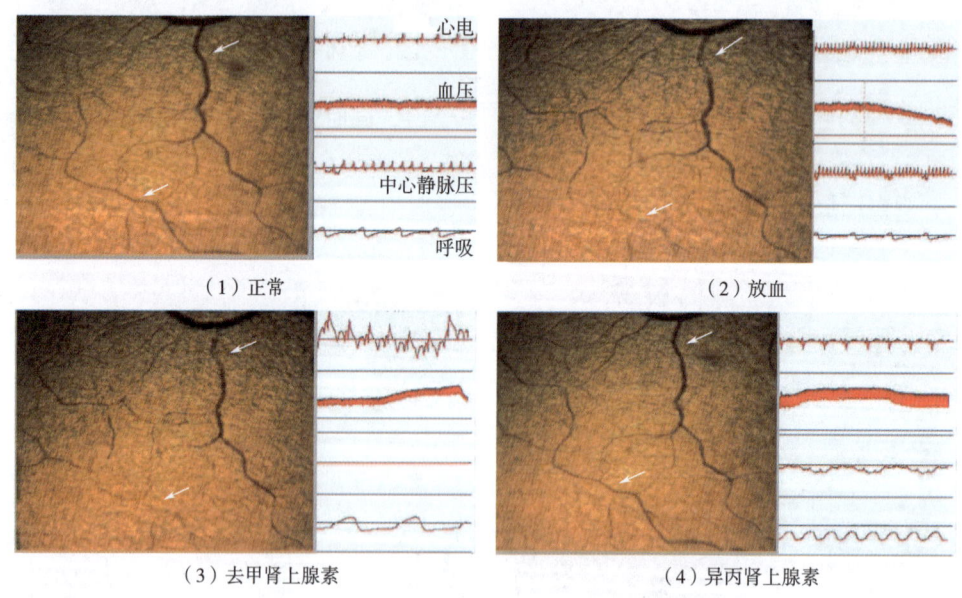

图 6-26　不同处理条件下家兔的指标变化

表 6-6 不同处理条件下家兔的指标

项目	呼吸/(次/min)	血压/mmHg	心率/(次/min)	中心静脉压/cmH$_2$O	尿量/(滴/min)	体温	皮肤黏膜颜色
正常							
放血							
去甲肾上腺素							
回输血							
回输液							
异丙肾上腺素							

【注意事项】

1. 组内应分工明确，各尽其责，密切配合，以保证手术顺利进行。
2. 手术时，动作要敏捷、轻柔，应尽量减少创伤和出血。
3. 动脉套管、收集血液的 50mL 注射器等都应事先加定量的肝素溶液，以防凝血。

【思考题】

1. 在失血性休克发展过程中，血压和微循环变化有何特点？血压变化与微循环变化有何联系？心率、呼吸、尿量、体温等有怎样的变化？简述其原因及机制。
2. 为什么输血、输液是抢救休克的一项重要措施？它有什么重要意义？

实验九　急性右心衰竭及其药物治疗

【实验原理】

心力衰竭是由于心肌收缩或（和）舒张功能障碍，导致心脏泵血功能障碍，从而引起心输出量降低，不能满足机体组织代谢需要的病理生理过程。致病原因可分为心脏本身的舒缩功能障碍和心脏负荷过重。本实验通过静脉缓慢注射液体石蜡，导致家兔急性肺小动脉和肺毛细血管栓塞，使肺循环流出受阻，引起右心后负荷增加。此时心肌通过加强收缩力和收缩速度代偿，在此基础上通过大量静脉输液，引起右心前负荷增加。最终导致家兔心脏"前堵后拥"的状态，使右心前、后负荷的过度增加，造成右心室收缩和舒张功能降低，右心室肌由代偿性的紧张源性扩张转变为失代偿性的肌源性扩张，从而导致急性右心衰竭。

本实验通过家兔急性右心衰竭模型的复制，观察家兔心力衰竭时血流动力学的变化，加深对心力衰竭的发病机制的理解，以及对水肿、酸碱平衡紊乱、缺氧和呼吸衰竭等多种病理过程（疾病）之间的相互关系的理解和认识。

【实验目的】

1. 学习复制急性右心衰竭的模型。
2. 观察右心衰竭时血流动力学的主要变化。

3. 通过对实验的观察分析，加深对心力衰竭的发生机制及病理生理变化的理解。

【实验动物】

家兔。

【实验器材】

常用家兔手术器械，家兔手术台，BL-420生物信号采集与分析系统，输液及中心静脉压测量装置，连接三通活塞的静脉导管、动脉导管，气管插管，动脉夹，听诊器，注射器（50mL、10mL、5mL、1mL各一支），针头，动物肛温计。

【实验药品】

0.3%肝素溶液、生理盐水、液体石蜡、25%氨基甲酸乙酯溶液。

【实验方法与步骤】

1. 麻醉动物

取家兔一只，经耳缘静脉注射25%氨基甲酸乙酯溶液（4mL/kg）全麻。给药过程中随时观察麻醉效果（角膜反射、肌张力和疼痛反射），防止麻醉意外。仰卧位固定，颈正中备皮，颈部正中切口长5~7cm。

2. 分离气管、颈外静脉、颈总动脉

自甲状软骨到胸骨上方沿正中线切开皮肤和皮下组织5~7cm，用止血钳在舌骨下肌群正中插入，并向前、后两端扩张创口，然后将左右胸骨舌骨肌向两侧拉开，即暴露出气管。分离气管与食管之间的结缔组织，在气管下方穿一根棉线备用。

颈外静脉分布很浅，在皮下胸锁乳突肌外缘。分离右侧颈外静脉时，用手指在皮肤外面向上顶起，即可见到呈暗紫色的粗大血管，该血管即是颈外静脉。用止血钳和眼科镊沿血管走行方向钝性分离，分离长度3~4cm，穿两线备用。

气管位于颈部正中，颈总动脉位于气管两侧，用手触之有搏动感。颈总动脉与颈部神经被束在颈动脉鞘内，细心分离右侧的颈动脉鞘膜，分离颈总动脉长4~5cm，穿两根生理盐水湿润的手术线备用。

3. 全身肝素化

耳缘静脉注射0.3%肝素溶液2mL/kg体重（注意一定先肝素化，再给液体石蜡，防止动物的急性栓塞死亡）。

4. 插管

（1）右侧颈外静脉插管，用于输液和测量中心静脉压。插管时先用动脉夹夹住静脉近心端，待静脉充盈后结扎远心端。用眼科剪在靠近远心端结扎线处呈45°角剪一小口（约为管径的1/3或1/2）。插入预先充满生理盐水的连有三通活塞的静脉导管，插入导管长度5~8cm。此时导管口在上腔静脉近右心房入口，结扎固定插管。用来测定中心静脉压和输液输血。

（2）左侧颈总动脉插管，用于记录动脉血压。插管前首先结扎颈总动脉远心端，近心端用动脉夹夹住（使两端距离尽可能长）。然后用眼科剪在靠近远心端结扎处的动脉壁上剪斜口（为管径的1/3~1/2），插入预先充满肝素的生理盐水动脉导管，并双重结扎固定导管，以防脱落。松开动脉夹，监测动脉血压。

（3）气管插管 在甲状软骨下0.5~1cm处两个软骨环之间剪开气管，再向头端作纵切口，使之呈倒"T"形，插入气管插管，并用棉线双重结扎固定，以保持动物呼吸通畅。

5. 仪器连接

将连有张力换能器的金属小钩挂在家兔胸廓呼吸最明显的浅层肌肉上，张力换能器的另一端连接 BL-420 生物信号采集与分析系统通道 2，描记呼吸。连接颈外静脉套管和颈总动脉套管的压力换能器分别与 BL-420 生物信号采集与分析系统通道 3 和通道 1，以记录中心静脉压和动脉血压曲线。

6. 数据监测

将听诊器置于家兔背部肺下方，及时监测有无水泡音的出现。首先将观察到的家兔正常心率、心音强度、呼吸（频率、幅度）、动脉血压、中心静脉压和有无水泡音等结果记录入实验结果表中。

7. 复制急性右心衰竭模型

急性右心衰竭模型的复制如图 6-27 所示。

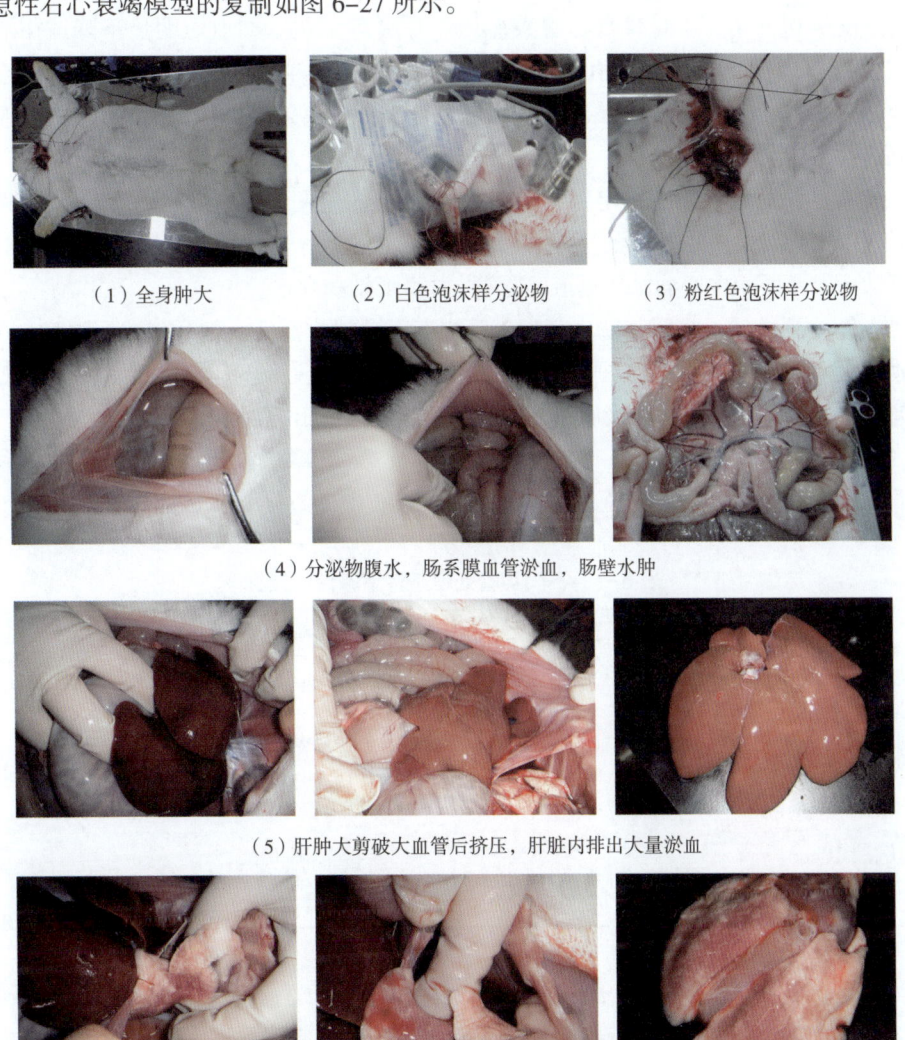

（1）全身肿大　　（2）白色泡沫样分泌物　　（3）粉红色泡沫样分泌物

（4）分泌物腹水，肠系膜血管淤血，肠壁水肿

（5）肝肿大剪破大血管后挤压，肝脏内排出大量淤血

（6）胸水，肺水肿

图 6-27　急性右心衰竭模型

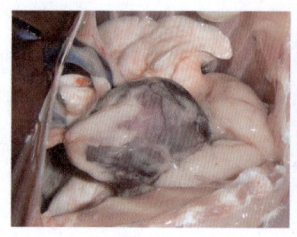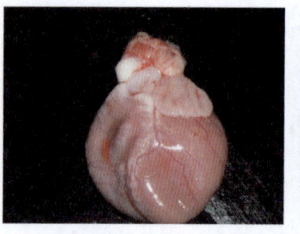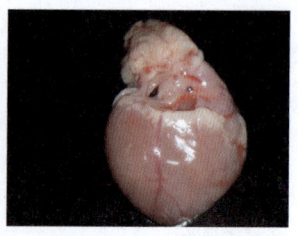

（7）心脏体积增大，右心室扩大明显

图 6-27　急性右心衰竭模型（续）

（1）用 1mL 注射器抽取预热的 38℃液体石蜡 1mL，以 0.2mL/min 的速度缓慢注入耳缘静脉（也可将 1mL 液体石蜡溶入 19mL 生理盐水中，并用小儿头皮输液针以 4mL/min 的速度缓慢注射），同时密切观察血压、呼吸等变化。如血压明显下降或中心静脉压明显上升，即停止注射。待血压和中心静脉压恢复，再缓慢注入液体石蜡，直至血压有轻度下降，和/或中心静脉压有明显升高为止（一般液体石蜡用量为 0.5~1mL，不超过 0.5mL/kg）。

（2）待动物呼吸、血压稳定后，以 5~10mL/min 的速度快速由静脉导管输入生理盐水，输液过程中密切观察各项指标的变化（呼吸、血压、心率、心音强度、胸背部有无水泡音、中心静脉压以及肝–中心静脉压返流实验等），直至动物死亡。

（3）动物死亡后，挤压胸壁，观察气管内有无分泌物溢出。剖开胸腔、腹腔，观察有无胸水和腹水，肝脏有无淤血肿大，肠系膜血管有无淤血，肠壁有无水肿，心脏各腔室体积有何改变，肺脏有无水肿，最后切开腔静脉，让血液流出，观察肝脏和心腔体积的变化。

【实验结果】

将不同实验处理条件下家兔的指标记录在表 6-7 中，数据结果如图 6-28 所示。

表 6-7　不同实验处理条件下家兔的指标

项目	呼吸/ （次/min）	血压/ mmHg	心率/ （次/min）	中心静脉压/ cmH_2O	心音	胸背部 水泡音
正常						
半量液体石蜡						
全量液体石蜡						
快速输液 10min						
快速输液 20min						

动物死亡后，尸解观察　心脏：大小，心室腔大小，心壁薄厚，右心房有无泡沫状血液。

肺脏：大小，有无水肿，肺脏表面有无颜色变化，切面有无泡沫状液体。

肝脏：大小，有无水肿，胸腹腔有无积液。

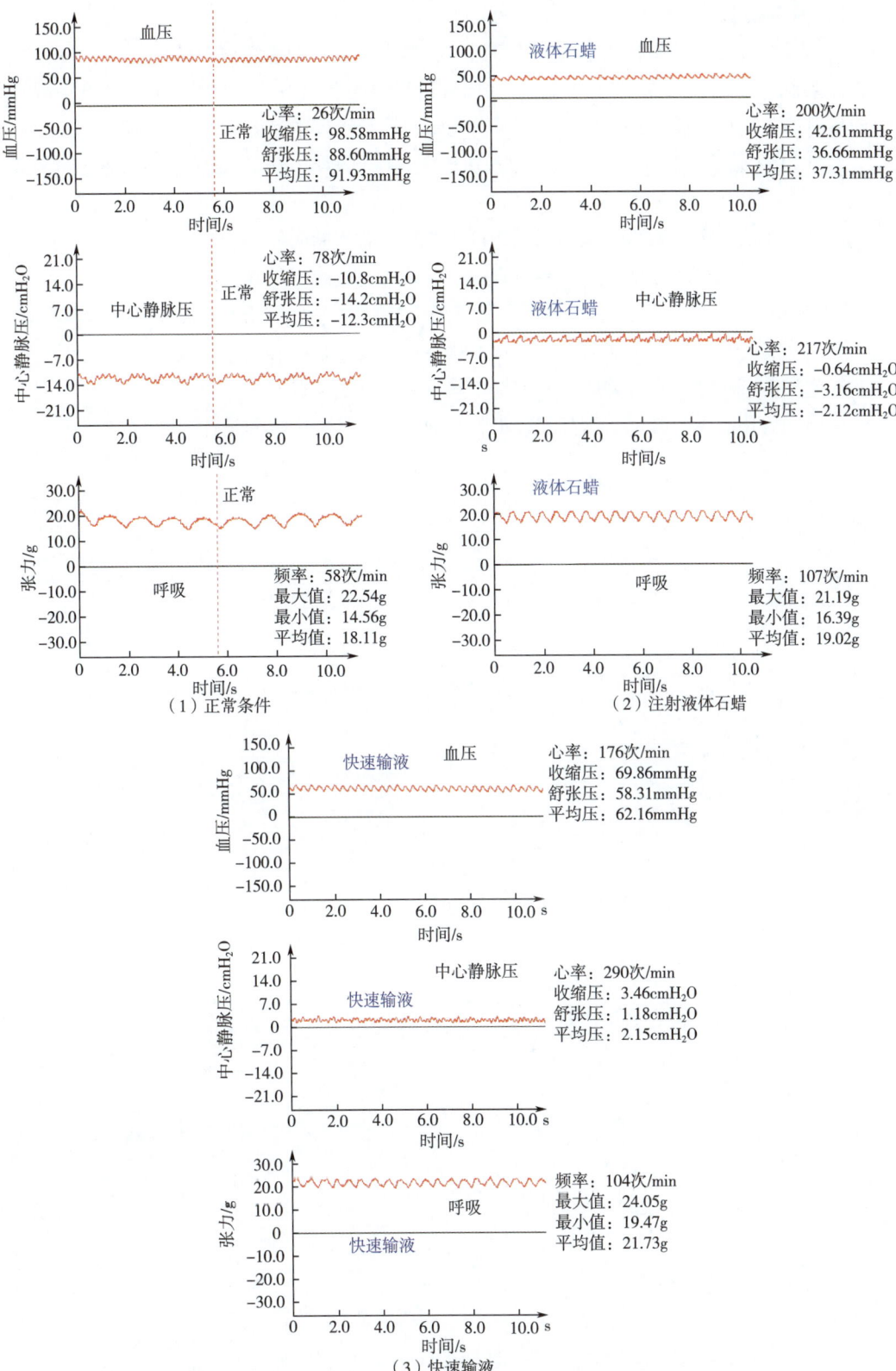

图 6-28　急性右心衰竭模型复制过程中血压、中心静脉压和呼吸的变化

【注意事项】

1. 颈外静脉壁薄，易损伤出血，应仔细进行钝性分离，切忌用剪刀剪切。

2. 静脉导管的插入深度为5~8cm，在插管过程中如遇阻力，可将导管稍微退出，调整方向后再插，切忌硬插刺破血管。插好后可见中心静脉压计中液面随呼吸明显波动。

3. 注射液体石蜡时一定要缓慢，出现血压明显降低时应立即停止注射，否则会导致动物死亡。

4. 全麻不宜过深，麻醉过深可因动物排尿增加而致实验时间延长。

5. 尸检时注意不要损伤胸、腹腔血管，以免影响对胸腹水的观察。

【思考题】

1. 本实验是什么原因引起的右心衰竭？哪些指标变化是右心衰竭所致？

2. 本实验有无缺氧？有哪些缺氧类型？其发生机理是什么？

3. 本实验中有无酸碱平衡紊乱和肺水肿？如果有，其发生机理是什么？

第七章 呼吸系统

实验一 家兔呼吸运动的调节

【实验原理】

人体及高等动物的呼吸运动之所以能持续地、节律性地进行,是由于体内调节机制的存在。体内、外的各种刺激,可以直接作用于中枢或不同部位的感受器,反射性地影响呼吸运动,以适应机体代谢的需要。肺的牵张反射参与呼吸节律的调节。

【实验目的】

1. 学习记录家兔呼吸运动的方法。
2. 观察并分析肺牵张反射及不同因素对呼吸运动的影响。

【实验动物】

家兔。

【实验器材】

家兔手术台、常用家兔手术器械、动物呼吸传感器、BL-420生物信号采集与分析系统、20mL与1mL注射器、橡皮管(长1.5m,内径1cm)、CO_2发生装置、装有钠石灰的气袋。

【实验药品】

25%氨基甲酸乙酯溶液、生理盐水、0.5% KCN 溶液。

【实验方法与步骤】

急性动物实验时,记录呼吸运动的方法有三种,一种是通过压力传感器与气管插管连接记录;另一种是通过系在胸(或腹)部、装有张力或压力传感器的呼吸带记录;第三种是通过张力传感器记录膈肌运动。由于前面两种实验方法简便,易于操作,不作详细介绍,只重点介绍第三种操作方法。

麻醉动物:取家兔一只,经耳缘静脉注射25%氨基甲酸乙酯溶液(4mL/kg)全麻。给药过程中随时观察麻醉效果(角膜反射、肌张力和疼痛反射),防止麻醉意外。仰卧位固定,暴露颈部气管分离出一侧颈总动脉和双侧迷走神经,穿线备用(方法同家兔血压的调节)。

1. 剑突软骨分离术

切开胸骨下端剑突部位的皮肤,再沿腹白线切开长约2cm的切口。细心分离剑突表面的组织(勿伤及胸腔),暴露出剑突软骨与骨柄,用金冠剪剪去一段剑突软骨的骨柄,使剑突软骨与胸骨完全分离,但必须保留附于其下方的膈肌片，并使之完好无损。此时膈肌的运动可牵动剑突软骨。

2. 连接传感器

将系有长线的金属钩钩住游离的剑突软骨中间部位，线的另一端通过万能滑轮系于张力传感器的应变梁上。

3. 信号采集

开启计算机采集系统，接通张力传感器的输入通道调节记录系统，使呼吸曲线清楚地显示在显示器上。

4. 实验观察

（1）记录呼吸运动曲线，并仔细识别吸气或呼气运动与曲线方向的关系。

（2）增加无效腔对呼吸运动的影响　将长约 1.5m、内径 1cm 的橡皮管连于气管插管的一个侧管上，然后用止血钳夹闭另一侧管，以增加无效腔。观察并记录呼吸运动曲线的改变。一旦出现明显变化，则立即打开止血钳，去除橡皮管，待呼吸恢复正常。

（3）CO_2 对呼吸运动的影响　将气管插管的一个侧管接通装有 CO_2 的气袋，同时夹闭另一侧管，使家兔对着 CO_2 气袋呼吸，观察并记录呼吸运动的变化。一旦出现明显变化，则立即打开止血钳，去除 CO_2 气袋，待呼吸恢复正常。

（4）缺氧对呼吸运动的影响　将气管插管的一个侧管接通装有钠石灰的气袋，同时夹闭另一侧管，观察并记录呼吸运动的变化。一旦出现明显变化，则立即打开止血钳，去除气袋，待呼吸恢复正常。也可将气管插管的一个侧管接通装有 N_2 的气袋，同时夹闭另一侧管，使家兔对着 N_2 气袋呼吸，观察并记录呼吸运动的变化。一旦出现明显变化，则立即打开止血钳，去除 N_2 气袋，待呼吸恢复正常。

（5）增加气道阻力对呼吸运动的影响　待呼吸运动恢复正常后，将气管插管的两个侧管同时夹闭数秒钟，观察呼吸变化。

（6）乳酸对呼吸运动的影响　由耳缘静脉注入 2mL 3% 乳酸溶液，观察并记录呼吸运动的变化。

（7）肺牵张反射　待呼吸恢复正常后，在气管插管的一个侧管上，连通一个 20mL 注射器，并吸入 20mL 空气。待呼吸运动平稳后，用相当正常呼吸时三个呼吸节律的时间，徐徐向肺内注入 20mL 空气，与此同时夹闭另一侧管，注意观察呼吸节律的变化及呼吸运动的状态。实验后立即打开夹闭的侧管，待呼吸恢复正常。同法，于呼气末用注射器抽取肺内气体，观察呼吸的状态有何区别（注意：注气与抽气时间仅限于三个呼吸节律的时间，然后立即打开夹闭的侧管）。

（8）结扎双侧迷走神经　待呼吸运动恢复正常后，同时结扎双侧迷走神经（二人同时操作，第一结一定要紧、狠，务必阻断神经冲动的传导），注意观察并记录结扎前后呼吸运动曲线的改变。

（9）重复实验（7）。

（10）剪断双侧迷走神经，分别刺激中枢端和外周端，观察并记录呼吸运动曲线的变化。

（11）在一侧颈总动脉插入动脉插管，缓慢放血 20mL，观察呼吸运动曲线的变化。

5. 整理实验记录并完成作业

【实验结果】

1. 数据结果如图 7-1 所示。

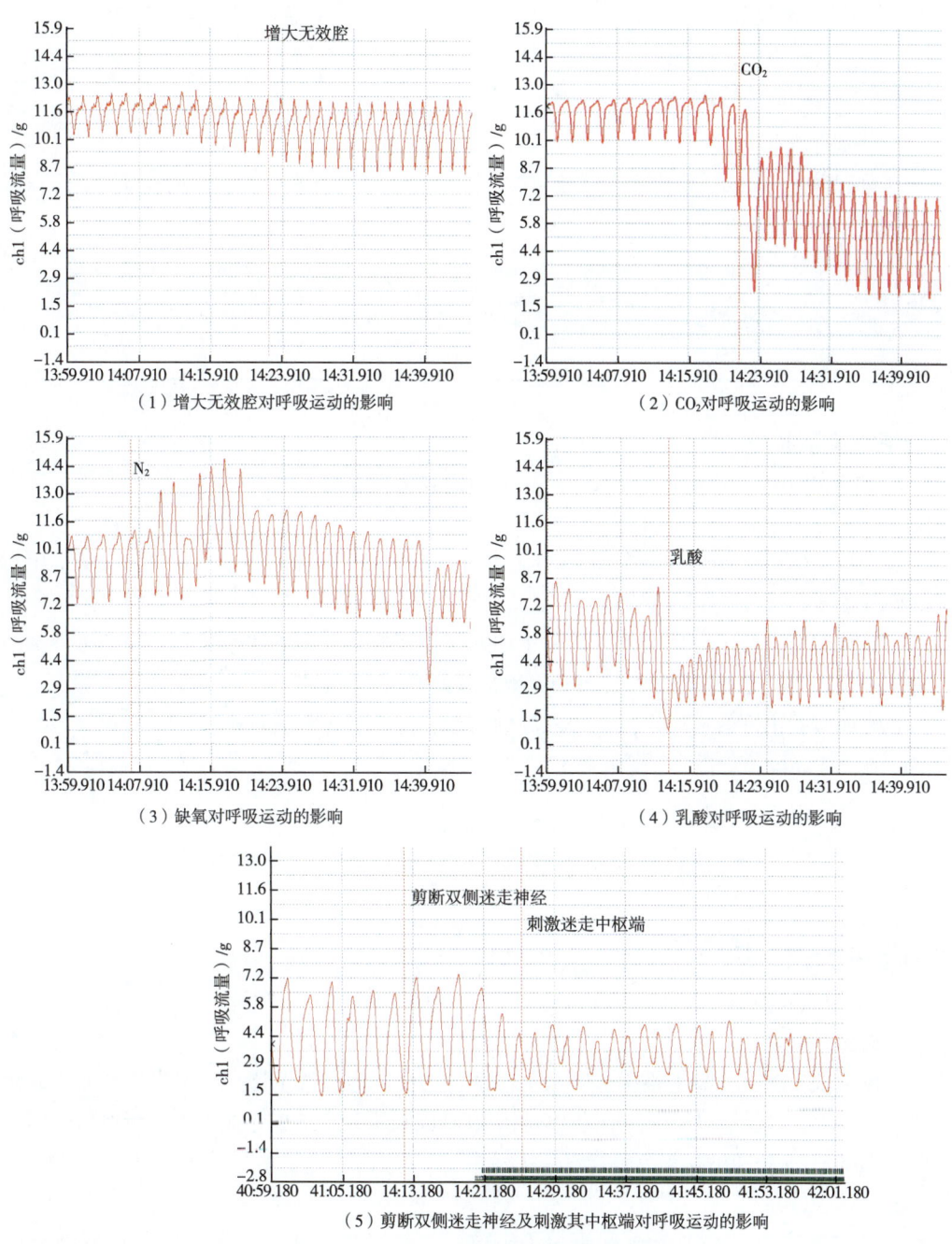

图 7-1　家兔呼吸运动调节的实验结果

2. 实验结果记录在表 7-1 中。

表 7-1 各种因素对家兔动脉呼吸运动的调节

实验项目		呼吸频率/(次/min)	呼吸深度	其他
正常呼吸				
增大无效腔				
CO_2				
N_2				
增加气道阻力				
3% 乳酸 2mL				
结扎双侧迷走神经				
刺激迷走神经	中枢端			
	外周端			
失血				

【注意事项】

1. 全身麻醉时，切勿注射过快，防止动物因呼吸抑制而导致的死亡。麻醉原则：宁慢勿快，宁浅勿深。

2. 剪开气管时防止出血过多，以免血液流入气管，气管插管前应尽量清除气管周围血液、组织液等分泌物，保证气管通畅。

3. 静脉注射乳酸时应避免外漏，防止动物因疼痛挣扎而影响实验结果；如耳缘静脉注射速度较慢，可采用颈外静脉快速给药，效果较好。

4. 每项实验出现效应后应及时去除施加因素，待呼吸正常后再进行下一项观察，并记录实验前后呼吸运动变化。

实验二 缺氧及药物的预防作用

【实验原理】

（一）缺氧的类型

1. 乏氧性缺氧

乏氧性缺氧时首先反射性引起呼吸加深加快，使肺泡通气量增加，但当动脉血二氧化碳分压（$PaCO_2$）过低时导致呼吸中枢抑制引起呼吸衰竭死亡。由于血液中脱氧血红蛋白浓度高于 5g/dL，皮肤和黏膜颜色呈紫青色（发绀）。

2. 血液性缺氧

CO 与 Hb 结合形成碳氧血红蛋白（HbCO），从而失去携氧功能。CO 与 Hb 结合的速率虽仅为 O_2 与 Hb 结合速率的 1/10，但 HbCO 的解离速率却为 HbO_2 解离速率的 1/2100，因此，Hb 与 CO 的亲合力比 O_2 大 210 倍，即使吸入较低浓度的 CO 就可产生大量的 HbCO。如当吸入气含有 0.1%CO 时，血液中的 Hb 可有 50% 转变为 HbCO，从而使大量 Hb

失去携氧功能。另一方面，CO 还能抑制红细胞内糖酵解，使 2,3- 二磷酸甘油酸生成减少，氧离曲线左移，导致氧合 Hb 不易释放出结合的氧，从而使组织缺氧加重。由于 HbCO 呈樱桃红色，故 CO 中毒小鼠皮肤和黏膜颜色呈樱桃红色。

$HbFe^{2+}$ 在亚硝酸盐的作用下可氧化成三价铁，形成 $HbFe^{3+}OH$，也称为变性 Hb 或羟化 Hb。$HbFe^{3+}OH$ 中的三价铁因与羟基牢固结合而丧失携带氧的能力，另外，Hb 分子的四个二价铁中有一部分氧化为三价铁后还能使剩余的 Fe^{2+} 与氧的亲和力增高，导致氧离曲线左移，使组织缺氧。由于 $HbFe^{3+}$ 呈棕褐色，故亚硝酸盐中毒小鼠皮肤和黏膜颜色呈棕褐色（咖啡色）。

3. 组织性缺氧

氰化物经由消化道、呼吸道或皮肤进入动物机体内，迅速与氧化型细胞色素氧化酶的三价铁结合为氰化高铁细胞色素氧化酶，使之不能还原成还原型细胞色素氧化酶，也就失去了传递电子的能力，以致呼吸链中断，组织不能利用氧。由于组织利用氧障碍，毛细血管中氧合血红蛋白的量高于正常，氰化钾中毒小鼠皮肤和黏膜颜色呈鲜红色或玫瑰红色。

（二）影响缺氧耐受性的因素

1. 环境温度变化对缺氧耐受性的影响

体温降低、神经系统抑制因能降低机体耗氧率使机体对缺氧的耐受性升高，故置于冰水浴中和注射氯丙嗪的小白鼠存活时间较长。而基础代谢率高（置于温水浴）的小白鼠存活时间较短。

2. 机体状况不同对缺氧耐受性的影响

尼可刹米能直接兴奋延髓呼吸中枢，也可通过颈动脉体化学感受器反射地兴奋呼吸中枢，使呼吸加深加快，当呼吸中枢受抑制时其兴奋作用更为明显。

3. CO_2 浓度对缺氧耐受性的影响

呼吸过程中 O_2 消耗量与 CO_2 生成量相等（从三羧酸循环中可知），故当 CO_2 分压逐渐升高，小白鼠 CO_2 吸入过多，引起呼吸性酸中毒（血浆中 H_2CO_3 含量增高，$NaHCO_3$ / H_2CO_3 值变小，pH 降低）。酸中毒时，由于 H^+ 浓度增高，能竞争性地抑制 Ca^{2+} 与心肌收缩蛋白结合，致使心肌收缩减弱，心输出量减少；酸中毒又可降低心肌和外周血管对儿茶酚胺的反应性，因而血管紧张性降低和血压偏低。严重酸中毒时，机体内许多酶的活性受到抑制，可引起明显的物质代谢障碍。中枢神经系统代谢障碍时，由于能量生成减少，脑组织供能不足；又因 pH 降低使脑组织谷氨酸脱羧酶活性增高，γ- 氨基丁酸生成增多，后者对神经系统具有抑制作用，可导致精神沉郁，反应迟钝乃至昏迷，严重时可因呼吸中枢和血管运动中枢麻痹而死亡。酸中毒继发血钾增高时，由于钾对心的自律性、传导性和收缩性具有抑制作用，可引起心率减慢和心肌收缩力减弱，严重时由于传导阻滞可发生心室颤动和心搏骤停而致死。该实验中放入钠石灰的缺氧组因其吸收了小鼠释放的 CO_2，因此，垫料组测不出耗氧量，且存活时间较短。

【实验目的】

1. 在动物身上复制缺氧性、血液性、组织中毒性缺氧，并了解缺氧的分类。
2. 观察缺氧对呼吸的影响和血液颜色的变化。
3. 通过机体神经系统机能状态改变，外界环境温度变化，以及 CO_2 浓度增高对缺氧耐受性的影响，了解条件因素在缺氧发病中的重要性和临床应用冬眠和低温治疗的意义。

【实验动物】

小白鼠。

【实验器材】

广口瓶、5mL 和 2mL 刻度吸管、1mL 注射器、100mL 量筒、酒精灯、剪刀、镊子、小白鼠缺氧瓶（图 7-2）、CO 发生装置（图 7-3）、测耗氧量装置、温度计、粗天平、剪刀、镊子、注射器。

图 7-2 小白鼠缺氧瓶

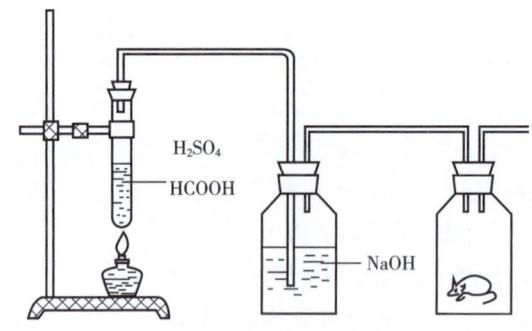

图 7-3 CO 发生装置

【实验药品】

钠石灰、甲酸、浓硫酸、5% 亚硝酸钠溶液、1% 亚甲蓝、生理盐水、0.1% 氰化钾溶液、10% 硫代硫酸钠溶液、凡士林、1% 尼可刹米溶液、0.25% 氯丙嗪溶液、碎冰块、垫料。

【实验方法】

（一）几种类型的缺氧

1. 乏氧性（低张性）缺氧

（1）取钠石灰少许（5g）及小白鼠一只放入缺氧瓶内。观察动物的一般情况，呼吸频率（正常小白鼠 84~230 次/min）及深度，皮肤、口唇、耳壳和鼠尾等部位颜色，然后塞紧瓶塞，记录时间，以后每 3min 重复观察上述指标一次（如有其他变化则随时记录），直到动物死亡为止。

（2）动物尸体留待实验做完后，再依次打开其腹腔，比较血液和肝脏颜色。

2. 一氧化碳中毒性缺氧

（1）安装好 CO 发生装置。

（2）将小白鼠一只放入广口瓶中，观察其正常表现，然后与 CO 发生装置连接。

（3）取甲酸 3mL 放于试管内，加入浓硫酸 2mL，塞紧（可用酒精灯加热，加速 CO 的产生，但不可过热以至液体沸腾，因 CO 产生过多过快动物迅速死亡，血液颜色改变不明显）。

（4）观察指标与方法同上。

3. 亚硝酸钠中毒性缺氧

（1）取体重相近的两只小白鼠，观察正常表现后，向腹腔注入 5% 亚硝酸钠 0.1mL/10g，其中一只注入亚硝酸钠后，立即再向腹腔内注入 1% 亚甲蓝溶液 0.2mL/10g，另一只再注入生理盐水 0.2mL/10g。

（2）观察指标与方法同 1，比较两鼠表现及死亡时间有无差异。

4. 氰化钾中毒性缺氧

（1）取体重相近的两只小白鼠，观察正常表现后，向腹腔注入 0.1% 氰化钾 0.2mL/10g，其中一只注入氰化钾后，立即再向腹腔内注入 10% 硫代硫酸钠溶液 0.4mL/10g，另一只再注入同等剂量的生理盐水。

（2）观察指标与方法同 1，比较两鼠表现及死亡时间有无差异。

（二）影响缺氧耐受性的因素

1. 环境温度变化对缺氧耐受性的影响

（1）取小白鼠缺氧瓶三个，各放入 5g 钠石灰。

（2）取体重相近的小白鼠三只，称重标记后装入缺氧瓶内，1 号小鼠置入加碎冰块和冷水水温调至 0~4℃的大烧杯中，2 号小鼠置入 40~45℃的水浴锅中，3 号小鼠置于室温中，塞紧瓶塞后开始计时。

（3）持续观察各鼠在瓶中的活动情况，口唇、耳壳和鼠尾等部位颜色，呼吸变化，待小鼠死亡后，计算存活时间（t）。（注意：三个缺氧瓶切勿打开瓶塞，立即置室温中平衡 15min）。

（4）测定耗氧量（图 7-4），计算耗氧率。取 100mL 量筒 1 个，加水至 100mL 刻度处，在 10mL 壶腹式吸管的层端连一段橡皮软管，吸管头端放入量筒中，将橡皮软管与缺氧瓶相连接，打开螺旋夹使缺氧瓶与量筒相通，可见水流入缺氧瓶中，准确记录其毫升数，该数值即为小鼠的耗氧量。

耗氧率的计算方法：

$$耗氧率 = \frac{耗氧量（mL）}{体重（g） \times 存活时间（min）}$$

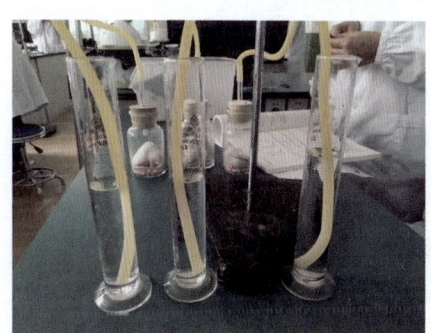

图 7-4　测定耗氧量

2. 机体状况不同对缺氧耐受性的影响

（1）取体重相近的小白鼠三只。1 号小白鼠腹腔注射 1% 尼可刹米 0.1mL/10g；2 号小白鼠腹腔注射 0.25% 氯丙嗪 0.1mL/10g，待动物安静后，全身皮毛用冷水打湿；3 号小白鼠腹腔注射生理盐水 0.1mL/10g 体重。

（2）15min 后，将三只小白鼠分别放入有钠石灰的缺氧瓶内，密闭后开始计时。

（3）以下步骤同实验 1（环境温度变化对缺氧耐受性的影响）的（3）（4）步骤。

3. CO_2 增加对缺氧耐受性的影响

（1）取体重相近的小白鼠两只，称重后分别放入有 5g 钠石灰和等体积垫料的缺氧瓶内，密闭后开始计时。

（2）以下步骤同实验 1（环境温度变化对缺氧耐受性的影响）的（3）（4）步骤。

【注意事项】

1. 缺氧瓶一定要密闭，可用凡士林涂在瓶塞外面。

2. 小白鼠腹腔注射，应稍靠左下腹，勿损伤肝脏，但也应避免将药液注入肠腔或膀胱。

3. 测耗氧量前，作高温、低温实验的两个缺氧瓶必须放在室温平衡温度 15min。

【实验结果】

将观察到的实验现象分别记录到对应的表 7-2、表 7-3 中，不同类型缺氧的小白鼠及其肝脏和血液情况如图 7-5 所示。

表 7-2 不同类型缺氧的观察

分组	鼠号	药物（mL/10g）		呼吸/（次/min）		口唇、皮肤颜色		肝脏颜色	血液颜色	存活时间
		前	后	前	后	前	后			
乏氧性	1									
CO 中毒	2									
亚硝酸钠中毒	3	5% 亚硝酸钠溶液 0.1	1% 亚甲蓝溶液 0.2							
	4	5% 亚硝酸钠溶液 0.1	生理盐水 0.2							
氰化钾中毒	5	1% 氰化钾溶液 0.2	10% 硫代硫酸钠溶液 0.4							
	6	1% 氰化钾溶液 0.2	生理盐水 0.4							

表 7-3 对缺氧耐受性影响因素的观察

分组	鼠号	条件	呼吸/（次/min）		口唇皮肤颜色		存活时间/min	耗氧量/mL	耗氧率
			前	后	前	后			
环境温度改变	7	0~4℃							
	8	40~45℃							
	9	25℃							
机体状况不同	10	1% 尼可刹米溶液 0.1mL/10g							
	11	0.25% 氯丙嗪溶液 0.1mL/10g							
	12	生理盐水 0.1mL/10g							
CO_2 增加	13	5g 钠石灰							
	14	等体积垫料							

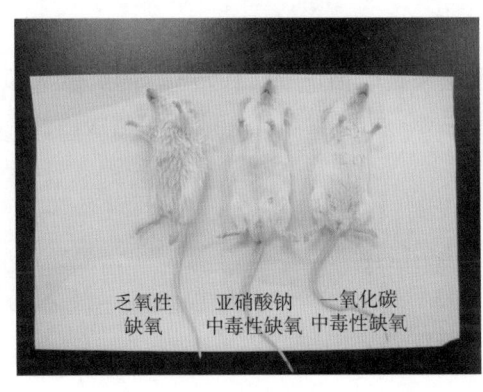 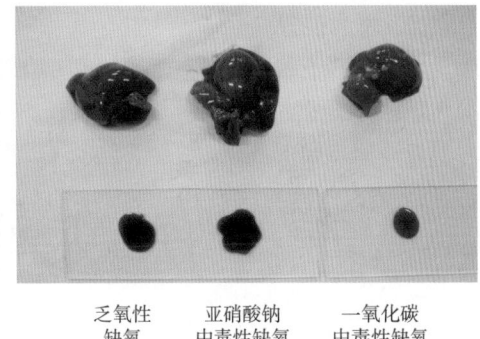

图 7-5 不同类型缺氧的小白鼠及其肝脏、血液

【知识链接】

1. 小白鼠耗氧率的测定

（1）原理　小白鼠在密闭的缺氧瓶内不断消耗氧气，产生 CO_2。CO_2 可被钠石灰吸收，但由于小白鼠不断地消耗氧，使缺氧瓶内氧分压逐渐下降进而形成负压。当缺氧瓶与测消耗氧的装置连通后，其移液管内液面因瓶内负压而上升，量筒内液面下降的体积数（mL）即为耗氧体积（为小白鼠的总耗氧量）。

（2）方法与步骤

①向量筒内加水至一定刻度，然后将玻璃管接头与缺氧瓶上的一个橡皮管相连。

②打开橡皮管上的螺旋夹，待移液管内水面上升稳定后读出量筒内液面下降的毫升数，即耗氧体积（V）。

③结合小白鼠体重（m）及存活时间（t），按下式计算出小鼠耗氧率（R）。

$$R=V/(m \times t)$$

2. 钠石灰的作用机制

钠石灰（$NaOH \cdot CaO$）是一种粉红色颗粒，具有吸收 CO_2 的功能，其反应式如下：

$$NaOH \cdot CaO + CO_2 \rightarrow Na_2CO_3 + CaCO_3 + H_2O$$

3. 亚甲蓝的作用机制

亚甲蓝（methylene blue）为一种碱性染料，实验中常用其氯化物。亚甲蓝有氧化型和还原型两种，实验中常用氧化型。

亚甲蓝的还原作用完全是由于氧化型亚甲蓝在还原型辅酶Ⅱ（NADPH）脱氢酶的作用下，接受 2 个 H^+，从而转变为还原型亚甲蓝。还原型亚甲蓝则又充当递氢体，将 H^+ 传递给高铁血红蛋白（$Hb-Fe^{3+}$），从而使 $Hb-Fe^{3+}$ 还原为 $Hb-Fe^{2+}$，恢复其携氧能力。

其反应式如下：

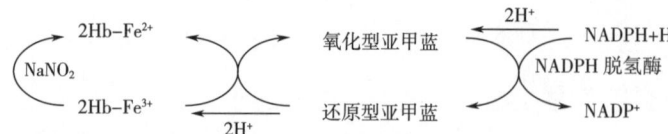

4. CO 发生装置

若实验室没有 CO 气囊，则可以利用化学方法来获取 CO。向 CO 发生器的试管内加入甲酸 3mL，再缓慢滴入浓硫酸 2mL，将反应产生的 CO 通入广口瓶中（此反应需加热）。

其反应原理如下：

$$HCOOH \xrightarrow[\triangle]{H_2SO_4} H_2O + CO$$

实验三　肺活量的测定

【实验原理】

最大吸气后再尽力呼气，所呼出的最大气体量称为肺活量。正常成年女性 2500mL，男性 3500mL，是肺功能测定的常用指标。

【实验目的】

掌握肺活量的测定方法。

【实验对象】

人。

【实验器材】

一次性吹嘴、肺活量测量仪（图 7-6）。

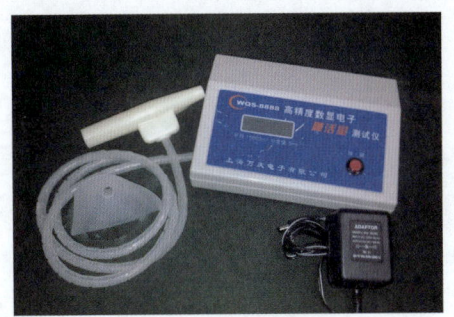

图 7-6　肺活量测量仪

【实验方法与步骤】

1. 将吹嘴安装在进气管上。
2. 被测者站立,手握吹嘴。
3. 对准吹嘴呼气,直至不能呼气为止,此时肺活量测量仪的数值即为被测者的肺活量。肺活量一般测 3 次,取最高值。

第八章 消化系统实验

实验一 胃肠运动观察

【实验原理】

哺乳动物消化管平滑肌具有肌组织共有的特性，如兴奋性、传导性和收缩性等。但是消化道平滑肌有其自身生理特性，兴奋性低，收缩缓慢，舒缩过程较长；具有自律性，缓慢且不规则；具有紧张性，经常保持一种微弱的持续收缩状态，使消化道管腔保持一定的形状和位置；富有伸展性，不因为进食而发生明显的压力改变；对电刺激不敏感，对温度、化学和牵张刺激敏感等。

【实验目的】

通过观察不同因素对在体小肠运动的影响，理解哺乳动物消化道平滑肌的一般生理特性。

【实验动物】

家兔。

【实验器材】

常用家兔手术器械、普通刺激电极、BL-420 生物信号采集与分析系统、恒温水浴锅。

【实验药品】

台氏液、25%氨基甲酸乙酯溶液、1∶10000 乙酰胆碱、1∶10000 肾上腺素、1%$BaCl_2$溶液。

【实验方法与步骤】

1. 实验动物的准备

（1）麻醉动物　取家兔一只，仰卧位固定，经耳缘静脉注射 25%氨基甲酸乙酯溶液（4mL/kg）全麻。给约过程中随时观察麻醉效果（角膜反射、肌张力变化和疼痛刺激），防止麻醉意外。

（2）手术　用弯剪剪去上腹部的毛，自剑突下沿腹部正中线切开皮肤 8~10cm，沿腹白线剪开腹壁，充分暴露胃和小肠（图 8-1）。

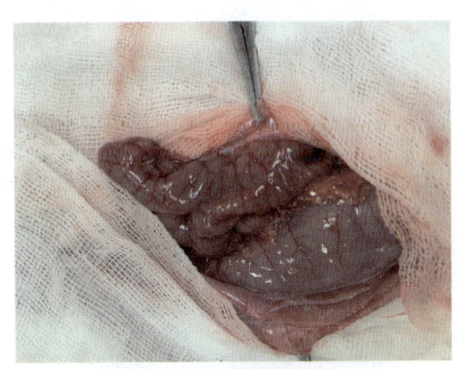

图 8-1　暴露胃和小肠

2. 连接装置

将刺激电极接口连接至 BL-420 生物信号采集与分析系统刺激输出插口，启动系统软件。

3. 观察项目

（1）观察正常小肠的运动，注意其收缩的速度和幅度。

（2）用电极直接刺激小肠，观察其运动的改变；刺激骨骼肌并观察效应，比较两种类型的肌肉对电刺激的反应有何区别。

（3）滴加 42℃ 台氏液，观察小肠运动的变化。

（4）滴加 1∶100000 乙酰胆碱，观察小肠运动的变化。

（5）滴加 1∶100000 肾上腺素，观察小肠运动的变化。

（6）滴加 1% $BaCl_2$ 溶液，观察小肠运动的变化。

【注意事项】

1. 实验前，应先备好 38℃ 和 42℃ 台氏液。

2. 实验过程应及时滴加 38℃ 台氏液，防止胃肠平滑肌失活。

3. 应将乙酰胆碱和 $BaCl_2$ 溶液滴加到小肠运动较弱的部位，将肾上腺素滴加到运动较明显的部位，以利于观察作用效果。

实验二　消化道平滑肌生理特性及药物的作用

【实验原理】

将离体组织器官置于模拟体内环境的溶液中，可以在一定时间内保持其功能。本实验以台氏液作为灌流液，在体外观察及记录家兔离体肠段的一般生理特性。

消化道平滑肌受神经和体液因素的调节，本实验观察温度、胆碱受体激动药、肾上腺受体激动药及酸碱等因素对消化道平滑肌的作用。

【实验目的】

1. 通过观察各种因素对离体小肠平滑肌运动的影响，加深对平滑肌生理特性的了解。

2. 学习动物离体组织器官灌流的实验方法。

【实验动物】

家兔。

【实验器材】

恒温平滑肌浴槽、BL-420 生物信号采集与分析系统、张力传感器、常用家兔手术器械。

【实验药品】

台氏液、1∶10000 肾上腺素、1∶10000 乙酰胆碱、1% $CaCl_2$ 溶液、1mol/L HCl 溶液、1mol/L NaOH 溶液。

【实验方法与步骤】

1. 水浴温度调节

将恒温平滑肌浴槽的水浴温度调节为 38℃。

2. 制备离体兔肠段

（1）用立掌或钝器猛击兔后脑延髓部，致其昏迷后立即剖开腹腔，找到胃幽门与十二指肠交界处。在十二指肠起始端结扎，剪取十二指肠，放入冷台氏液内。先用 20mL 注射器冲洗肠内容物，冲洗干净后剪成若干 1.5~2cm 长的小肠段（每一实验小组一段）（图 8-2）。

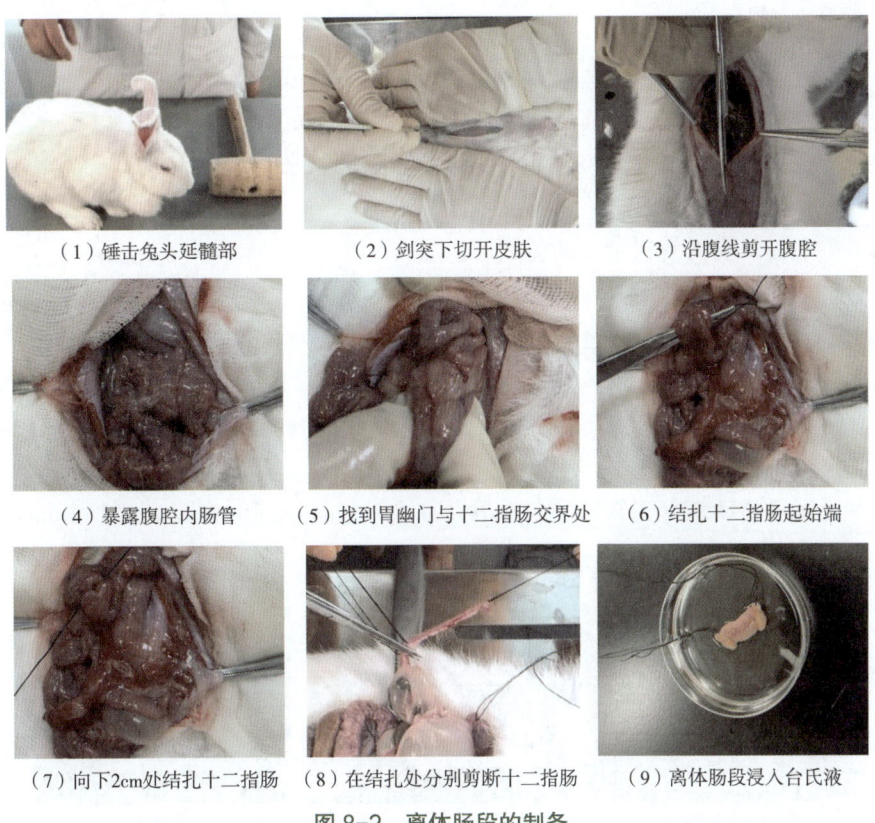

图 8-2　离体肠段的制备

（2）在其两端结扎，一端做一短线环固定在通气的 L 管下方，另一端结扎线与张力传感器相连。将肠段完全浸浴在调好温度的恒温平滑肌浴槽中，并调整好台氏液充气量（小气泡接连不断）。固定 L 管并调节扎线与张力传感器，使肠段运动自如又能牵动传感器（注意：扎线不可贴壁或过紧过松）（图 8-3）。

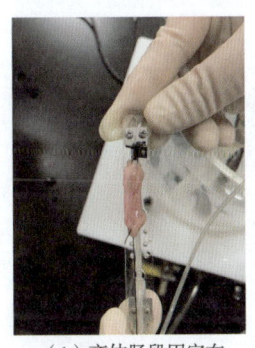
（1）离体肠段固定在
通气的 L 管下端

（2）固定 L 管并与张力
传感器连接

图 8-3　离体肠段的固定

3. BL-420 系统操作

开启 BL-420 生物信号采集与分析系统,将张力传感器与 CH1 通道相连。由菜单条"实验项目"→"消化实验"→"消化道平滑肌的生理特性"。记录肠段活动曲线变化。

4. 实验观察

(1)观察、记录 38℃台氏液中的肠段节律性收缩运动曲线。

(2)观察、记录 25℃台氏液中的肠段节律性收缩运动曲线。

(3)待台氏液温度稳定在 38℃后,加入 1~2 滴肾上腺素(1∶10000),观察并记录曲线变化,清洗 2~3 次(图 8-4)。

(4)待肠段活动恢复正常运动曲线后,加入 1~2 滴乙酰胆碱(1∶10000),观察并记录曲线变化,清洗 2~3 次。

(5)待肠段活动恢复正常运动曲线后,加入 1~2 滴 1%$CaCl_2$ 溶液,观察并记录曲线变化,清洗 2~3 次。

(6)待肠段活动恢复正常运动曲线后,加入 1~2 滴 1mol/L NaOH 溶液,观察并记录曲线变化,清洗 2~3 次。

(7)待肠段活动恢复正常运动曲线后,加入 1~2 滴 1mol/L 盐酸,观察并记录曲线变化,清洗 2~3 次。

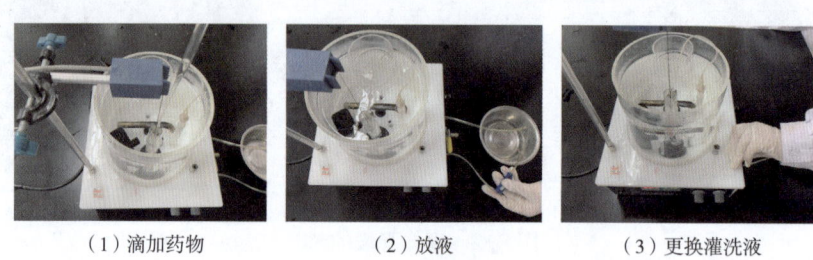

(1)滴加药物　　　(2)放液　　　(3)更换灌洗液

图 8-4　药物干预与灌洗液的换洗

【实验结果】

不同条件下肠段节律性收缩运动曲线如图 8-5 所示,将实验结果记录在表 8-1 中。

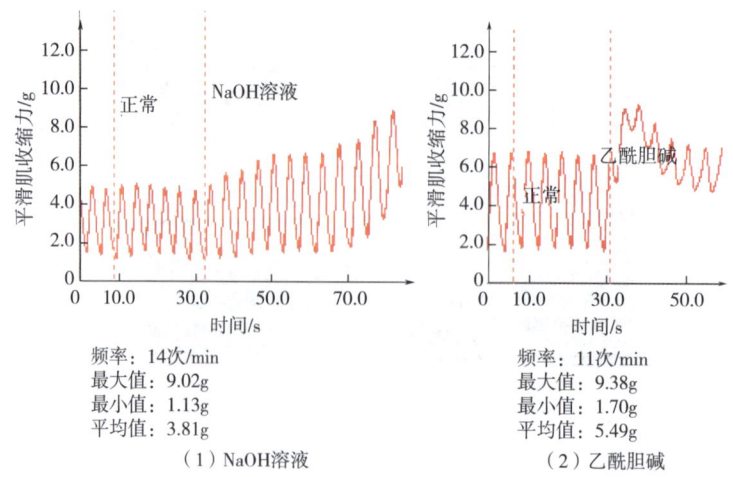

(1)NaOH 溶液

频率:14 次/min
最大值:9.02g
最小值:1.13g
平均值:3.81g

(2)乙酰胆碱

频率:11 次/min
最大值:9.38g
最小值:1.70g
平均值:5.49g

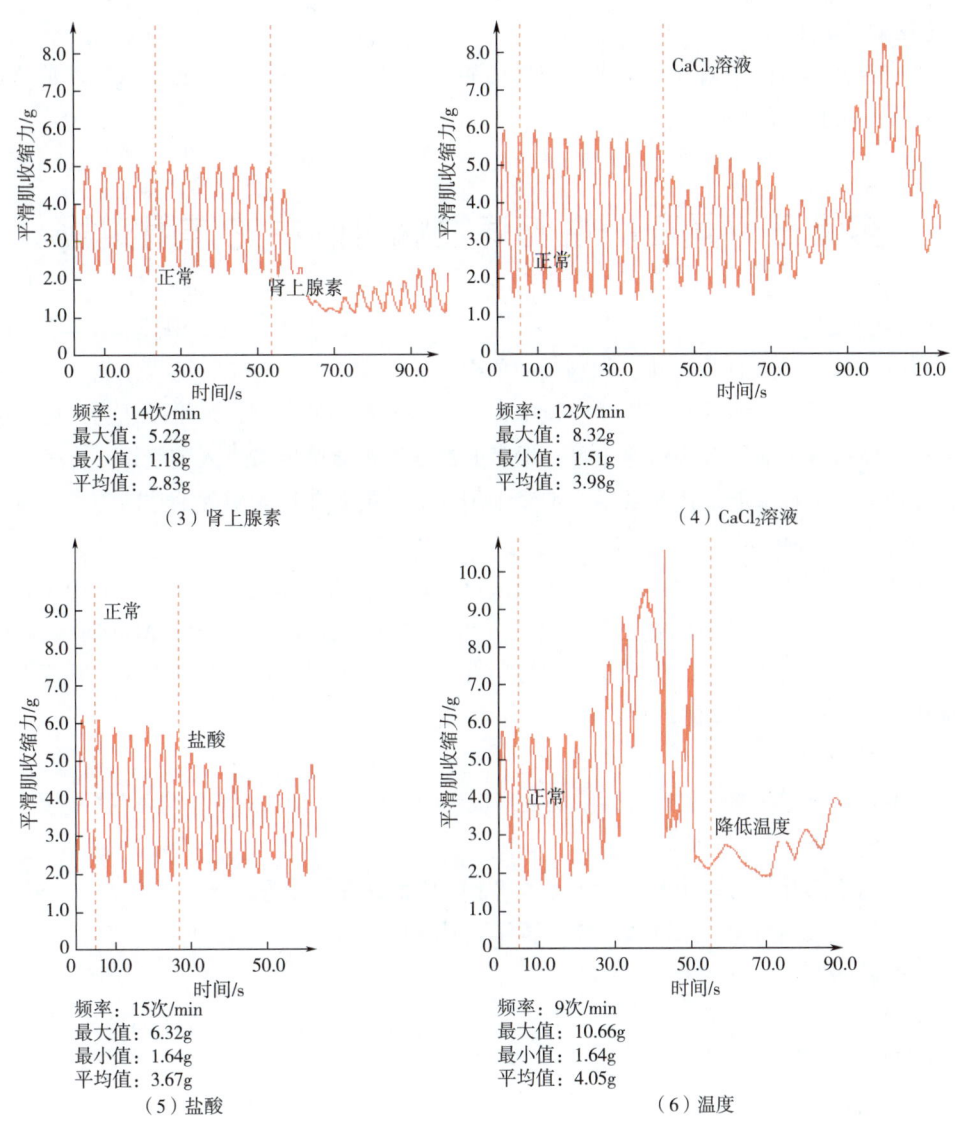

图 8-5 各种因素对离体小肠平滑肌运动的影响

表 8-1 消化道平滑肌生理特性曲线变化记录表

实验项目	频率/ （次/min）	收缩力/g		
		最大值	最小值	平均值
正常				
25℃台氏液				
肾上腺素				
NaOH				
乙酰胆碱				
$CaCl_2$				
盐酸				

【注意事项】

每次给药出现效应后,立即更换浴槽内的台氏液,至少3次,待肠段恢复正常活动后再进行下一实验项目。

实验三 氨在肝性脑病发病机制中的作用实验

【实验原理】

肝性脑病是指在排除其他已知脑病的前提下,继发于肝功能紊乱的一系列严重的神经精神综合征。肝性脑病的发病机制中氨中毒学说是最基本的机制,该学说认为:由于肝功能受损,使血氨生成增多或清除不足,增多的血氨通过血脑屏障进入脑组织,通过改变脑内神经递质、干扰脑能量代谢及影响神经细胞膜的功能等作用,引起脑功能障碍,从而出现一系列神经精神症状。

本次实验采用家兔肝大部分结扎术造成肝解毒功能急剧降低,在此基础上经肠腔注入复方氯化铵溶液,使家兔血氨迅速升高,并出现震颤、抽搐、昏迷等类似肝性脑病症状,通过与对照组家兔比较,证明氨在肝性脑病发生机制中的重要作用及肝脏在解氨毒中的重要地位。并通过谷氨酸钠的治疗,探讨其疗效的病理生理机制。

【实验目的】

1. 通过动物实验验证氨在肝性脑病发病机制中的作用,加深对氨中毒学说的理解。
2. 了解肝脏强大的解毒功能。
3. 学习暴露肝脏、肝叶大部分结扎术和十二指肠置管的方法。
4. 用谷氨酸钠治疗,探讨其疗效的病理生理机制。

【实验动物】

家兔。

【实验器材】

常用家兔手术器械。

【实验药品】

25%氨基甲酸乙酯溶液、0.3%肝素、2.5%复方氯化铵溶液、复方氯化钠溶液、10%复方谷氨酸钠溶液。

【实验方法与步骤】

1. 实验动物准备

家兔三只,标记为1,2,3号,实验小组分别取1、2、3号家兔称重,麻醉。经耳缘静脉用头皮静脉针注射25%氨基甲酸乙酯溶液(4mL/kg)全麻。给药过程中随时观察麻醉效果(角膜反射、肌张力和疼痛反射),防止麻醉意外。将头皮静脉针用动脉夹固定,连接复方氯化钠溶液缓慢滴注(维持通畅)。

2. 腹部正中备皮、手术

(1)自剑突起作上腹部正中纵向切口6~8cm,充分暴露肝脏(图8-6)。
(2)游离肝脏,辨认肝脏各叶。游离肝脏动作要轻柔,剪断镰状韧带时需小心避免刺破横隔（图 8-7）。肝大部分结扎术（图 8-8）：用粗棉线结扎除尾状叶以外肝脏其余肝叶的根部，待肝脏呈缺血的深褐色后切除。

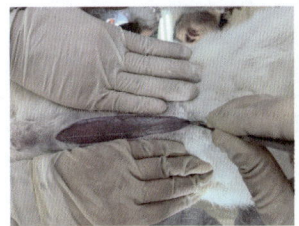 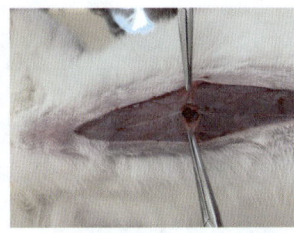 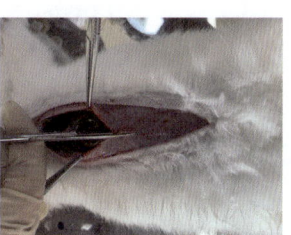

（1）剑突下切开皮肤　　　（2）血管钳钳夹腹白线两侧　　　（3）沿腹白线剪开腹腔

图 8-6　腹部剑突下切开皮肤

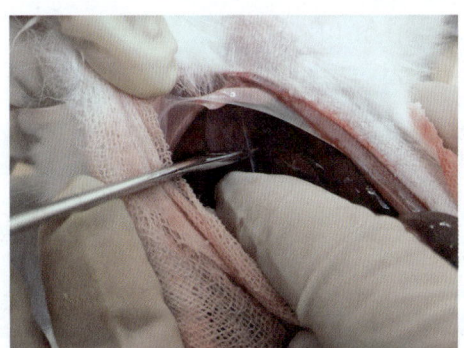

图 8-7　剪断镰状韧带

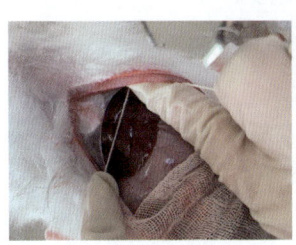 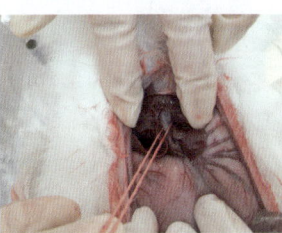 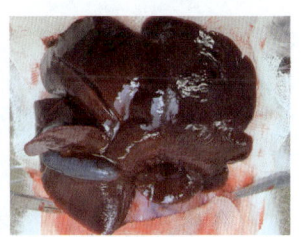

（1）棉线沿肝外缘外置　　　（2）结扎肝门　　　（3）观察肝脏

图 8-8　肝大部分结扎术

（3）十二指肠造瘘，插入一塑料管。十二指肠上做一荷包缝合，并剪一开口，将塑料插管向小肠方向插入肠腔，收紧荷包线结扎固定（图 8-9）。

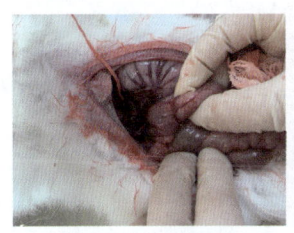 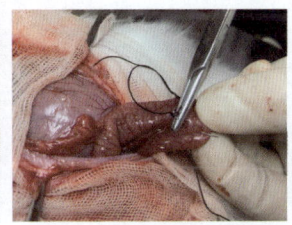 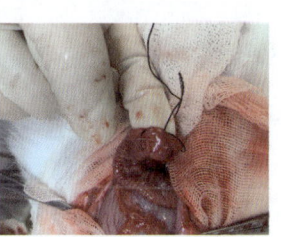

（1）辨认胃幽门部　　　（2）十二指肠上段荷包缝合　　　（3）荷包缝合内剪一小口

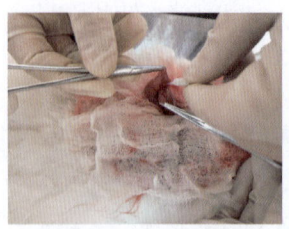 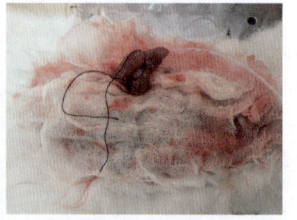

（4）插管插入十二指肠远端　　（5）双重结扎固定插管

图 8-9　十二指肠造瘘，插管术

3. 复制肝性脑病动物模型，观察谷氨酸钠溶液在急性肝中毒中的治疗作用

家兔 1 号作肝大部分结扎切除术，再经十二指肠插管处输入复方氯化铵溶液，每隔 5min 一次，每次注入 4~5mL，首次剂量加倍，直至观察到头面部肌肉抽动，前肢扑翼样震颤等症状后，立即经耳缘静脉注射 10% 复方谷氨酸钠液 20mL/kg，观察中毒现象是否消失（图 8-10）。记录出现明显肝性脑病症状时给药的次数和剂量。

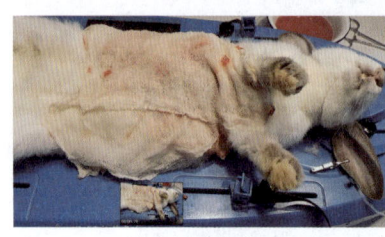 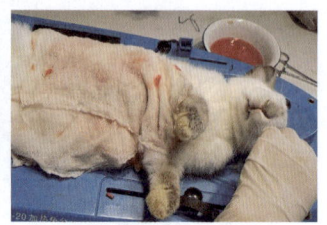

（1）扑翼样震颤　　（2）耳缘静脉注射解救药

图 8-10　家兔肌肉抽动，立即解救

家兔 2 号同样作肝大部分结扎切除术，而十二指肠插管给药方法、剂量与家兔 1 号相同，仅药物换成复方氯化钠溶液，观察有无肝性脑病症状出现。

家兔 3 号仅观察肝叶，不做结扎术，十二指肠插管注入复方氯化铵溶液，且给药方法与家兔 1 号相同，但持续给药，直至观察到头面部肌肉抽动，前肢扑翼样震颤等明显肝性脑病症状后，立即经耳缘静脉注射 10% 复方谷氨酸钠液 20mL/kg，观察中毒现象是否消失。记录出现明显肝性脑病症状时给药的次数和剂量。

【实验结果】

实验数据及现象记录在表 8-2 中。

表 8-2　氨在肝性脑病发病机制中的作用记录表

动物编号	体重 /kg	NH_4Cl 溶液 /mL	NaCl 溶液 /mL	谷氨酸钠 溶液 /mL	症状		
					用药前	用药后	解救
1							
2							
3							

【注意事项】
1. 结扎肝脏时，尽量靠近肝门处，避免肝叶破碎。
2. 十二指肠插管要插向小肠方向，并插入较深，防止滑脱。
3. 耳缘静脉保持通畅，出现明显肝性脑病立即抢救，防止家兔迅速死亡。

【溶液配制】
1. 复方氯化氨溶液：氯化氨 25g、碳酸氢钠 15g，溶于 5% 葡萄糖溶液 1000mL 中。
2. 复方谷氨酸钠溶液：谷氨酸钠 25g，溶于 5% 葡萄糖溶液 1000mL 中。

【思考题】
氯化铵中毒引起肝性脑病的机制如何？谷氨酸钠为何能缓解肝性脑病症状？

实验四 肠袢实验

【实验原理】
硫酸镁口服后作用于消化系统能产生容积性导泻作用。液体石蜡能润滑局部肠壁，软化粪便，产生润滑性导泻作用。本实验通过对硫酸镁、液体石蜡对肠膨胀程度、肠壁充血度的影响作用的观察，并与对照组比较，进一步加深对作用于消化系统药物的认识。

【实验目的】
观察硫酸镁、液体石蜡对肠道的作用。

【实验动物】
家兔。

【实验器材】
家兔常用手术器械、纱布。

【实验药品】
25% 氨基甲酸乙酯溶液、20% 硫酸镁溶液、液体石蜡、生理盐水。

【实验方法与步骤】
（1）取家兔称重，25% 氨基甲酸乙酯溶液（4mL/kg）静脉麻醉，麻醉时应密切观察动物的角膜反射、疼痛反射、肌张力、心跳、呼吸及瞳孔大小，防止麻醉意外。待家兔麻醉后，仰卧位固定于手术台上，上腹部备皮。

（2）手术 沿腹正中切口 6~8cm，切开腹膜取出小肠，将肠内容物挤向结肠并结扎。再将结扎段分三段［图 8-11（1）（2）（3）（4）］，每段于 2cm 结扎使其互不相通。

（3）每段分别注入 20% 硫酸镁、生理盐水、液体石蜡各 2mL［图 8-11（5）（6）］。将小肠回纳至腹腔，盖以生理盐水纱布，1.5h 后取出结扎各肠段，观察各段膨胀与充血程度，并用注射器吸取各段液体。

（4）比较其容量，最后切开肠壁，观察壁内充血程度。

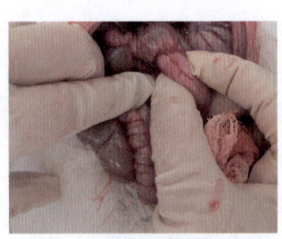
（1）结扎肠段操作一
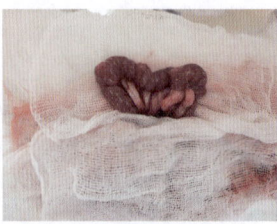
（2）结扎肠段操作二
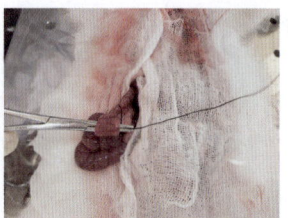
（3）结扎肠段操作三
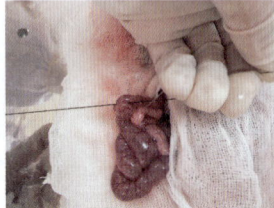
（4）结扎肠段操作四
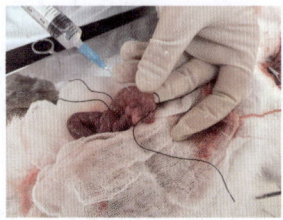
（5）肠段内给药一
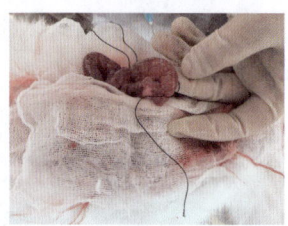
（6）肠段内给药二

图 8-11 肠袢实验

【实验结果】

实验现象记录在表 8-3 中。

表 8-3 肠袢实验记录表

肠段变化	20% 硫酸镁溶液	生理盐水	液体石蜡
肠膨胀程度			
肠容量 /mL			
肠壁充血度			

【注意事项】

1. 结扎的三段肠管长度一定要均匀（每段长约 2cm）。

2. 三段肠管，其中间一段注入生理盐水，两边各为 20% 硫酸镁液体和石蜡，结扎牢固使其互不相通，防止影响测量结果。

【思考题】

硫酸镁、液体石蜡导泻机理有何不同？

第九章　中枢神经

实验一　兔大脑皮质诱发电位

【实验原理】

大脑皮质的诱发电位指感觉传入系统受到刺激时，在皮质某一局限区域引出的电位变化。在无明显刺激情况下，大脑皮质经常性地产生节律性电变化，称为自发脑电活动。由于诱发电位时常出现在自发脑电波的背景上，因此，使用深度麻醉可抑制自发脑电并突出诱发电位。此外，也可用计算机进行叠加平均计算，将埋藏于自发脑电背景噪声中的诱发电位突出出来。

在相应的感觉投射区表面引出的皮质诱发电位可分为两部分，即主反应和后发放。主反应的潜伏期一般为5~12ms，是一种先正后负的电位变化。在主反应之后，常有一系列正相的周期性电位变化，称为后发放。后发放是否出现以及持续时间的长短，取决于刺激强度与麻醉状态。一般来说，感觉传入系统的刺激强度大且麻醉浅时，后发放易于出现，且持续时间较长。因后发放的周期节律一般为 8~12Hz，故易于和自发脑电的 α 节律相混淆。但后发放是一种正相的电位波而不同于近似于正弦波的 α 节律。

在诱发电位的主反应中，正相波比较恒定而负相波则多变化。当感觉刺激的频率逐渐增加时，正相波开始占优势，负相波在初期偶然地消失，后来就永远地消失。进一步增加刺激频率，正相波的波幅开始减小，最后投射区只间隔地对刺激发生反应或者呈不规则的反应以至完全停止反应。

依靠麻醉方法从自发脑电活动中突出诱发电位的方法，因麻醉药对中枢神经系统生理活动的影响可引起波形畸变，使皮质反应受到歪曲；而使用计算机做叠加平均运算时，因选用刺激器的同步脉冲作为计算机的外触发信号，当计算机接收到外触发信号时即开始进行叠加运算，故可将有一定潜伏期的相位相同的诱发电位相叠加显示出来，而背景噪声则是随即出现的。当许多次反应叠加起来时，与触发信号相关的反应幅度逐渐加大，随机噪声信号则被平均抵消，从而使信号与噪声比得到改善。

【实验目的】

通过引导和分析大脑皮质的诱发电位，了解大脑皮质的功能活动。

【实验动物】

家兔。

【实验器材】

BL-420生物信号采集与分析系统、哺乳动物手术器械、脑立体定位仪、皮质引导电极、电极操纵器、人工呼吸机、保护电极、咬骨钳、牙钻、骨蜡、止血海绵、棉花、纱布。

【实验药品】

25%氨基甲酸乙酯溶液、液体石蜡、37℃ 0.9%氯化钠注射液、三碘季胺酚。

【实验方法与步骤】

1. 手术

（1）经耳缘静脉注射25%氨基甲酸乙酯溶液（4mL/kg）全麻。麻醉时应密切观察动物的角膜反射、疼痛反射、肌张力、心跳、呼吸及瞳孔大小，防止麻醉意外。麻醉深度以动物呼吸频率维持在20~24次/min，自发脑电波尽可能被阻抑为准。

（2）将动物仰卧固定于手术台上，行颈部正中切口，用止血钳钝性分离皮下组织，暴露胸骨舌骨肌。沿正中线分开肌肉可暴露出气管，并继续沿气管两侧分离结缔组织使气管游离。在其下穿线，用手术剪于甲状软骨下3~4软骨环做倒"T"切口，插入气管插管，结扎固定（见家兔血压调节）。

（3）将动物俯卧固定，于其大腿背侧中部纵行切开皮肤，止血钳钝性分离股二头肌与半腱肌，在深部找到粗大、白色的坐骨神经（图9-1）。固定保护电极于坐骨神经上，覆盖38℃液体石蜡，止血钳夹闭切口皮肤。

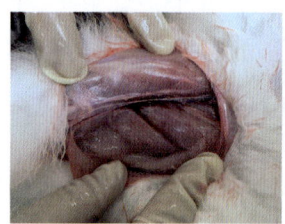 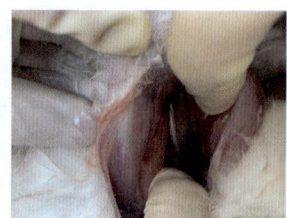 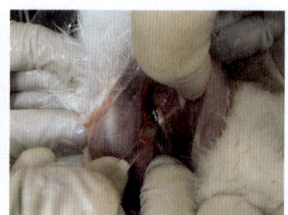

（1）暴露股二头肌与半腱肌　　（2）深部找到坐骨神经　　（3）玻璃分针分离坐骨神经

图9-1　分离家兔坐骨神经

（4）将兔头固定于立体定位仪上，在头顶部沿正中线切开皮肤、暴露颅骨，刀柄钝性分离骨膜，清楚暴露骨线。在接受刺激的肢体的对侧开颅。开颅范围：矢状缝旁开1~8mm，冠状缝前后各5mm。用骨钻、骨钳打开颅骨（图9-2）。骨缝出血可用骨蜡封闭。剪开脑膜，滴一滴液体石蜡，以保护皮质。

 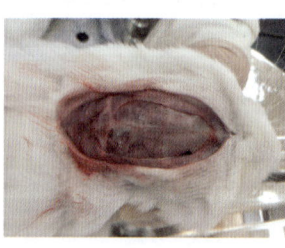 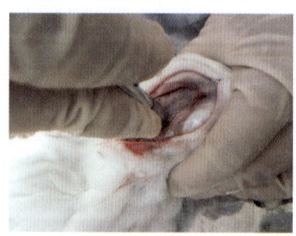

（1）正中切开家兔头部皮肤　　（2）钝性分离骨膜　　（3）骨钻钻开颅骨

图9-2　暴露家兔大脑皮质

2. 仪器的连接

将引导电极（银球电极）置于矢状缝旁开 2~4mm，人字缝尖前 10mm 处。用电极操纵器在该点周围移动引导电极，寻找能导出最大幅度诱发电位的中心点（图 9-3）。电极尾端连接 BL-420 生物信号采集与分析系统 CH1 输入端，参考电极夹在头皮切口边缘上，地线与动物后肢皮肤相连，使动物接地。

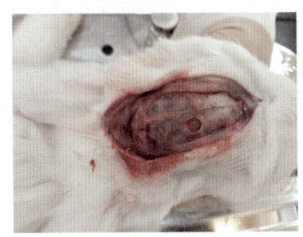
（1）剪开脑膜

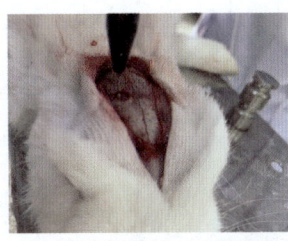
（2）引导电极记录大脑皮质诱发电位

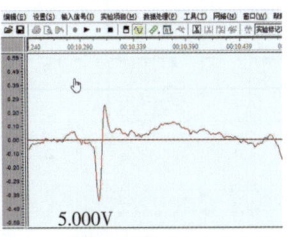
（3）刺激坐骨神经产生的大脑皮质诱发电位

图 9-3　引导和记录家兔大脑皮质诱发电位

3. 观察项目

启动 BL-420 生物信号采集与分析系统，进入软件主界面。点击菜单"实验项目"，依次选择"中枢神经实验"→"大脑皮层诱发电位"，即可开始实验。

（1）以单脉冲电刺激作用于坐骨神经触发诱发电位，刺激时逐渐增加刺激强度（以刺激坐骨神经时能引起该侧后肢轻轻抖动为宜），观察是否有诱发电位。同时可移动引导电极的位置，寻找较大、恒定的诱发电位的区域。诱发电位前面为刺激伪迹，根据刺激伪迹的位置，可以测量出诱发电位的潜伏期。

（2）以 1Hz 的重复脉冲刺激坐骨神经，观察是否有诱发电位出现，波形如何。逐渐增加刺激频率直到 10Hz，观察反应情况。

【实验结果】

观察大脑皮层诱发电位结果如图 9-4 所示。

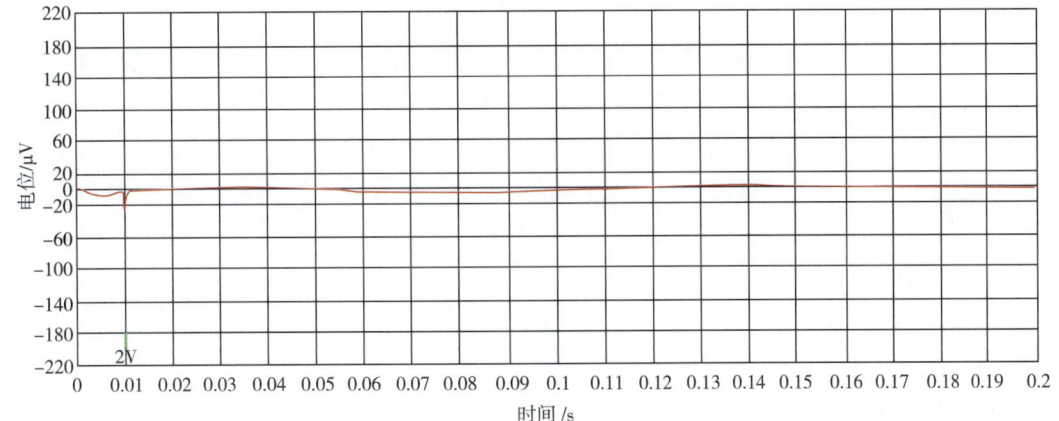

（1）2V 单刺激刺激坐骨神经

图 9-4　大脑皮层诱发电位

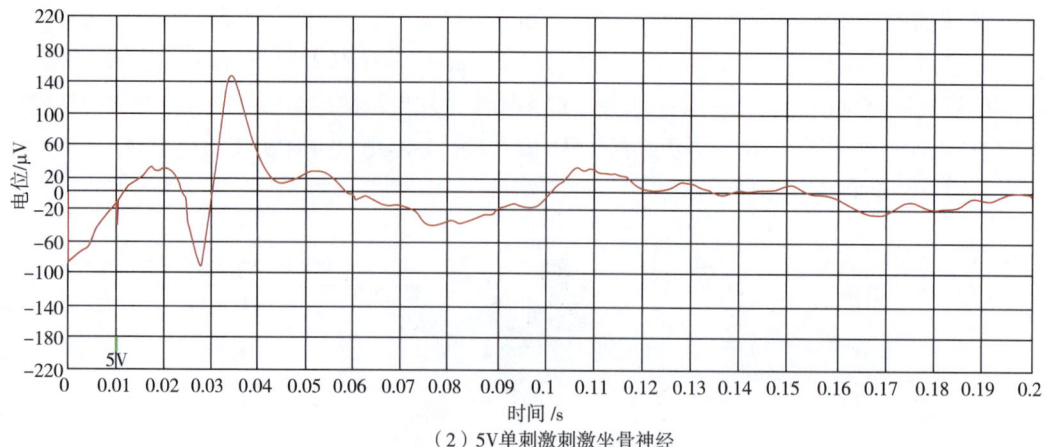

（2）5V单刺激刺激坐骨神经

图 9-4　大脑皮层诱发电位（续）

【注意事项】
1. 移动引导电极时，须先提起电极，然后再更换位置。
2. 仪器、动物必须良好接地。

【思考题】
1. 从实验中所获得的最大反应点代表什么？
2. 诱发电位的特征及产生的机制是什么？

实验二　反射时的测定与反射弧的分析

【实验原理】

在中枢神经系统参与下，机体对刺激发生反应的过程称为反射。它是神经活动的基本方式。反射的结构基础是反射弧，包括5个基本环节：感受器、传入神经、神经中枢、传出神经和效应器。要发生反射，必须有完整的反射弧。反射弧的任何一部分发生功能障碍或结构破坏，这一反射就不能进行。由于脊髓的机能比较简单，所以常选用只毁脑的动物（如脊蛙或脊蟾蜍）为实验材料，以利于观察和分析。

兴奋在反射弧中枢部分传布时会耗费比较长的时间（中枢延搁），并会产生总和及后放等现象。从刺激开始到反射活动出现消耗的时间为反射反应的潜伏期。该潜伏期的长短除与突触传递的时间延搁有关外还与刺激强度有关。在一定条件下，刺激越强潜伏期越短。

【实验目的】

学习研究反射弧的一些基本方法，分析反射弧的组成及反射弧中枢部分兴奋传布的特征，进一步加深对反射弧的理解。

【实验动物】

蟾蜍或蛙。

【实验器材】

常用蛙类手术器械、血管钳、铁支架、双凹夹、刺激器、刺激电极、秒表、小烧杯、玻璃平皿、滤纸、纱布、棉球、蛙板。

【实验药品】

0.5%、1% 和 2% 的 H_2SO_4 溶液。

【实验方法与步骤】

1. 制备脊动物

脊髓与高位中枢离断的动物称为脊动物。制备时将粗剪刀伸入蟾蜍（蛙）口腔，沿口角于枕骨大孔处剪去蟾蜍（蛙）脑部，保留下颌及脊髓。用铁夹夹住下颌，悬挂于铁支架上，开始实验观察（图 9-5）。

（1）剪去脑部
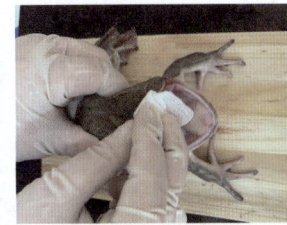
（2）棉球压迫止血
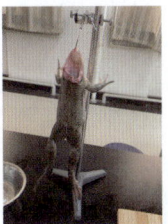
（3）垂直悬挂脊动物

图 9-5 脊动物的制备

2. 脊髓反射活动的特征

（1）屈肌和对侧伸肌反射　取浸有 1%H_2SO_4 溶液的滤纸贴于蟾蜍（蛙）的左后肢上，观察双下肢反应（可见左侧后肢出现屈肌反射，而未受刺激的右侧后肢则伸直）。出现反应后，立即用盛在烧杯内的自来水清洗受刺激部位，并用纱布擦干。在左侧后肢踝关节上方处，将皮肤做一环形切口，剥掉足趾皮肤，再将蟾蜍（蛙）的脚趾浸入 1% H_2SO_4 溶液中，观察有无屈肌反射（图 9-6）。

（1）1%H_2SO_4 滤纸片

（2）H_2SO_4 滤纸贴于蟾蜍（蛙）的左后肢上

（3）左侧出现屈肌反射
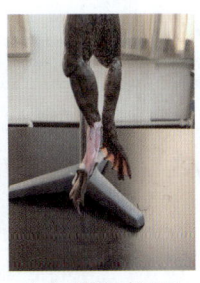
（4）剥掉左侧足趾皮肤
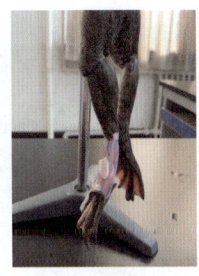
（5）H_2SO_4 滤纸贴于蟾蜍（蛙）的左侧剥除皮肤的后肢上

图 9-6 屈肌和对侧伸肌反射观察

（2）搔扒反射　以浸有 1%H_2SO_4 溶液的小片滤纸贴于蟾蜍（蛙）的腹侧部，可见其同侧后肢抬起，向受刺激的部位搔扒（图 9-7）。

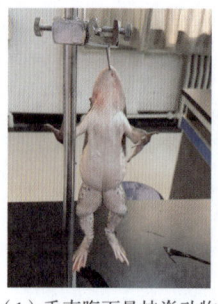
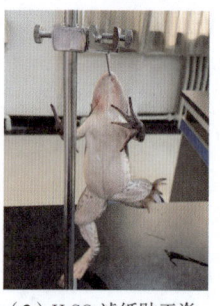

（1）垂直腹面悬挂脊动物　　（2）H₂SO₄滤纸贴于脊动物的腹部引出搔扒反射

图 9-7　搔扒反射

（3）将右侧大腿后面的皮肤沿坐骨神经走行方向剪开，在股二头肌和半膜肌之间暴露坐骨神经并在其下穿线、结扎。在两结扎线之间剪断，再用 1% H₂SO₄ 溶液浸没该侧脚趾，反射不再出现。选择较小和较大刺激强度分别刺激坐骨神经的中枢端和外周端，观察刺激坐骨神经中枢端时是否引发对侧的反射（图 9-8）。

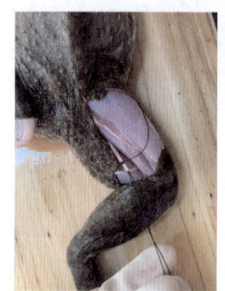
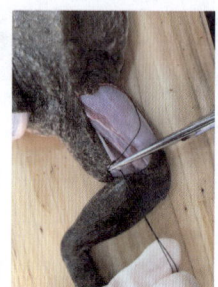
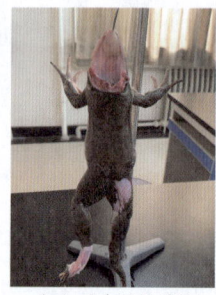
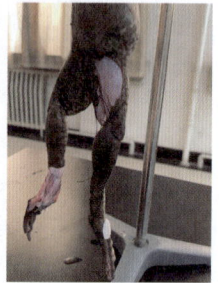

（1）游离右侧坐骨神经　　（2）结扎剪断坐骨神经　　（3）垂直悬挂动物　　（4）H₂SO₄滤纸贴于蛙的右侧后肢上

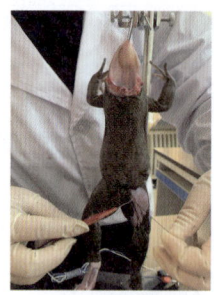
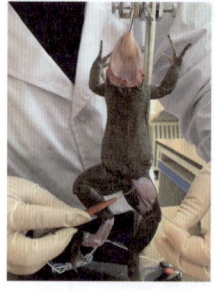
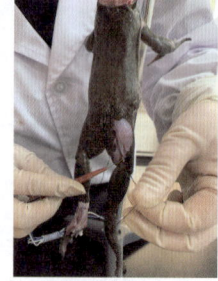

（5）用电极刺激右侧坐骨神经中枢端　　（6）引发左侧屈肌反射　　（7）用电极刺激右侧坐骨神经外周端

图 9-8　破坏坐骨神经观察是否能引导出对侧的屈肌反射

3. 兴奋在中枢神经系统内的传导特征

（1）测定反射反应的潜伏期　将蟾蜍（蛙）的左脚最长趾尖浸入盛有 0.5% H₂SO₄ 溶液的玻璃平皿中，用秒表记录从趾尖浸入时至腿开始屈曲时所需时间。换用清水清洗皮肤并用纱布擦干净。重复 3 次，求得平均值即为反射反应的潜伏期。

换用 1% 和 2% H_2SO_4 溶液重复上述实验，求得平均值，比较有无改变。每次浸入蟾蜍（蛙）趾的部位及深度应相同，以免因刺激强弱不同而影响实验结果。试比较刺激强度与潜伏期的关系。

（2）反射作用的抑制　先用小镊子夹住蟾蜍（蛙）大腿根部的皮肤，待蟾蜍（蛙）不活动后，再将后肢浸入 1% H_2SO_4 溶液中。重复 3 次，求其反射时的平均值，并与前一实验中 1% H_2SO_4 溶液的结果相比较，是否有变化？

（3）脊髓内兴奋过程的扩散　用不同强度的电刺激刺激右侧坐骨神经的中枢端，观察同侧及对侧后肢的活动有何不同。当采用较小电刺激时，双下肢均无反应；当采用适宜电刺激时，仅右侧后肢有反应；继续增大电刺激，两后肢均出现反应；刺激增大至更强会引起全身反应。

（4）总和现象　用两个互相靠近的电极接触蟾蜍（蛙）同一后肢皮肤，固定采用阈下刺激，先用单个刺激电极给予单个阈下刺激，不引起收缩反应；再两个电极同时给予单个阈下刺激，出现反射反应；最后用单个刺激电极，调节刺激频率，随着频率的增加，观察双后肢的反射如何。

（5）后放现象　用适宜强度的重复电刺激作用于蟾蜍（蛙）的后肢皮肤，以引起蟾蜍（蛙）的反射活动。观察每次刺激停止后，反射活动是否立即停止。如不停止，则用秒表测算自刺激停止时起到反射动作结束共持续了多长时间，并观察用强刺激与弱刺激时结果有无差别。

（6）用探针彻底捣毁脊髓后，重复用 1% H_2SO_4 溶液分别刺激脚趾和腹部皮肤的实验，观察结果如何。再重复用较强阈上刺激刺激右后肢坐骨神经中枢端，观察两后肢的反应（图 9-9）。

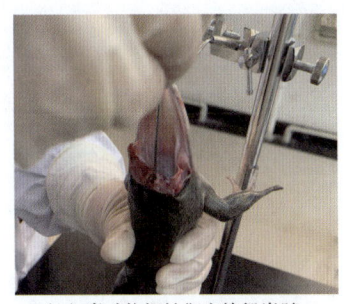
（1）脊动物探针彻底捣毁脊髓

（2）重复上述实验观察是否能引导出各种反应

图 9-9　捣毁脊髓后观察是否能引导出伸屈肌反射和搔扒反射等活动

4. 脊髓在维持肌紧张中的作用

实验蟾蜍（蛙）的四肢一直处于某种程度的屈曲状态，这说明肌肉处于某种程度的紧张状态。若用探针将脊髓破坏后，则不再屈曲，肌肉松弛，四肢完全下垂。

【注意事项】

1. 毁损脑时，切勿损伤脊髓，以免破坏反射中枢。

2. 用酸刺激蟾蜍（蛙）后肢皮肤时间不宜过长（几秒钟即可），刺激后立即洗去硫酸，以免损伤化学感受器，影响实验结果。

3. 每次浸入硫酸的蟾蜍（蛙）足趾尖的部位及深度应基本相同，以保证刺激范围不变。

否则无法进行潜伏期的测定和比较。

4. 在两次刺激之间，应间隔 2~3min，以防止互相影响。

【思考题】

1. 根据上述各项实验结果分析指出哪些反应属于反射活动，哪些不属于反射活动，为什么？

2. 为什么电刺激坐骨神经中枢端，同侧和对侧后肢表现出不同的反应？

实验三　降压神经放电

【实验原理】

兔主动脉弓压力感受器的传入神经纤维在颈部自成一束，与迷走神经伴行，称之为"降压神经"，是压力感受器反射的传入纤维。压力感受器反射是维持动脉血压相对稳定的主要机制之一。压力感受器反射的感受器位于颈动脉窦和主动脉弓血管外膜下，其感觉神经末梢称为压力感受器；它们不是直接感受血压的变化，而是感受血压对血管壁的机械牵张程度。当动脉血压升高时，血压对血管壁的机械牵张程度增大，压力感受器受到牵张刺激作用加强，发放冲动频率增加，降压神经传入冲动增多，放电频率幅度加大。相反，动脉血压降低时，压力感受器受到牵张刺激作用减弱，发放冲动的频率减少，降压神经传入冲动减少，放电频率幅度减弱。

降压神经放电的特征是自发的与心动周期同步且有规则的群集型放电（电位幅度为 30~200mV）。借助音箱可以听到类似火车行进时发出的有节奏的声音。

【实验目的】

观察药物引起血压变化时降压神经放电的变化，以加深对压力感受器反射意义的理解。

【实验动物】

家兔。

【实验器材】

常用家兔手术器械、兔手术台、动脉插管、动脉夹、气管插管、注射器、BL-420生物信号采集与分析系统、音箱、引导电极（铂金电极）、电板固定架、玻璃分针。

【实验药品】

25%氨基甲酸乙酯溶液、1∶10000 去甲肾上腺素溶液、1∶100000 乙酰胆碱溶液、0.9%氯化钠注射液、液体石蜡。

【实验方法与步骤】

1. 实验动物的准备

（1）麻醉动物　取家兔一只，仰卧位固定，颈正中备皮，经耳缘静脉注射25%氨基甲酸乙酯溶液（4mL/kg）全麻。给药过程中随时观察麻醉效果（角膜反射、肌张力和疼痛反射），防止麻醉意外。

（2）手术

①气管插管：剪去颈前部兔毛，于颈部正中切开皮肤约7cm。用止血钳分离皮下组织，

暴露胸骨舌骨肌。沿正中线分开肌肉可暴露出气管,并继续沿气管两侧分离结缔组织使气管游离。在其下穿线,用手术剪于甲状软骨下 3~4 软骨环做倒"T"切口,插入气管插管,结扎固定。

②分离降压神经:用拇指和食指捏住气管上的肌肉和皮肤外翻,用另外三个手指在皮外将外翻的组织抬起。此时,可在气管外侧见到神经血管丛。丛内包含颈总动脉、迷走神经、交感神经、降压神经。在外翻而抬起的组织上可以仔细区别三根神经的粗细:迷走神经最粗、交感神经次之、降压神经最细。用浸润了 0.9% 氯化钠注射液的棉球顺着血管神经走行方向轻轻拭去血液,看清楚 3 条神经中最细的一条,用玻璃分针把它分离出来即为降压神经,在下面穿线备用(图 9-10)。

③仪器测试:启动 BL-420 生物信号采集与分析系统,从 BL-420 主界面的菜单条"实验项目"栏选择"循环系统"的"降压神经放电"项。

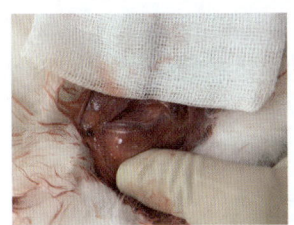
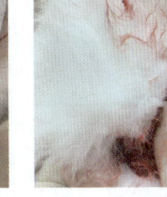

(1)操作一　　　　(2)操作二

图 9-10　分离刺激降压神经

2. 观察项目

(1)用引导电极将降压神经悬空钩起,注意不要将其牵拉过紧或将其与周围组织接触(图 9-11),此时可从音箱中听到类似火车行进时的声音,同时从显示屏可见到呈群集型放电。

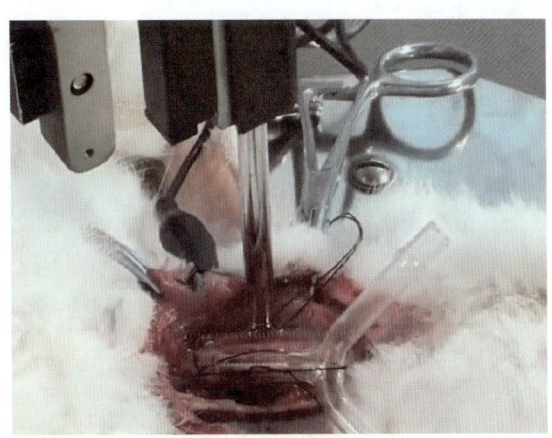

图 9-11　连接引导电极

(2)经耳缘静脉注入 1∶10000 去甲肾上腺素溶液 0.3~0.5mL,立即观察降压神经放电的变化。

（3）经耳缘静脉注入 1∶100000 乙酰胆碱溶液 0.2mL，立即观察降压神经放电的变化。

3. 结束实验

实验结束时，单击工具栏"■"按钮，保存原始文件。选择反演数据打开文件，剪辑典型波形打印，粘贴在实验报告上。

【实验结果】

不同条件下观察到的降压神经放电结果如图 9-12 所示。

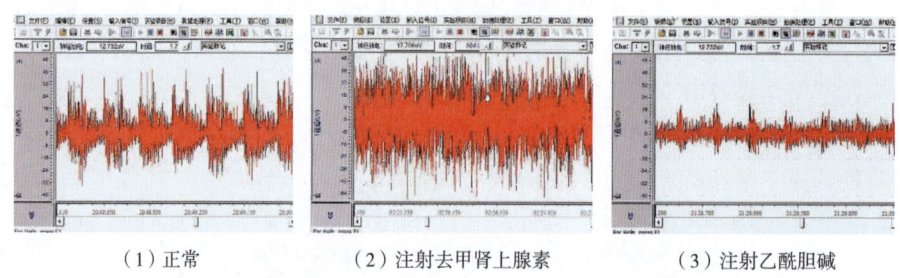

（1）正常　　　　（2）注射去甲肾上腺素　　　　（3）注射乙酰胆碱

图 9-12　降压神经在正常、注射去甲肾上腺素和乙酰胆碱时的放电

【注意事项】

1. 麻醉不宜过浅，防止动物躁动。
2. 分离神经时切忌使用锐性器械，也不用金属器械，而用玻璃分针（尖端要完整圆滑），以免损伤神经。
3. 分离神经时要顺其走行方向分离，要分离干净，并且不可牵拉过度。
4. 对分离出的神经滴加液体石蜡，以防止神经干燥。

【思考题】

1. 降压神经放电与动脉血压有何关系？
2. 压力感受器反射有何生理意义？

实验四　去大脑僵直

【实验原理】

脑干网状结构中存在抑制或加强肌紧张和肌肉运动的区域，分别称为抑制区和易化区。此外，脑其他结构中也存在调节肌紧张的区域或核团，如刺激大脑皮层运动区、纹状体、小脑前叶蚓部等部位，可引起肌紧张降低，这些区域或核团与脑干网状结构抑制区和易化区具有结构和功能上的联系，它们对肌紧张的影响可能通过脑干网状结构内的抑制区和易化区来完成。在中脑上下丘之间切断脑干，由于中断了大脑皮层、纹状体等部位与脑干网状结构之间的功能联系，造成抑制区和易化区之间的活动失衡，使抑制区的活动大为减弱，而易化区的活动明显占优势。动物即表现为四肢伸直，坚硬如柱，头尾昂起，脊柱挺硬，呈角弓反张状态，这一现象称为去大脑僵直。

【实验目的】

通过去大脑僵直现象的观察，理解脑干等中枢神经系统在姿势调控中的作用。

【实验动物】

家兔。

【实验器材】

哺乳动物手术器械 1 套、刺激电极、骨钻、咬骨钳、止血海绵、骨蜡。

【实验药品】

25% 氨基甲酸乙酯溶液。

【实验方法与步骤】

1. 麻醉动物

取家兔一只，经耳缘静脉注射 25% 氨基甲酸乙酯溶液（4mL/kg）全麻（麻醉不宜过深）。给药过程中随时观察麻醉效果（角膜反射、肌张力和疼痛反射），防止麻醉意外。

2. 手术

俯卧位固定，头部备皮，纵向切开。然后切开骨膜，用手术刀刀柄钝性分离骨膜，在矢状缝旁 0.5cm 处用骨钻钻开颅骨，再用咬骨钳扩大窗口。注意不要损伤正中矢状静脉窦，为防止出血可结扎正中矢状静脉窦，最后用眼科镊夹起硬脑膜，用眼科剪剪去硬脑膜。

开颅术完成后，可结扎两侧颈总动脉，以减少在去大脑时和去大脑后的出血。只能在去大脑前结扎，先期结扎，则动物不易从麻醉中醒过来，出血也更多。

一手托起家兔头部，另一只手用手术刀刀柄从大脑半球后缘翻开枕叶，暴露四叠体（即中脑上、下丘，上丘较大，下丘较小），在上、下丘之间略向前倾斜将刀柄切向颅底，将脑干完全切断。然后使家兔侧卧，几分钟后可见家兔四肢和躯干逐渐变硬伸直，呈角弓反张状态（若未出现去大脑僵直，可向后反复试切，但不能太靠后以免伤及延髓呼吸中枢引起呼吸停止）（图 9-13）。

 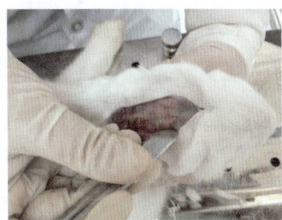 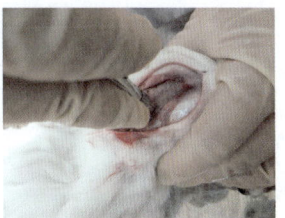

（1）纵向切开头部皮肤　　（2）钝性分离肌肉和骨膜　　（3）骨钻钻开颅骨

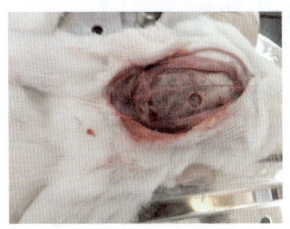 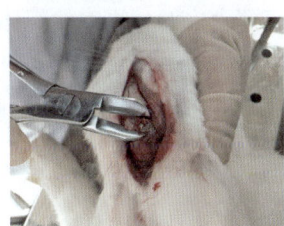 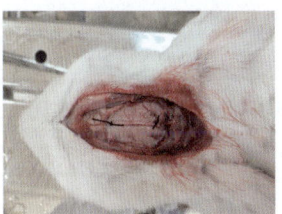

（4）去除小块颅骨　　（5）咬骨钳扩大窗口　　（6）结扎正中矢状静脉窦

图 9-13　去大脑僵直

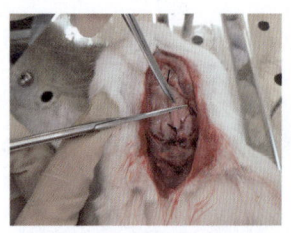
（7）中间剪断结扎的矢状静脉窦

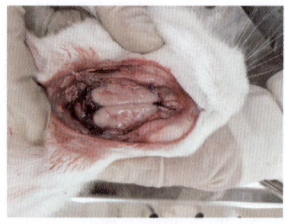
（8）充分暴露大脑

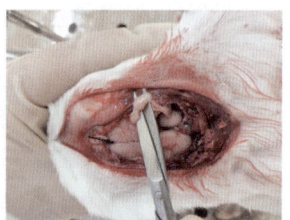
（9）翻开大脑的枕叶

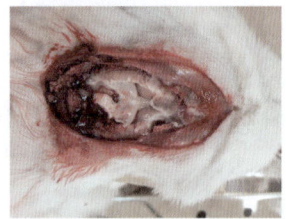
（10）暴露四叠体

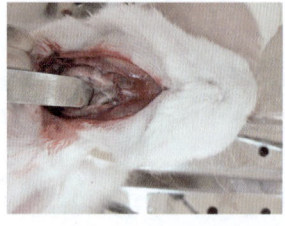
（11）上、下丘之间切断脑干

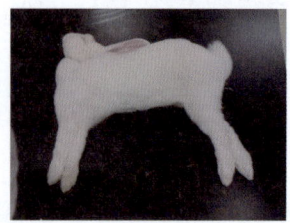
（12）角弓反张

图 9-13　去大脑僵直（续）

【注意事项】
1. 在刀片插入前，要按住兔身，以防兔挣扎使进刀位置偏移，影响实验效果。
2. 切断脑干的位置不能偏低，以免伤及延髓呼吸中枢引起呼吸停止。

实验五　去小脑动物的观察

【实验原理】
小脑是调节机体姿势和躯体运动的重要中枢，它接受来自运动器官、平衡器官和大脑皮层运动区的信息，其与大脑皮层运动区、脑干网状结构、脊髓和前庭器官等有广泛联系，对大脑皮层发动的随意运动起协调作用，还可调节肌紧张和维持躯体平衡。小脑损伤后会发生躯体运动障碍，主要表现为躯体平衡失调、肌张力增强或减退及共济失调。

【实验目的】
观察动物的小脑损伤后对其肌紧张和身体平衡等躯体运动的影响。

【实验动物】
小白鼠。

【实验器材】
小动物手术台、大头针、棉球、烧杯、手术刀、手术剪。

【实验药品】
乙醚。

【实验方法与步骤】
1. 实验准备

（1）麻醉　麻醉之前首先要注意观察小白鼠的姿势、肌张力以及运动的表现。然后将小白鼠罩于烧杯内,放入一块浸有乙醚的棉球使其麻醉,待动物呼吸变为深慢且不再有随意活动时,将其取出,俯卧位固定于小动物手术台上。

(2)手术 破坏小白鼠的一侧小脑:剪除头顶部的毛,用左手将头部固定,沿正中线切开皮肤直达耳后部。用刀背向两侧剥离颈部肌肉及骨膜,暴露颅骨,透过颅骨可见到小脑,在正中线旁开 1~2mm,用大头针垂直刺入一侧小脑,进针深度约 3mm,然后左右前后搅动,以破坏该侧小脑。取出大头针,用棉球压迫止血。

2. 实验项目

将小白鼠放在实验台上,待其清醒后观察其姿势、肢体肌肉紧张度的变化、行走时是否有不平衡现象以及动物是否向一侧旋转或翻滚。

【实验结果】

观察实验结果(图 9-14)。

图 9-14 小白鼠向受损的同侧翻滚

【注意事项】

1. 麻醉时间不宜过长,并要密切关注动物的呼吸变化,避免麻醉过深导致动物死亡。
2. 手术过程中如动物苏醒或挣扎,可随时用乙醚棉球追加麻醉。
3. 捣毁小脑时不可刺入过深,以免伤及中脑、延髓或对侧小脑。

【知识链接】

1. 小白鼠一侧小脑轻度损伤时,动物的姿势或运动有何异常?分析其原因。

小白鼠一侧小脑损伤程度较轻时,动物表现为向健侧旋转或翻滚。其原因为小脑前叶蚓部通过网状结构抑制区具有抑制同侧伸肌紧张的作用。轻度损伤时,主要损伤了小脑前叶蚓部,造成损伤侧肌紧张加强,故小白鼠向未损伤侧(健侧)旋转或翻滚。

2. 小白鼠一侧小脑损伤程度较重时,有何实验现象?请分析其原因。

小白鼠一侧小脑损伤程度较重时,动物表现为向损伤侧旋转或翻滚。其原因为脊髓小脑对肌紧张的调节具有易化和抑制双重作用,小脑前叶两侧部和半球中间部具有加强同侧伸肌紧张的功能。当损伤重时,小白鼠破坏范围较大,此时不仅小脑前叶蚓部受伤,而且小白鼠小脑前叶两侧部和半球中间均受到损伤,总效应为损伤侧易化,同侧肌紧张作用减弱,而抑制作相对增强,故小白鼠出现向损伤侧旋转或翻转现象。

第十章 泌尿系统

实验 影响尿生成的因素

【实验原理】

尿的生成包括肾小球滤过、肾小管和集合管的重吸收、分泌和排泄三个过程。凡能影响上述过程的因素都可影响尿的生成，从而引起尿量的改变。利尿药通过作用于尿生成的不同环节产生利尿作用。

【实验目的】

1. 学习输尿管插管术及尿量的测量和记录方法。
2. 观察影响尿生成的因素及利尿药的利尿作用，并分析其作用机制。

【实验动物】

家兔。

【实验器材】

BL-420生物信号采集与分析系统、常用家兔手术器械、兔手术台、动脉夹、玻璃分针、注射器（1mL、5mL、20mL）、静脉输液器、记滴器、恒温水浴锅、纱布。

【实验药品】

生理盐水、25%的氨基甲酸乙酯溶液、50%葡萄糖溶液、垂体后叶素、呋喃苯胺酸（速尿）、1:10000去甲肾上腺素溶液、20%甘露醇溶液、1:10000乙酰胆碱溶液、氨茶碱。

【实验方法与步骤】

1. 麻醉与固定

称量家兔体重，用25%的氨基甲酸乙酯溶液（4 mL/kg体重）经家兔耳缘静脉缓慢注射，给药过程中随时观察麻醉效果（角膜反射、肌张力和疼痛反射），防止麻醉意外。麻醉后将其仰卧位固定于兔手术台上。颈部备皮，做5~7cm的切口。

2. 手术准备

（1）颈部手术　气管插管术和颈动脉插管术（方法同家兔血压调节）和颈静脉插管术（图10-1）。

（2）腹部手术　剪去下腹部膀胱区被毛，从耻骨联合处向上沿正中线作一长约4cm的切口，沿正中腹白线切开腹壁，用手轻轻将膀胱翻至体外（勿使肠管外露，以免血压下降）。反转膀胱暴露膀胱三角，于膀胱三角辨别输尿管（注意与输精管、输卵管区别，前者直，后者弯曲），用玻璃分针将输尿管周围组织分离干净，分离输尿管约2cm。于输尿管下方穿两根丝线，将近膀胱端的输尿管用一丝线结扎，另一丝线备用。一手小指挑起输尿管，眼科剪于结扎线处剪切输尿管一"V"形切口；将充满生理盐水的输尿管插管向肾脏方向插入输尿管内，用备用丝线结扎固定。调整、固定插管，使其与输尿管保持同一走向，防止插管尖端翘起成夹角，影响尿液的流出。将两侧输尿管收集的尿液经引流管流出，由记滴器记录。手术完毕，用止血钳夹闭切口，或用温生理盐水纱布覆盖腹部创口，以防体热散失（图10-2）。

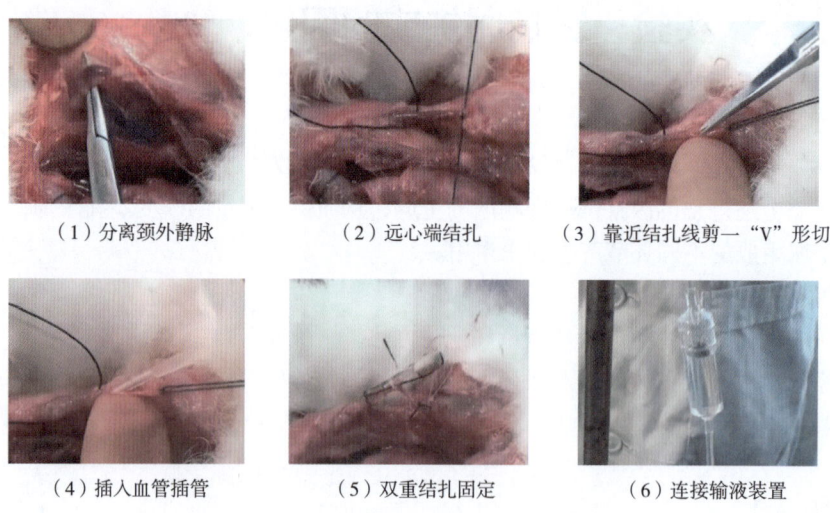

图 10-1　经颈外静脉建立输液通道

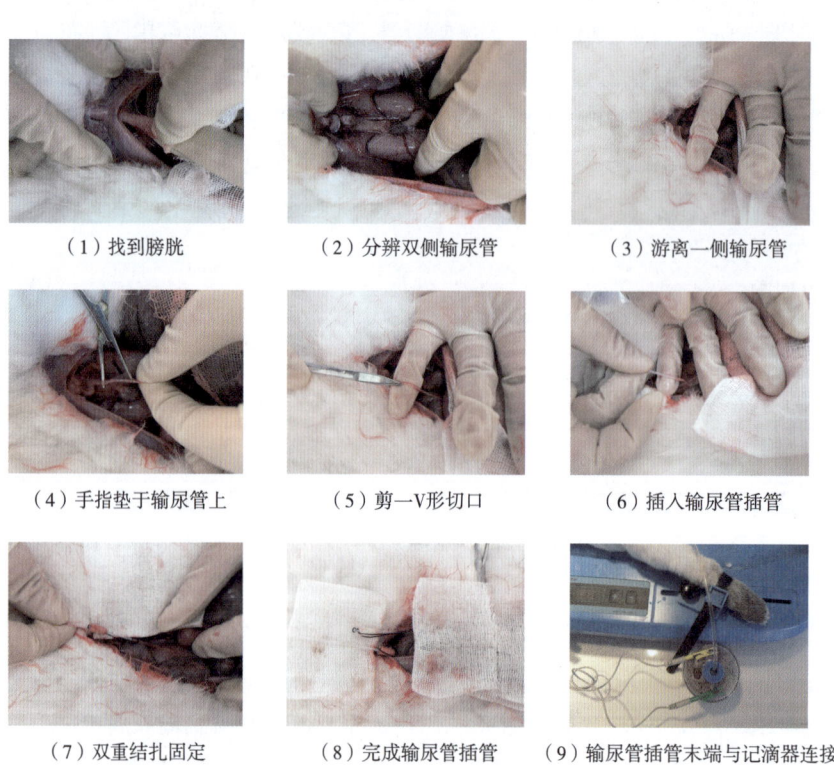

图 10-2　输尿管插管术

3. 信号输入

由记滴器将尿滴信号输入系统的 CH1 通道,准备记录尿量的变化。

4. 仪器调试

打开计算机,进入 BL-420 生物信号采集与分析系统操作界面,由菜单条"实验项目"进入"泌尿实验",选择"尿生成的影响因素"(图 10-3)。记录尿量的变化。

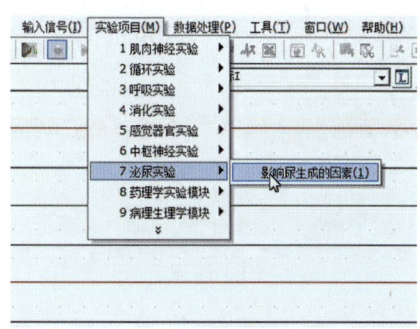

图 10-3 BL-420 生物信号采集与分析系统操作

5. 观察项目

(1)记录正常的尿量(滴 /min)作为对照数据。并做正常血糖定量及尿糖定性实验。

(2)由耳缘静脉快速注入 38℃生理盐水 20mL,观察尿量的变化。

(3)待尿量基本恢复后,静脉注射 38℃ 50% 葡萄糖溶液 3mL/kg,观察尿量的变化,并做血糖定量及尿糖定性实验(与正常对照)。

(4)待尿量基本恢复后,静脉注射 1∶10000 去甲肾上腺素 0.5mL,观察尿量的变化。

(5)待尿量基本恢复后,静脉注射呋喃苯胺酸(速尿)5mg/kg(0.5mL/kg),观察尿量的变化。

(6)待尿量基本恢复后,静脉注射垂体后叶素 3U(0.5mL),观察血压和尿量的变化。

(7)待尿量基本恢复后,注射 1∶10000 乙酰胆碱 0.3mL,观察尿量的变化。

(8)待尿量基本恢复后,静脉注射 20% 甘露醇 10mL/kg,观察尿量的变化。

(9)待尿量基本恢复后,剪断迷走神经,刺激外周端,使血压维持在低水平 15~20s,观察尿量的变化。

(10)待尿量基本恢复后,静脉注射氨茶碱 20mg/kg,观察血压和尿量的变化。

(11)颈总动脉放血 20mL,直至血压维持在 40~60mmHg,观察尿量的变化。

6. 尿糖定性实验

注射 50% 葡萄糖溶液,尿量明显变化时,取尿液 2 滴做尿糖定性实验。

$$1mL 班氏试剂+被检尿液 \xrightarrow{加热煮沸} \begin{cases} 砖红色\downarrow(+) \\ 否则(-) \end{cases}$$

【实验结果】

影响尿生成的因素及利尿药的利尿作用实验结果如图 10-4 所示,记录尿量和血压数据于表 10-1 中。

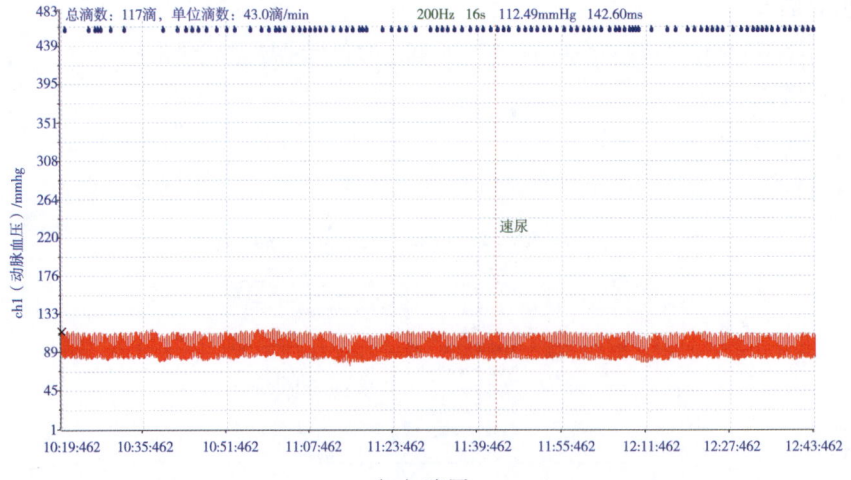

（1）速尿

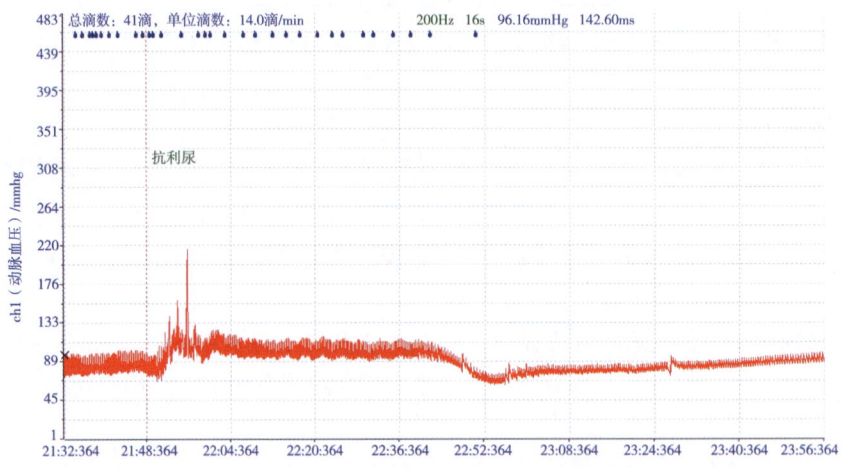

（2）垂体后叶素

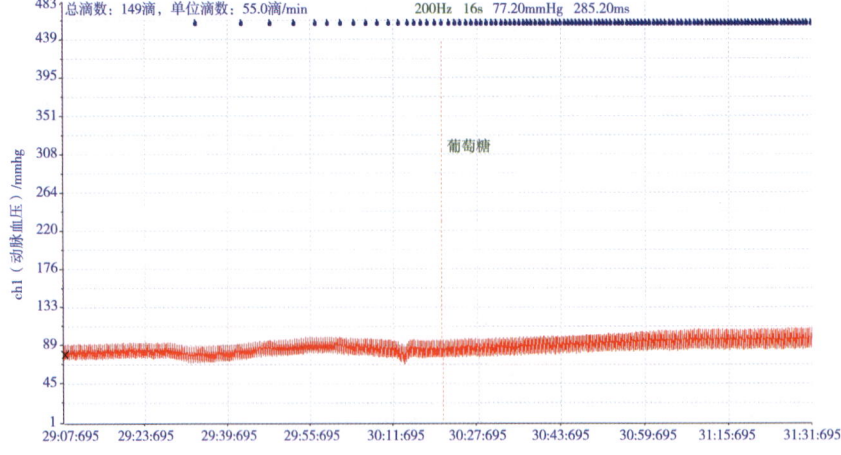

（3）50%葡萄糖溶液

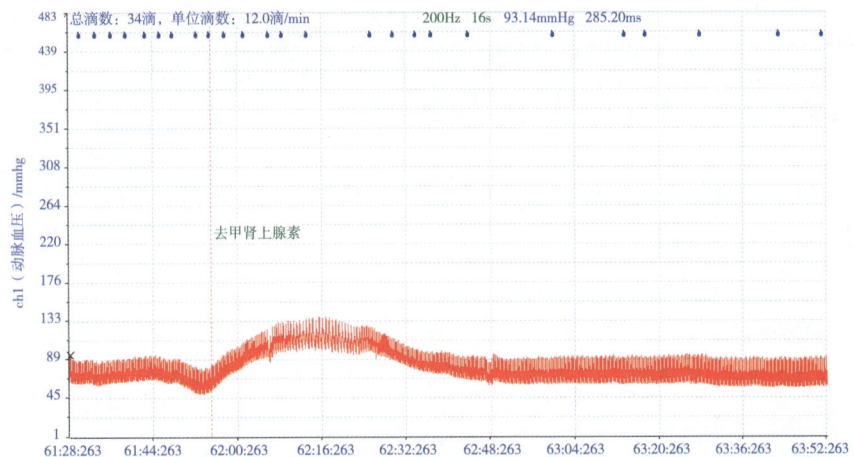

（4）1∶10000 去甲肾上腺素

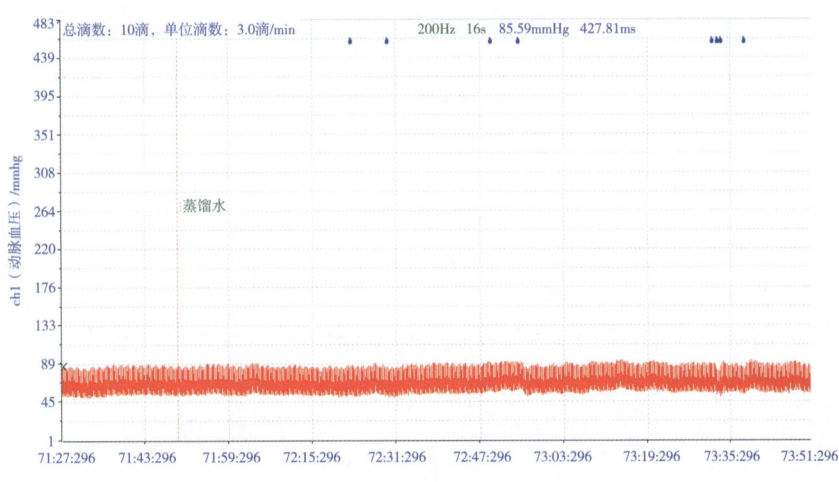

（5）蒸馏水

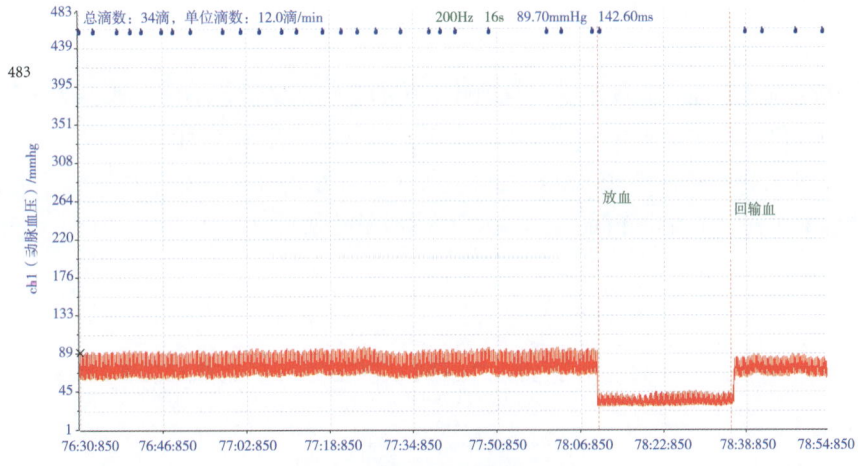

（6）放血和回输血

图 10-4　影响尿生成的因素及利尿药的利尿作用实验结果

表 10-1　影响尿生成的因素结果记录表

实验项目	尿量/ （滴/min）	血压/ mmHg	分析讨论
正常			
快速注射生理盐水			
静脉注射 50% 葡萄糖溶液			
静脉注射去甲肾上腺素			
静脉注射速尿			
静脉注射垂体后叶素			
静脉注射乙酰胆碱溶液			
静脉注射 20% 甘露醇溶液			
刺激迷走神经外周端			
静脉注射氨茶碱			
放血			

【知识链接】

1. 速尿作用机制

速尿作用于髓袢升支粗段上皮细胞，抑制 Na^+–$2Cl^-$–K^+ 同向转运系统，减少 NaCl 的再吸收，破坏了此段尿液的稀释过程。同时速尿使间质区高渗状态不能形成，而破坏了尿液的浓缩过程。因而最终排出带有大量水分的等渗或低渗尿，而起到强大的利尿作用。

2. 葡萄糖作用机制

滤过的葡萄糖超过了肾糖阈，经肾小球滤出的大量葡萄糖不能被肾小管上皮细胞全部重吸收，致使小管液中出现较多的葡萄糖，使肾小管液中的渗透压增加，妨碍水的重吸收，小管液中的 Na^+ 浓度被稀释而降低，故 Na^+ 的重吸收也减少，氯化钠及水的排出均增加，尿量增加。此称为渗透性利尿。

3. 去甲肾上腺素作用机制

肾小球毛细血管血压高低既受全身动脉血压的影响，又受肾小球入球小动脉和出球小动脉的口径比例（也就是血管平滑肌舒缩程度）的影响，而后一种因素比前一种因素更为重要。去甲肾上腺素使肾小球入球小动脉收缩（入球小动脉比出球小动脉收缩更明显），使肾小球毛细血管中血流量降低，滤过率减少，尿量随之减少。

第十一章 内分泌与生殖系统实验

实验 缩宫素对离体子宫平滑肌收缩的影响

【实验原理】

子宫平滑肌兴奋药是妇产科的一类重要药物，临床上广泛应用于引产、催产、产后出血的防治及加快产后子宫复原。其主要代表药物是缩宫素，它是垂体后叶素在体内分解后生成的两种产物之一，通过作用于子宫上的缩宫素特异性受体，活化偶联的 G 蛋白而起作用。

缩宫素直接兴奋子宫平滑肌，加强其收缩。小剂量缩宫素加强子宫（特别是妊娠末期的子宫）的节律性收缩，使收缩振幅加大，张力稍增加，其收缩的性质与正常分娩相似，既使子宫底部肌肉发生节律性收缩，又使子宫颈平滑肌松弛，以促进胚胎娩出。随着剂量加大，将引起肌张力持续增高，最后可致强直性收缩，这对胚胎和母体都是不利的。子宫平滑肌对缩宫素的敏感性与体内雌激素和孕激素水平有密切关系。雌激素可提高其敏感性，孕激素则降低此敏感性。

【实验目的】

1. 离体大白鼠子宫标本的制备。
2. 利用未孕动情期小白鼠、大白鼠或家兔离体子宫置于合适营养液环境中的自主张力活动，验证不同剂量缩宫素对子宫的节律性收缩和强直性收缩的作用。

【实验动物】

大白鼠。

【实验器材】

常用家兔手术器械、恒温平滑肌浴槽、BL-420 生物信号采集与分析系统、张力传感器。

【实验药品】

2.5μg/mL 缩宫素、乐氏液、己烯雌酚注射液。

【实验方法与步骤】

1. 离体子宫标本制备

取处于动情期的雌性大白鼠（实验前 2 日腹腔注射已烯雌酚注射液 0.5mL/只，可促使其进入动情期），每组 1 只，脱颈椎处死后剪开腹腔，找出子宫，轻轻剥离；在子宫二角相连处下端剪断，取出子宫，置于有乐氏液的培养皿内，仔细剪除附着在子宫上的结缔组织和脂肪组织。然后将子宫二角相连处剪开，取一角，剪取 2cm，一端用标本钩钩上固定在浴槽底部，另一端用线结扎与传感器相连（图 11-1）。浴槽的营养液以能浸没子宫为宜。水浴温度为（37±0.5）℃，静置 15min，待子宫适应后，开始实验。

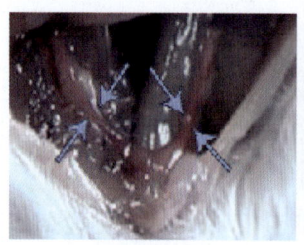 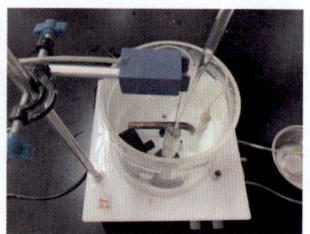

（1）辨认大白鼠子宫　　　（2）离体子宫固定于恒温平滑肌浴槽中

图 11-1　离体子宫的制备

2. 实验装置的准备

（1）打开 BL-420 生物信号采集与分析系统。在主菜单上选择"输入信号"→"1 通道"→"张力"。

（2）开始实验　记录子宫正常收缩曲线，张力调至 0.5~1g。

3. 观察项目

（1）记录子宫的正常收缩曲线。

（2）滴加 0.04mL（小剂量）2.5μg/mL 缩宫素，观察子宫平滑肌节律性收缩。

（3）立即更换乐氏液，待子宫恢复正常收缩节律后，滴加 0.4mL（大剂量）2.5μg/mL 缩宫素，观察子宫平滑肌强直性收缩。

4. 实验结束

单击"■"停止试验，输入文件名，保存，并进行图形剪辑。

【**实验结果**】

缩宫素对离体子宫平滑肌收缩的影响如图 11-2 所示，实验结果记录在表 11-1 中。

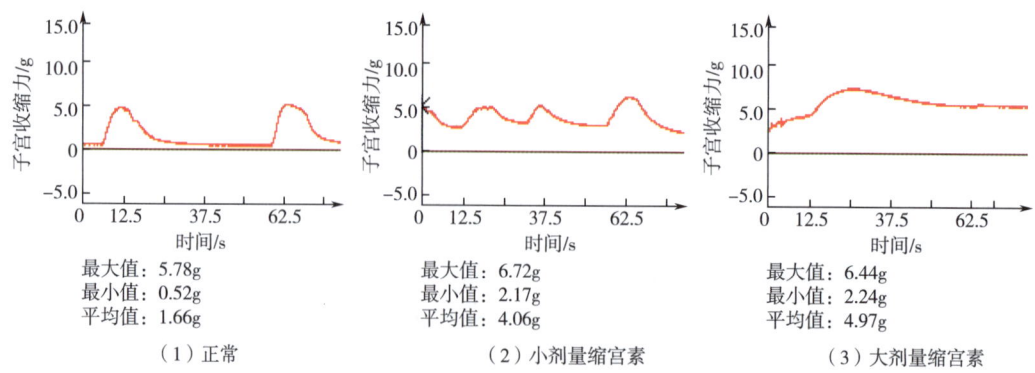

图 11-2　缩宫素对离体子宫平滑肌收缩的影响

表 11-1 缩宫素对离体子宫平滑肌收缩的影响

	正常	小剂量	大剂量
收缩频率			
平均收缩力 /g			
最大收缩力 /g			
最小收缩力 /g			

【注意事项】

1. 乐氏液每次要恒量，而且要注意浴槽的温度。

2. 滴加 0.04mL 2.5μg/mL 加缩宫素后，若子宫平滑肌出现强直收缩可换液后适当减小药物用量，直至出现较理想的波形。

3. 换液后，必须待曲线平稳后才能加入下一个药物。

第十二章 药物作用实验

实验一 磺胺类药物对肾脏的毒性

【实验原理】

磺胺类药抗菌谱较广，性质稳定，使用方便，价格低廉，不消耗粮食。特别是甲氧苄啶和二甲氧苄啶等抗菌增效剂，使磺胺药与抗菌增效剂联合使用后，抗菌谱扩大、抗菌活性大大增强，可从抑菌作用变为杀菌作用。但磺胺类药在水中溶解度差，易溶于稀碱溶液中。

磺胺类药在肝脏代谢后对位氨基（R2）乙酰化。磺胺乙酰化后失去抗菌活性，但保持原有磺胺的毒性。内服肠道难吸收的磺胺类主要随粪便排出，肠道易吸收的磺胺类主要通过肾脏排出。经肾排出的部分以原形，部分以乙酰化物和葡萄糖苷酸结合物的形式排出。除磺胺嘧啶外，其他乙酰化磺胺的溶解度普遍下降，增加了对肾脏的毒副作用。肉食及杂食动物，由于尿中酸度比草食动物高，较易引起磺胺及乙酰磺胺的沉淀，产生结晶尿、血尿、尿痛和尿闭等症状，损害肾功能。若同时内服碳酸氢钠，使尿液变碱性，则可提高其溶解度，促进从尿中排出，减少磺胺类结晶的形成。因此在使用磺胺类药物时，多同时使用碳酸氢钠，减少对肾脏的损害。

【实验目的】

观察磺胺类药物对肾脏的毒性作用。

【实验动物】

小白鼠。

【实验器材】

显微镜、小白鼠灌胃针、1mL 注射器、载玻片、鼠笼、棉签。

【实验药品】

10% 碳酸氢钠溶液、20% 磺胺甲噁唑悬浊液、5% 苦味酸。

【实验方法与步骤】

（1）小白鼠称重，用灌胃法给蒸馏水 0.5mL，收集尿液，用低倍镜观察尿液中有无结晶。

（2）5min 后灌胃 20% 磺胺甲噁唑悬浊液 0.2mL/10g。

（3）1h 后，收集尿液，用低倍镜观察尿液中有无磺胺结晶。

（4）在镜检结晶较集中的视野处滴加 10% 碳酸氢钠一滴，观察结晶是否消失或减少。

【实验结果】

灌胃磺胺甲噁唑悬浊液后，尿中出现大量结晶。滴加碳酸氢钠，结晶消失（图 12-1）。

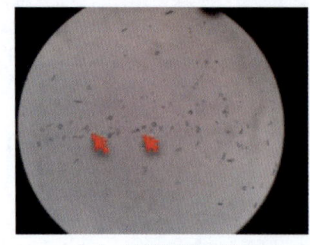 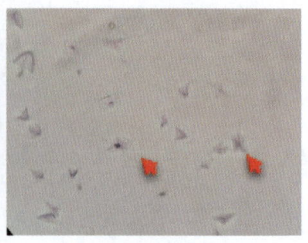

（1）4倍镜下磺胺结晶　　　　（2）10倍镜下磺胺结晶

图 12-1　不同放大倍数的结晶

【注意事项】

小鼠收集尿液的方法：

1. 轻压小鼠后下腹部，使其直接排尿在玻片上。
2. 将载玻片置于小鼠笼内，任其小便于玻片上。
3. 用毛细血管吸取排于实验台上的小便置于载玻片。

实验二　不同给药剂量对药物作用的影响

【实验原理】

药物的量效关系——在一定范围内，药物的作用与药物在作用部位的浓度呈正相关，随着浓度的提高，药物作用也加强。而药物在作用部位的浓度取决于给药剂量和药物在血中的浓度。这种药物效应与给药剂量之间的关系就是药物的量效关系。

1. 无效剂量——药物剂量从小到大的增加，可引起机体药物效应增强或性质的变化。药物剂量过小，不产生任何效应，为无效剂量。

2. 最小有效剂量——剂量增加到开始出现药物效应的最小剂量，称为最小有效剂量。

3. 半数有效剂量——对半数（50%）的动物个体有效的剂量称为半数有效剂量（ED50）。

4. 有效剂量——从最小有效剂量开始，随剂量的加大，效应也逐渐增强，剂量加大到效应明显，而不出现中毒反应的剂量，称为有效剂量，又称治疗剂量、常用剂量。常用剂量应比最小有效剂量大，比极量小，在最小有效剂量与极量之间。

5. 极量——药物剂量继续增加，到出现药物效应最强时的剂量，称为极量。

6. 中毒剂量——药量增加到出现中毒反应的剂量，称为中毒剂量。

7. 最小中毒剂量——能引起中毒反应的最小剂量称为最小中毒剂量。

8. 致死剂量——能引起动物死亡的剂量称为致死剂量。

9. 半数致死剂量——引起半数（50%）动物死亡的剂量称为半数致死剂量（LD50）。常用半数致死剂量来衡量药物的毒性。

药物作用与剂量的关系如图 12-2 所示。

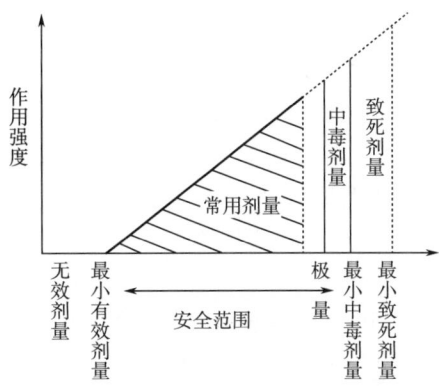

图 12-2 药物作用与剂量的关系示意图

【实验目的】

观察不同剂量戊巴比妥钠对小白鼠作用的差异。

【实验动物】

小白鼠。

【实验器材】

电子秤、1mL 注射器、棉签。

【实验药品】

0.1%、0.2%、0.4% 戊巴比妥钠溶液，5% 苦味酸。

【实验方法与步骤】

取小白鼠 3 只，以 5% 苦味酸溶液染色标记。称其体重，观察小白鼠正常时的活动情况。各鼠经腹腔注射不同剂量的戊巴比妥钠溶液 0.25mL/10g，分别置于小白鼠笼中，密切观察先后出现的反应。

【实验结果】

将实验结果记录在表 12-1 中。

表 12-1 不同剂量戊巴比妥钠对小白鼠作用的差异

| 鼠号 | 体重/g | 剂量/(mg/10g) | 麻醉时间/min | | 麻醉程度 |
			诱导期（开始吸入-卧倒）	麻醉期（开始麻醉-恢复）	
1					
2					
3					

【注意事项】

1. 小白鼠对戊巴比妥钠可能出现的反应，按由轻到重程度有：活动增加、呼吸抑制、翻正反射消失、反射亢进、麻醉、死亡等。

2. 比较各鼠所出现反应的程度和发生快慢。

【思考题】

1. 了解药物的剂量和作用的关系对于进行药理学试验和临床用药有何重要意义？
2. 什么是药物安全范围及它对药物应用有何重要性？

实验三　不同给药途径对药物作用的影响

【实验原理】

不同给药途径可能使药物的药理作用不同。以硫酸镁为例，口服给药：渗透性泻药——硫酸镁易溶于水，水溶液中的镁离子和硫酸根离子均不易为肠壁所吸收，使肠内渗透压升高，体液的水分向肠腔移动，使肠腔体积增加，肠壁扩张，从而刺激肠壁的传入神经末梢，反射性地引起肠蠕动增加而导泻，其作用在全部肠段，故作用快而强。腹腔注射：由于 Mg^{2+} 和 Ca^{2+} 的化学性质相似，可以特异性竞争 Ca^{2+} 受点，拮抗 Ca^{2+} 的作用。因此注射硫酸镁能抑制中枢及外周神经系统，使骨骼肌、心肌、血管平滑肌松弛，从而发挥肌松和降压作用。

给药途径不同，药物吸收快慢不同，其吸收的快慢除静脉注射外是：腹腔注射＞吸入＞舌下＞直肠＞肌内注射＞皮下注射＞口服＞皮肤。

【实验目的】

观察不同给药途径对药物作用的影响。

【实验动物】

小白鼠。

【实验器材】

电子秤、1mL 注射器、小鼠灌胃针头、棉签。

【实验药品】

15% 的硫酸镁溶液、15% 的卡红硫酸镁溶液、2% 水合氯醛溶液、1% 卡红生理盐水、5% 苦味酸。

【实验方法与步骤】

实验一

（1）取小白鼠 3 只，观察其正常活动，称重。

（2）1 号由腹腔注射 15% 的硫酸镁水溶液 0.2mL/10g（3.0g/kg），观察其肌张力和呼吸的变化。

（3）2 号和 3 号（已饥饿 6h 以上）分别用同样剂量的 15% 卡红硫酸镁溶液和 1% 卡红生理盐水灌胃。置小笼中，观察两鼠的表现，并记录结果。

（4）40min 后将 2 号和 3 号小白鼠分别颈椎脱臼处死，固定于小动物解剖台上，沿腹正中线剖开腹腔，观察肠蠕动及肠膨胀情况，二鼠加以比较［图 12-3（1）］。

（5）将胃提出腹腔外，将幽门部至直肠段肠系膜用剪刀小心分离，将肠管拉直，测量二鼠肠管内卡红离幽门部的距离，比较两鼠卡红液在肠管的距离长短［图 12-3（2）］。

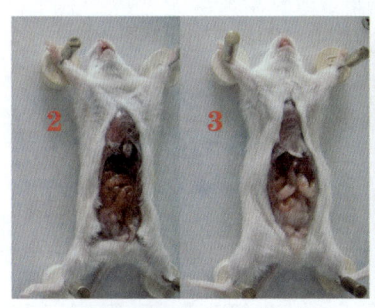
（1）比较两鼠肠蠕动及肠膨胀情况

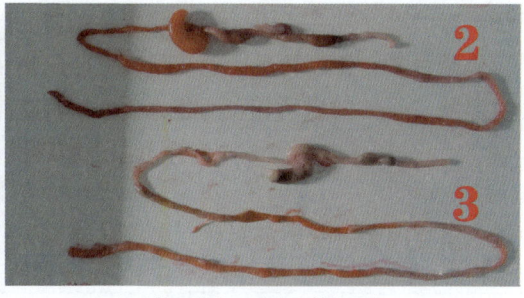
（2）比较两鼠卡红液在肠管的距离

图 12-3　硫酸镁的导泻作用

实验二

取小白鼠 3 只，以苦味酸溶液涂毛编号 4、5、6 号。称其体重及观察小鼠正常时的活动情况。分别经不同给药途径（灌胃、皮下注射及腹腔注射）给药，各鼠给 2% 水合氯醛溶液的剂量均为 0.15mL/10g，分别置于小鼠笼中，密切观察先后出现的反应。

【实验结果】

将实验结果分别记录在表 12-2，表 12-3，表 12-4 中。

表 12-2　硫酸镁溶液不同给药途径对药理作用的影响

鼠号	体重/g	剂量/mL	给药途径	呼吸/（次/min）	肌张力	大便
1						
2						

表 12-3　硫酸镁溶液的导泻作用

项目	鼠号	
	2	3
体重/g		
剂量/mL		
药物		
肠蠕动情况		
肠膨胀情况		
卡红距幽门的距离/cm		
肠管总长度/cm		
卡红距幽门的距离/肠管总长度		
粪便性状		

表 12-4 水合氯醛溶液经不同给药途径给药对药物作用的影响

鼠号	体重 /g	剂量 /(mg/10g)	给药途径	麻醉时间 /min		麻醉程度
				诱导期（开始吸入 - 卧倒）	麻醉期（开始麻醉 - 恢复）	
4						
5						
6						

【注意事项】

1. 掌握正确的灌胃操作技术，不要误入气管或插破食管，前者可致窒息，后者可出现如同腹腔注射的吸收症状，重则死亡。
2. 注射后作用发生较快，需留心观察。

【思考题】

同一药物以不同给药途径给药，对药物作用的影响有哪些不同？

实验四 药物的剂型对药物作用的影响

【实验原理】

药物可制成各种不同剂型，如溶液、糖浆、片剂、胶囊、颗粒、注射液、气雾剂、栓剂等。每种药物都有其适宜的剂型用于不同途径给药，以产生理想的药效。同种药物的不同剂型对药效的发挥有影响，如片剂、胶囊、口服液等均可口服给药，但药物崩解、溶解速率不同，吸收快慢、多少也就不同。一般口服液体制剂吸收快于胶囊、片剂。因为片剂和胶囊的崩解及药物的溶解是其限速步骤，减慢了吸收速度。

注射剂中水剂、乳剂、油剂在注射部位释放速度不同，扩散速度不同，药物的吸收情况和药效情况也有区别。溶解释放速率越快扩散速率就越快，吸收越容易。而药物本身的黏度与扩散速度成反比，制剂黏度越高，则扩散释放速度越慢，吸收也越慢，产生疗效时间也越缓慢。油剂、乳剂较之片剂、胶囊吸收可能较快；较之水溶液，由于其为油溶液或混悬液，在注射局部形成一个小型储库，则吸收较慢，但作用持久。因此，不同药物剂型所含药量虽然相等，然而药效强度不尽相同，临床应用时应注意区分选择。

【实验目的】

观察不同剂型的戊巴比妥钠发生作用的差别，了解剂型对药物作用的影响。

【实验动物】

小白鼠。

【实验器材】

小鼠灌胃器（1mL）、电子秤、小鼠笼、棉签。

【实验药品】
0.4% 戊巴比妥钠溶液、0.4% 戊巴比妥钠胶浆液、5% 苦味酸。
【实验方法与步骤】
（1）取 2 只小白鼠，称重、编号。1 号小白鼠皮下注射 0.4% 戊巴比妥钠溶液 0.3mL/10g，2 号小白鼠皮下注射 0.4% 戊巴比妥钠胶浆液 0.3mL/10g。观察两鼠麻醉诱导期和翻正反射消失的时间。
（2）结果记录　将实验结果记录于实验结果表中。
【实验结果】
将实验结果记录在表 12-5 中。

表 12-5　不同剂型 0.4% 戊巴比妥钠对小鼠作用的差异

| 鼠号 | 体重 /g | 剂量 /(mg/10g) | 剂型 | 麻醉时间 /min | | 麻醉程度 |
				诱导期（开始吸入–卧倒）	麻醉期（开始麻醉–恢复）	
1						
2						

实验五　麻醉药物的作用

一、全身麻醉药

全身麻醉药简称全麻药，能够引起中枢神经系统部分功能暂停，是一类能可逆地抑制中枢神经系统功能的药物。表现为意识丧失、感觉及反射消失、骨骼肌松弛等，但仍保持延脑生命中枢的功能。

全麻药的效应与脂溶性有密切关系，全麻效应的强弱与脂溶性高低呈正相关。全麻药进入中枢神经系统神经细胞膜的脂质层内，药物分子与蛋白质分子的疏水部分相结合，扰乱了双层脂质分子排列，使膜蛋白变构，阻断了神经冲动的传递，造成中枢神经系统广泛抑制，导致全身麻醉。

为了便于理解和掌握全麻药的作用特点及应用等，对其进行分类。由于依据不同，分类各异。按理化性质与使用方法的不同，可分为吸入性麻醉药和非吸入性麻醉药。

1. 吸入性麻醉药

吸入性麻醉药是一类挥发性的液体（乙醚、氟烷、异氟烷、恩氟烷）或气体（氧化亚氮）类药物。由呼吸道吸收进入体内，麻醉深度可通过对吸入气体浓度的调节加以控制，并可连续维持，满足手术的需要。

吸入性麻醉药对中枢神经系统各部位的抑制作用有先后顺序，先抑制大脑皮质，最后是延脑。麻醉逐渐加深时，依次出现各种神经功能受抑制的症状。常以乙醚麻醉为代表，将麻醉过程分成四期。

（1）第Ⅰ期 镇痛期（随意运动期），指从麻醉给药开始，至意识消失为止。此期主要是网状结构上行激活系统和大脑皮层受抑制。动物只是痛觉的迟钝，但意识尚有，呈现有意识的活动。

（2）第Ⅱ期 兴奋期（不随意运动期），指从意识丧失开始，此期大脑皮层功能抑制加深，使皮层下中枢失去大脑皮层的控制与调节，动物表现不随意运动性兴奋、嘶鸣、挣扎、呼吸极不规则，兴奋期易发生意外事故，不宜进行任何手术。

此时动物已失去意识，但仍未进入麻醉程度，出现无意识的不随意动作，兴奋，挣扎，呼吸不规则，脉搏频数、血压升高，瞳孔扩大，肌肉紧张等。

镇痛期与兴奋期合称诱导期。

（3）第Ⅲ期 外科麻醉期指从兴奋转为安静、呼吸转为规则开始，麻醉进一步加深，大脑、间脑、中脑、脑桥依次被抑制，脊髓机能由后向前逐渐抑制，但延髓中枢机能仍保持。

据麻醉深度可分为轻度麻醉、中度麻醉、深麻醉和极度麻醉，兽医临床宜在中度麻醉期进行手术。

①轻度、中度麻醉期：痛觉、意识完全消失，肌肉松弛，呼吸浅表均匀，痛觉反射完全消失；角膜反射和趾反射还存在。可进行一般外科手术。

②极度麻醉期：动物出现腹式的呼吸，角膜反射和趾反射也消失，舌脱出口而不能回缩。接近麻痹程度。

（4）第Ⅳ期 麻痹期（中毒期）及苏醒期，麻痹期指从呼吸肌完全麻痹至循环完全衰竭为止。麻痹期表明延脑已经麻痹。外科麻醉禁止达到此期。

2. 非吸入性麻醉药

非吸入性麻醉药的给药途径有多种，其中静脉麻醉法因作用迅速、效果确实，是兽医临床常用的方法。常用的非吸入性麻醉药有巴比妥类药物、水合氯醛、氯胺酮等。

3. 复合麻醉

目前使用的全麻药种类虽多，但各种全麻药单独应用都不理想，为了克服全麻药的不足，增强麻醉作用，减少毒副反应，增加麻醉安全性，扩大麻醉药应用范围，临床上常采用复合麻醉方式，即同时或先后应用两种以上麻醉药物或其他辅助药物，以达理想的外科手术麻醉效果。常用的复合麻醉有下列几种。

（1）麻醉前给药 在应用全麻药前，先用一种或几种药物以补救麻醉药的不足或增强麻醉效果，减少全麻药的毒副作用和用量。

（2）诱导麻醉 为避免全麻药诱导期过长的缺点，一般选用诱导期短的硫喷妥钠或氧化亚氮，使之快速进入外科麻醉期，然后改用乙醚或甲氧氟烷等其他药物维持麻醉。

（3）基础麻醉 先用硫喷妥钠等巴比妥类药物、水合氯醛等，使其达到浅麻醉状态，在此基础上再用其他药物麻醉，可减轻麻醉药不良反应及增强麻醉效果。

（4）配合麻醉 常用局麻药配合全麻药进行麻醉。如先用水合氯醛引起浅麻醉，再在术野或有关部位施用局麻药，以减少水合氯醛的用量及毒性。为满足手术对肌肉松弛的要求，往往在麻醉同时应用琥珀胆碱等肌松药。

（5）混合麻醉　用两种或两种以上药物配合在一起进行麻醉，以达取长补短目的。如氟烷与乙醚混合使用、水合氯醛硫酸镁注射液等。

二、局部麻醉药

局部麻醉药（简称局麻药）是一类以适当的浓度应用于局部神经末梢或神经干周围的药物，本类药物能暂时、完全和可逆地阻断神经冲动的产生和传导，在意识清醒的条件下可使局部痛觉等感觉暂时消失，同时对各类组织无损伤性影响。

三、注意事项

1. 麻醉前对动物要有全面的了解，体质、呼吸、心脏等，是否适合麻醉。
2. 麻醉过程中应时刻注意动物的呼吸、心搏、瞳孔等变化。如麻醉程度不足可适当追加麻醉；如麻醉过深，应及时解救。
3. 准确选用全麻药，根据需要，选择合适的麻醉方式、麻醉药物、剂量等，能用局部麻醉，不用全麻，能浅不深。

（一）普鲁卡因和丁卡因表面麻醉作用比较

【实验原理】

局部麻醉药作用于用药局部的神经末梢，可逆性地阻断神经冲动的发生和传导，常用局部麻醉药的局麻特点各不相同。

普鲁卡因属短效酯类局麻药，亲脂性低，对黏膜的穿透力弱。常局部注射用于浸润麻醉、传导麻醉、蛛网膜下腔麻醉和硬膜外麻醉。丁卡因属酯类局麻药，结构与普鲁卡因相似。其麻醉强度比普鲁卡因强10倍，毒性大10倍。本药对黏膜的穿透力强，常用于表面麻醉。

【实验目的】

比较普鲁卡因和丁卡因的表面麻醉作用强度。

【实验动物】

家兔。

【实验器材】

手术剪、滴管、脱脂棉、棉签。

【实验药品】

1% 盐酸普鲁卡因滴眼液、1% 盐酸丁卡因滴眼液。

【实验方法与步骤】

（1）取无眼疾家兔1只，剪去动物的双眼睫毛。

（2）用细棉花条轻触两眼角膜之上、中、下、左、右5点，观察并记录正常眨眼反射情况（有无眨眼）。

（3）用拇指和食指将左侧下眼拉成杯状，滴入1% 盐酸丁卡因滴眼液 0.2mL（滴入时另用中指压住鼻泪管，以防药液流入鼻泪管而被吸收），使其存留约1min，然后任其流溢；另于右眼睑内，同样滴入 1% 盐酸普鲁卡因滴眼液 0.2mL。

（4）用药后 5min、10min、15min、20min、25min、30min 后，如前试验眨眼反射。

（5）记录实验结果，测试次数为分母，眨眼次数为分子，如测试 5 次，若有 2 次眨眼记录则记录为 2/5，其余类推。

【实验结果】

将实验结果记录在表 12-6 中。

表 12-6　普鲁卡因和丁卡因表面麻醉作用比较

眼睛	药物	眼角膜阳性反应率							麻醉程度
		用药前	5min	10min	15min	20min	25min	30min	
左									
右									

【注意事项】

试角膜反射不可触及瞳孔，每次应用力相同。

（二）乙醚的全身麻醉和麻醉前给药

【实验原理】

乙醚为无色易挥发的液体，有特异臭味，易燃易爆，易氧化生成过氧化物及乙醛，使毒性增加。麻醉浓度的乙醚对呼吸功能和血压几乎无影响，对心、肝、肾的毒性也小。但此药的诱导期和苏醒期较长，易发生意外。

本实验中为了避免乙醚麻醉诱导期过长的缺点，先用巴比妥类药物使动物达到镇静、催眠的浅麻醉状态，既可使麻醉诱导期变短，又增强了麻醉效果。

【实验目的】

观察乙醚对小白鼠所产生的麻醉作用的特点及麻醉前给予苯巴比妥钠对乙醚麻醉的影响。

【实验动物】

小白鼠。

【实验器材】

500mL 烧杯、棉球、大镊子、一次性注射器（1mL）、棉签。

【实验药品】

乙醚、0.3% 苯巴比妥钠溶液、5% 苦味酸。

【实验方法与步骤】

（1）取小白鼠 2 只，称重标记。观察小白鼠正常活动、痛觉反射、肌张力反射、翻正反射，以翻正反射消失作为麻醉指标。

（2）1 号小白鼠腹腔注射 0.3% 苯巴比妥钠溶液 0.2mL/10g，2 号小白鼠腹腔注射同等剂量的生理盐水。10min 后将两鼠同时置于倒立烧杯中，并投入 0.5mL 麻醉乙醚棉球一个（图 12-4），记录开始吸入乙醚的时间，观察两鼠的活动情况。

图 12-4　乙醚麻醉小鼠

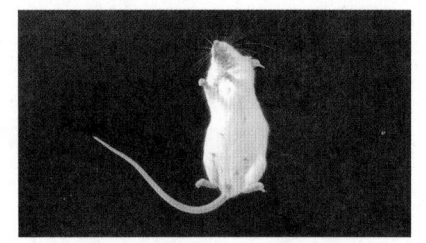

图 12-5　翻正反射消失

（3）待小白鼠麻醉后（翻正反射消失）（图 12-5），立即从烧杯中取出，重复观察各项情况，记录两鼠的活动情况。

【实验结果】

将实验结果记录在表 12-7 中。

表 12-7　乙醚的全身麻醉和麻醉前给药

鼠号	体重 /g	药物	剂量 / （mg/10g）	麻醉时间 /min		麻醉程度
				诱导期 （开始 吸入 – 卧倒）	麻醉期 （开始 麻醉 – 恢复）	
1						
2						

【注意事项】

两鼠放入烧杯后应密切观察，先麻醉的小白鼠应及时取出，避免吸入过量乙醚，影响结果。

（三）氯胺酮的静脉麻醉作用

【实验原理】

氯胺酮是一种新型镇痛麻醉药，其脂溶性高，比硫喷妥钠高 5~10 倍，为中枢兴奋性氨基酸递质 N- 甲基 -D- 天冬氨酸（NMDA）受体的特异性阻断药。氯胺酮能阻断痛觉冲动向丘脑和新皮层的传导，同时又能兴奋脑干及边缘系统。氯胺酮引起意识模糊、短暂性记忆缺失及满意的镇痛效应，但意识并未完全消失，麻醉期间眼睛睁开，咽、喉反射依然存在，常有梦幻、肌张力增加呈木僵样（木僵样麻醉），能明显兴奋心血管系统，心率加快，血压升高，对呼吸影响微弱。此状态又称分离麻醉。

氯胺酮对体表镇痛作用明显，内脏镇痛作用差，但诱导迅速。用于短时体表小手术，如烧伤清创、切痂、植皮等。

【实验目的】

观察氯胺酮的静脉麻醉作用。

【实验动物】

家兔。

【实验器材】

5mL 注射器。

【实验药品】

1% 盐酸氯胺酮溶液。

【实验方法与步骤】

取家兔 1 只，称重。观察其正常活动情况（呼吸、翻正反射、角膜反射、肌张力、痛觉反射等），随后由耳静脉远端缓慢注射 1% 盐酸氯胺酮溶液 1mL/kg，直至翻正反射消失。观察上述指标的变化及苏醒时间。

【实验结果】

将实验结果记录在表 12-8 中。

表 12-8 氯胺酮的静脉麻醉作用

动物	体重/kg	干预	药物	心率/（次/min）	呼吸/（次/min）	肌张力	角膜反射	痛觉反射	翻正反射	唾液分泌
		给药前								
		给药后								

【注意事项】

1. 以翻正反射消失为麻醉指标。
2. 药物剂量可因个体差异而有所变化。

实验六 疼痛反应与药物的镇痛作用

【实验原理】

许多化学物质如强酸、强碱、钾离子等接触皮肤黏膜或注入体内，均能引起疼痛反应，可通过建立疼痛模型，研究疼痛生理及筛选镇痛药物。腹膜有广泛的感觉神经分布，将一定体积和浓度的化学刺激物质进行腹腔注射，可刺激腹膜引起深部大面积且持久的疼痛反应，表现为腹部两侧收缩内陷、后肢伸展、臀部抬高、躯体扭曲等，称为扭体反应。该反应在注射后 15min 内出现频率高，故以注射后 15min 内发生的扭体次数或发生反应的实验动物数为疼痛定量指标。通常给药组比对照组扭体反应发生率减少 50% 以上即认为该药有镇痛作用。

本实验采用 0.05% 酒石酸锑钾溶液腹腔注射制备疼痛小鼠模型，并比较罗通定和哌替啶的镇痛作用。罗通定具有镇痛、镇静、催眠及安定作用。其镇痛作用弱于哌替啶，强于一般解热镇痛药。在治疗剂量下无呼吸抑制作用，也不引起胃肠道平滑肌痉挛。在产生镇痛作用的同时，可引起镇静及催眠。其作用机理可能与通过抑制脑干网状结构上行激活系统、阻滞脑内多巴胺受体的功能有关。治疗量无成瘾性。盐酸哌替啶，即杜冷丁，是一种临床应用的合成镇痛药，其主要作用是激动阿片受体，激活脑内"抗痛系统"，阻断痛觉传导，产生中枢性镇痛作用。其作用产生快，对各种疼痛有良好的镇痛效应。

【实验目的】
1. 观察比较哌替啶和罗通定的镇痛效应。
2. 掌握扭体法镇痛实验的方法。

【实验动物】
小白鼠。

【实验器材】
1mL 注射器。

【实验药品】
生理盐水、0.05% 酒石酸锑钾溶液、0.2% 哌替啶溶液、0.2% 罗通定溶液。

【实验方法与步骤】
（1）取小白鼠6只，雌雄不限，称重，编号。随机分为3组。
（2）第1组（1和2号）腹腔注射生理盐水0.2mL/10g作为对照，第2组（3和4号）腹腔注射0.2% 哌替啶溶液0.2mL/10g，第3组（5和6号）腹腔注射0.2% 罗通定溶液0.2mL/10g。
（3）30min 后，每只小白鼠均腹腔注射 0.05% 酒石酸锑钾溶液 0.4mL/只。
（4）观察20min内各组产生扭体反应（图12-6）的动物数。
（5）根据观察结果，计算药物镇痛百分率，计算公式如下：

$$药物镇痛百分率 = \frac{实验组无扭体反应动物数 - 对照组无扭体反应动物数}{对照组扭体反应动物数} \times 100\%$$

（6）汇总全班数据，进行统计学分析（两组间 t 检验）。

（1）生理盐水1组小鼠　　　（2）生理盐水2组小鼠

图 12-6　扭体反应

【实验结果】
将实验结果记录在表 12-9 中。

表 12-9　派替啶和罗通定镇痛作用的比较

组别	动物数（n）	扭体出现时间/min	20min内扭体次数	镇痛率/%
生理盐水				
派替啶				
罗通定				

【思考题】

吗啡类镇痛药与解热镇痛药的作用机理有何不同？

实验七 肝脏功能状态对药物作用的影响

【实验原理】

药物在动物体内发生的化学结构的变化称为药物的转化，又称生物转化，或药物的代谢。一般药物在体内所发生的变化大多向着解除毒性、降低药效、有利于排泄的方向转化；药物转化的主要器官是肝脏，肝细胞内有微粒体酶（如细胞色素等），是催化药物等外来物质转化的酶系统，称作药酶，主要包括氧化、还原、水解（分解）和结合反应的酶系。药酶的含量高、活性强，药物的转化极快。在肝功能不良时，药酶的活性降低，肝脏对药物的转化能力减慢。药物转化不了，可延长药物作用时间，但更容易引起药物的蓄积而中毒。

而戊巴比妥钠的代谢主要是通过肝微粒体酶进行氧化代谢。当肝损伤时，肝微粒体酶的活性降低，氧化代谢减慢。因此，从实验结果可清楚地看到肝损伤时，戊巴比妥钠的麻醉期明显比正常对照组时间延长，更容易引起药物的蓄积中毒。所以肝脏功能不良时，应注意选择减少药物剂量或延长给药间隔时间。

【实验目的】

观察肝功能损伤对戊巴比妥钠作用的影响。

【实验动物】

小白鼠。

【实验器材】

电子秤、1mL注射器、小鼠笼、秒表、大镊子。

【实验药品】

10% 四氯化碳 – 菜籽油溶液、0.4% 戊巴比妥钠溶液、5% 苦味酸。

【实验方法与步骤】

（1）取正常小白鼠和肝功能已破坏的（实验前48h皮下注射10% 四氯化碳 – 菜籽油溶液0.1mL/10g）小白鼠各3只，称其体重。

（2）分别由腹腔注射0.4% 戊巴比妥钠溶液0.25mL/10g，比较小白鼠麻醉时间（以翻正反射消失为指标）。

（3）实验结束时将小白鼠用颈椎脱臼法处死，剖取肝脏，比较两组动物肝脏外观的不同。

【实验结果】

将实验结果记录在表12-10中，四氯化碳中毒性肝脏和正常肝脏的对比如图12-7所示。

表 12-10　肝损伤对药物作用的影响

组别	鼠号	体重 /g	药量 /mL	麻醉时间 /min		肝脏肉眼观察
				诱导期（开始吸入－卧倒）	麻醉期（开始麻醉－恢复）	
正常组	1					
	2					
	3					
肝脏损伤组	4					
	5					
	6					

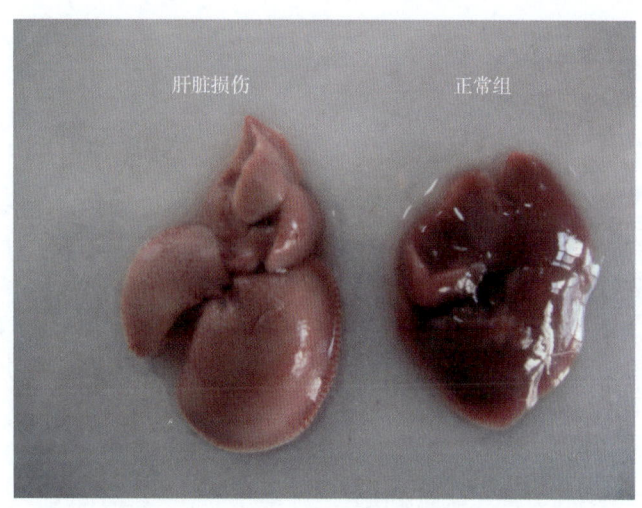

图 12-7　四氯化碳中毒性肝脏和正常肝脏的对比

【注意事项】

1. 如室温在 20℃以下，应给麻醉小白鼠保暖，否则动物将因体温下降，代谢减慢而不易苏醒。

2. 四氯化碳是一种肝脏毒物，其中毒动物常被作为中毒性肝炎的动物模型，用于观察肝脏功能状态对药物作用的影响及筛选和试验肝脏功能保护药。其油溶液可用植物油配制，也可用甘油配成 10% 的制剂，试验前 48h 皮下注射 0.1mL/10g。

3. 四氯化碳中毒小白鼠的肝脏比较肿大，有的充血，有的变成灰黄色，触之有油腻感，其小叶比正常肝脏更清楚。

【思考题】

1. 为什么损害肝脏的小白鼠注射 0.4% 戊巴比妥钠溶液后作用时间延长？

2. 讨论肝脏功能与临床用药的关系。

实验八　有机磷中毒及解救

【实验原理】
（一）有机磷酸酯类中毒机制
有机磷酸酯类可经皮肤、呼吸道、消化道等多种途径进入机体，首先与胆碱酯酶（AchE）的酯解部位产生共价键结合，形成磷酰化胆碱酯酶，胆碱酯酶失去活性，使体内的乙酰胆碱（Ach）不能水解而堆积，引起一系列胆碱能神经系统功能亢进的中毒症状。若不及时使用胆碱酯酶复活药，磷酰化胆碱酯酶则不容易解离，胆碱酯酶难以复活，形成所谓"老化"现象。此时即使再用胆碱酯酶复活药，也不能恢复胆碱酯酶活性，须等待新生的胆碱酯酶出现，才能恢复水解乙酰胆碱的能力。

中毒表现：

1. M样症状

激动M受体引起：

（1）瞳孔缩小、视力模糊、眼痛。

（2）流涎、流泪、流涕、汗多、呼吸道分泌物增多，肺部有湿啰音。

（3）胸闷、气短、呼吸困难。

（4）恶心、呕吐、腹痛、腹泻、大小便失禁。

（5）心动徐缓、血压下降。

2. N样症状

激动N_2受体引起肌肉震颤、抽搐、肌无力或麻痹，激动N_1受体则引起心动过速、血压升高。

3. 中枢症状

使脑内乙酰胆碱含量升高，从而影响神经冲动在中枢突触的传递。表现为先兴奋、不安、谵语以及全身肌肉抽搐；进而由过度兴奋转入抑制，出现昏迷，并因血管运动中枢抑制而血压下降及呼吸中枢麻痹而呼吸停止。

（二）有机磷酸酯类中毒常用解毒药

1. M受体阻断药

阿托品能阻断M受体，使堆积的Ach不能作用于M受体，导致瞳孔括约肌和睫状肌松弛、腺体分泌减少、呼吸道及胃肠平滑肌舒张、膀胱括约肌收缩、心脏兴奋性增强，从而迅速解除有机磷酸酯类中毒的M样症状（呕吐、呼吸困难、流涎、大小便失禁、缩瞳等）。大剂量可阻断N_1受体，对中枢症状也有一定疗效，但对N_2受体无作用。用药原则：早期、足量、反复用药。

早期：迅速解除有机磷酸酯类中毒时的M样症状，也能解除一部分中枢神经系统中毒症状。

足量：解除M样症状及阻断神经节作用。一般要求阿托品用量要达到阿托品化（口干、面色潮红、瞳孔散大、心率增快等轻度的阿托品中毒表现）。

反复：因阿托品的血浆半衰期较短，为 4h，所以需要反复用药以确保完全解除有机磷酸酯类中毒时的 M 样症状和神经节阻断作用。

联合：阿托品对 N_2 受体无效，不能制止骨骼肌震颤。

2. 胆碱酯酶复活药（是一类能使已被有机磷酸酯类抑制的胆碱酯酶恢复活性的药物）

碘解磷定能与磷酰化 AchE 结合，生成复合物，后者进一步裂解为磷酰化解磷定，同时使 AchE 游离出来，恢复其水解 Ach 的活性。同时，碘解磷定也能直接与体内游离的有机磷酸酯结合，形成无毒的磷酰化碘解磷定，由尿中排出，从而阻止游离的毒物继续抑制 AchE 活性。碘解磷定能迅速解除 N 样症状，对骨骼肌的作用最为明显，能迅速控制肌束颤动。但对 M 样症状效果差，故应与阿托品同时应用。

早期：迅速终止骨骼肌震颤，防止酶"老化"，防治中毒晚期的呼吸肌麻痹。

足量：不仅解救已结合的 AchE，还要保证有足够的剂量与游离的有机磷酸酯结合，完全消除有机磷酸酯的毒性。

反复：因碘解磷定的血浆半衰期较短，所以必须反复使用碘解磷定才能确保充分解救酶，恢复酶活力。

联合：由于碘解磷定不能直接对抗体内积聚的乙酰胆碱的作用，故应与阿托品合用，以便及时控制症状。

【实验目的】

观察有机磷中毒的症状及用阿托品、碘解磷定解救中毒。

【实验动物】

家兔。

【实验器材】

注射器、针头、酒精棉球、小米尺、滤纸、听诊器、秒表。

【实验药品】

5% 敌百虫、0.05% 阿托品注射液、2.5% 碘解磷定溶液。

【实验方法与步骤】

（1）取健康家兔 2 只，称重。观察其正常活动情况、呼吸（频率、幅度、节律是否均匀）、心跳、瞳孔大小、肌肉紧张度、大小便、唾液、肌张力及有无震颤情况，分别记录在表中。

（2）1 号、2 号兔分别耳静脉注射 5% 敌百虫溶液 100mg/kg（2mL/kg），每隔 5min 观察上述各指标有无变化，待出现中毒症状时（瞳孔明显缩小、大小便失禁、唾液增加、出现肌肉震颤）注入解救药。

（3）1 号兔耳静脉注射 0.05% 阿托品 2mg/kg（4mL/kg），2 号兔耳静脉注射 2.5% 碘解磷定溶液 50mg/kg（2mL/kg）。观察它们的解救作用。

（4）实验结束前交替注入阿托品、碘解磷定溶液，观察解救作用。

【实验结果】

家兔有机磷中毒症状如图 12-8 所示，将结果记录在表 12-11 中。

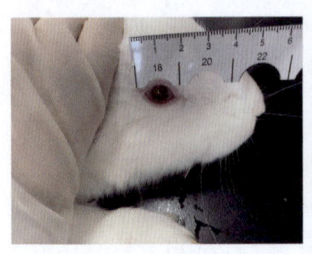  

（1）测量瞳孔大小　　　　　（2）缩瞳　　　　　　（3）大小便失禁

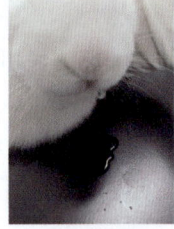 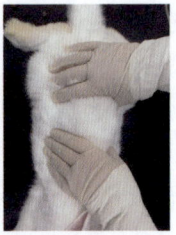

（4）流涎　　（5）肌肉震颤

图 12-8　有机磷中毒症状

表 12-11　有机磷中毒及解救记录表

兔号	体重/kg	用药情况		一般情况					
		药物干预	剂量	瞳孔	心率/（次/min）	呼吸/（次/min）	肌张力及震颤	唾液分泌	大小便
1		用药前							
		5% 敌百虫							
		0.05% 阿托品							
		2.5% 碘解磷定							
2		用药前							
		5% 敌百虫							
		2.5% 解磷定							
		0.05% 阿托品							

【注意事项】

1. 注射时，先用头皮针与装有生理盐水的注射器相连，找到静脉，穿刺成功后用动脉夹固定好，再换上装有敌百虫溶液的注射器给药。给药后继续缓慢推注生理盐水，以免药液残存在头皮针管道中。

2. 给药后如 20min 尚未出现中毒症状，可再追加 1/3 量。

3. 观察家兔一旦出现中毒症状（瞳孔缩小、小肌肉震颤），立即给阿托品或碘解磷定解救。

4. 本实验是为分析阿托品和碘解磷定的解毒机制而设计，即1号兔先注射阿托品，2号兔先注射碘解磷定，最后交叉使用。在临床实际中应两药同时应用。

5. 此实验从静脉给敌百虫，唾液分泌增加的症状不太明显。

6. 观察肌张力的方法：将家兔置台面上，拉后肢，如立即回缩说明肌张力正常；如拉后不回缩或回缩迟缓，说明肌张力消失或降低。

【思考题】

阿托品和碘解磷定可缓解有机磷中毒的哪些症状？有何差别，为什么？

附录

附录一 实验动物常用生物学指标数据

本附录提供了部分常用实验动物的生物学指标数据,供在医学领域中进行动物实验时参考。便于将实验结果与正常生物学指标进行对照,进而与人类各项生物学指标进行比较,分析实验结果的变化,分析其与人类生物学指标的相关性,从中找出和人类疾病相关的指标。

附表 1-1 常用实验动物生理、生化指标

指标	单位	犬	猫	兔	豚鼠	大鼠	小鼠	蛙
成年体重	kg	6~15	2~3.5	1.5~3	0.5~0.9	180~250(g)	20~25(g)	30~(g)
体温	℃	37.3~38.8	38~39.5	37.5~38.8	37.3~39.5	38.5~39.5	37~39	变温动物
心率	次/min	90~130	120~180	150~240	144~300	286~500	520~780	30~60
呼吸	次/min	12~28	20~30	50~100	80~130	110~150	140~210	70~120
血压	kPa	16~21.3	20	10.7~17.3	9.3~10.7	13.3~17.3	13.6±0.3	2.7~8
	mmHg	120~160	150	80~130	70~80	100~130	102±2	20~60
总血量	占体重%	5%~8%	5%	5.4%	5.8%	7%	7%	4.2%~4.9%
血红蛋白	g/L	130~200	120	124	130	160	112~160	72~105
红细胞	10^{12}/L	4~8	6.6~10	4~6.4	5	5.31~11	8~11	0.38~0.64
白细胞	10^9/L	5~15	17	3.8~12	8~10	5~25.6	7~15	2.41~39.1
血小板	10^9/L		28.5	12.6~30	5.4~10	43~100	10~40	0.85~3.9
全血血糖	mmol/L	4.33~6.11	6.05~14.1	6.21~8.66	5.27~8.38	5.05~6.88	8.16~9.49	0.61~4.11
总蛋白	g/L	63~81	54~84.2	60~83	50~56	69~79	52~57	34.6~79
白蛋白	g/L	34~45	34~42	41~50	28~39	26~35	16~17	—
血清氯	mmol/L	104~117	109~125	92~112	94~110	94~110	109~118	—
血清钾	mmol/L	3.7~5.0	2.7~4.0	2.7~5.1	6.5~8.7	3.8~5.4	7.5~7.7	—

续表

指标	单位	犬	猫	兔	豚鼠	大鼠	小鼠	蛙
血清钠	mmol/L	129~149	143~170	155~165	158	126~155	145~161	—
一昼夜尿量	L	1~2	0.075~0.2	0.18~0.44	0.05	0.015	0.002	约1/3体重
尿相对密度		1.025	1.055	1.010~1.015	1.033~1.036	—	—	1.0015
非蛋白氮	mg/L	32~44	26~51	28~51	36~51	31~38	36~89	42.4
尿酸	mg/100mL	1.7	1.9	2.6	2.5	2.5	6.0	—
寿命	年	10	7~8	7~8	6~8	2~3	2~3	10
性成熟	月	12	10~18	5~8	4~5	2~3	2~3	—
妊娠	天	60	63	30	68	20	19	

附录二 动物机能学实验常用生理溶液的用途及配制

生理盐水（normal saline）：0.9%氯化钠溶液适用于哺乳类动物的输液、手术部位湿润等。0.65%氯化钠溶液适用于蛙、龟、蛇等变温动物器官、组织的湿润。

任氏液（Ringer's solution）：适用于蛙类动物组织、器官的湿润，离体器官的灌流。

拜氏液（Baylis' solution）：适用于离体蛙心。

乐氏液（Locke's solution）：适用于哺乳类动物的心脏、子宫等。

台氏液（Tyrode's solution）：适用于哺乳类动物，特别适用于哺乳类动物的小肠。

克氏液（Krebs' solution）：适用于哺乳类动物的各种组织。

克-亨液（Krebs-Henseleit's solution）：适用于豚鼠离体气管、大鼠肝。

大鼠子宫液（De-Jalon's solution）：适用于大鼠离体子宫。

VanDyke Hasting液（VanDyke Hasting's solution）：适用于豚鼠、大白鼠离体气管、子宫。

附表 2-1 常见生理溶液的配制及用途

成分/g	Ringer液	Krebs液	Tyrode液	Ringer-Locke液	De Jalon液	VanDyke-Hasting液	Krebs-Henseleit液
NaCl	6.5	5.60	8.00	9.00	9.00	6.55	6.92
KCl	0.14	0.35	0.20	0.42	0.42	0.37	0.35
$MgCl_2$	—	—	0.10	—	—	0.10	—
$MgSO_4$	—	0.29	—	—	—	—	0.29
NaH_2PO_4	0.01	—	0.05	—	—	—	—
KH_2PO_4	—	0.16	—	—	—	0.10	0.16
K_2HPO_4	—	—	—	—	—	0.044	—
$NaHCO_3$	0.21	2.10	1.00	0.30	0.50	2.52	2.10
$CaCl_2$	0.12	0.28	0.20	0.24	0.06	0.06	0.28
葡萄糖	2.00	2.00	1.00	1.00	0.50	—	2.00
通气	空气	O_2+CO_2（5%）	空气	O_2	O_2+CO_2（5%）	O_2+CO_2（5%）	O_2
用途	蛙心	哺乳动物骨骼肌和豚鼠气管	哺乳动物肠肌	哺乳动物心脏	大鼠子宫	豚鼠和大鼠气管	哺乳动物肝、心脏和气管

附录三 实验动物用药量的确定与计算方法

一、实验动物用药量的确定

动物机能学实验中观察一个治疗药物或工具药的作用时，确定动物的给药剂量是实验开始阶段的一个重要问题。剂量太小，作用不明显，剂量太大，又可能引起动物中毒甚至死亡，通常可以按下述方法确定剂量。

1. 先用小鼠粗略地探索中毒剂量或致死剂量，然后选用小于中毒量的剂量，或取致死量的 1/10~1/5 为初试剂量。

2. 根据参考文献提供的相同药物确定应用剂量，或参考化学结构和作用都相似的药物的剂量确定初试剂量。

3. 在一定情况下，在适宜的剂量范围内，药物的作用常随剂量的加大而增强。有条件时，选用几个剂量作药物的剂量–效应曲线，以获得药物作用的较完整资料，并从中选择适当的剂量为应用剂量。

4. 剂量确定后，可通过预实验对药物作用进行观察，根据实验情况作相应调整，最终确定应用剂量。如在预实验中初试剂量的作用不明显，也没有中毒的表现（体重下降、精神不振、活动减少或其他症状），可以加大剂量再次实验，如出现中毒现象，作用也明显，则应降低剂量再实验。

5. 如果查不到待测动物的合适剂量，可根据动物或人的应用剂量进行动物之间及动物与人之间的剂量换算，一般认为不宜简单地按体重比例增减，而需按单位体重所占体表面积的比值来进行换算。

二、各类动物间药物剂量的换算

1. 按体重换算

已知 A 种动物每千克体重用药剂量，欲估算 B 种动物每千克体重用药剂量，可先查附表 3-1，找出折算系数，再按下式计算。

B 种动物的剂量（mg/kg）= 折算系数 × A 种动物的剂量（mg/kg）

附表 3-1　动物与人体的每千克体重等效剂量折算系数

		A 种动物或成人						
		小鼠	大鼠	豚鼠	家兔	猫	犬	成人
		（0.02kg）	（0.2kg）	（0.4kg）	（1.5kg）	（2kg）	（12kg）	（60kg）
B 种动物或成人	小鼠（0.02kg）	1.00	1.40	1.60	2.70	3.20	4.80	9.01
	大鼠（0.2kg）	0.70	1.00	1.14	1.88	2.30	3.60	6.25
	豚鼠（0.4kg）	0.61	0.87	1.00	0.65	2.05	3.00	5.55
	家兔（1.5kg）	0.37	0.52	0.60	1.00	1.23	1.76	3.30
	猫（2kg）	0.30	0.42	0.48	0.81	1.00	1.44	2.70
	犬（12kg）	0.21	0.28	0.34	0.56	0.88	1.00	1.88
	成人（60kg）	0.11	0.16	0.18	0.30	0.37	0.53	1.00

例 1. 已知大鼠对某药的最大耐受量为 20mg/kg（0.2kg 大鼠用 4.0mg），需折算为家兔的用药剂量。

查附表 3-1，A 种动物为大鼠，B 种动物为家兔，交叉点为折算系数 0.52，故家兔用药量为 0.52×20mg/kg=10.4mg/kg，因此 2.0kg 家兔用药剂量为 20.8mg。

2. 按体表面积换算

根据不同种属动物体内的血药浓度和药理作用与动物体表面积成平行关系，按体表面积折算剂量比按体重折算更为精确（附表 3-2）。

附表 3-2　常用动物与人体面积比值

		小鼠	大鼠	豚鼠	家兔	猫	犬	人
		20g	200g	400g	1.5kg	2.0kg	12kg	50kg
小鼠	20g	1.00	7.00	12.25	27.80	29.70	124.20	332.40
大鼠	200g	0.14	1.00	1.74	3.90	4.20	17.30	48.00
豚鼠	400g	0.08	0.57	1.00	2.25	2.40	10.20	27.00
家兔	1.5kg	0.04	0.25	0.44	1.00	1.08	4.50	12.20
猫	2.0kg	0.03	0.23	0.41	0.92	1.00	4.10	11.10
犬	12kg	0.008	0.06	0.10	0.22	0.24	1.00	2.70
人	50kg	0.003	0.021	0.036	0.08	0.09	0.37	1.00

例 2. 由动物用量推算人的用量：已知一定浓度的某药给家兔静脉注射的最大耐受量为 4mg/kg，人的最大耐受量为多少？

查附表 3-2，先竖后横，家兔体重 1.5kg，与人体表面积比值为 12.20，家兔最大耐受量为 $4 \times 1.5 = 6$ mg，那么人的最大耐受量为 $6 \times 12.20 = 73.20$ mg，取其 1/10~1/3 作为初试剂量。

例 3. 由人用量推算动物用量：已知某中成药成人每次口服 10g 有效，拟用家兔研究其机制，应用量多少？

查附表 3-2，人与家兔的体表面积比值为 0.08，那么家兔用量为 $10 \times 0.08 = 0.8$ g，取其中 1/10~1/3 作为初试剂量。

表 3-3 常用注射麻醉剂的用法和剂量

药物	动物	给药途径	溶液浓度 /%	剂量	麻醉持续时间
巴比妥钠	犬	静脉注射	3	1mL/kg	2~4h
	家兔	静脉注射	2.5	0.3~0.4mL/100g	2~4h
	大鼠	腹腔注射	1	0.3~0.4mL/kg	2~4h
氨基甲酸乙酯（乌拉坦）	家兔	静脉注射	20	4~5mL/kg	2~4h
	大鼠、豚鼠	腹腔注射	10	1.5mL/100g	2~4h
氯胺酮	犬、家兔	静脉或肌肉注射	1	0.3~0.5mL/kg	30min
	大鼠、豚鼠	腹腔注射	1	0.8mL/100g	30min

参考文献

[1] 胡浩. 机能实验学[M]. 4版. 北京：高等教育出版社，2021.
[2] 杨芳炬. 机能实验学[M]. 2版. 成都：四川大学出版社，2004.